김정은
세습정권
10년

# 김정은 세습정권 10년

이영권 북한학박사

이지출판

　북한 김정은 정권이 출범한 지 5년차에 접어든 2015년, 북한 3대 세습정권의 안정성을 진단한 《백두혈통의 미래》라는 책을 출판했다. 그리고 다시 6년이 지난 지금, 김정은 세습정권 10년을 분석 평가한 책을 내놓는다.

　북한 당국은 2010년 9월 28일, 44년 만에 갑자기 당 대표자회의를 소집하여 김정일 국방위원장의 아들 김정은에게 대장 칭호와 함께 당 중앙군사위원회 부위원장으로 추대함으로써 후계자로 결정하였다. 북한에서 당 중앙군사위원회는 "당 대회와 당 대회 사이에 군사 분야의 모든 사업을 당적으로 조직지도"하는 핵심조직인데, 김정은을 당 중앙군사위원회 부위원장으로 추대한 것은 당적으로 조직지도하여 군대를 우선적으로 장악할 수 있도록 한 김정일 국방위원장의 세심한 배려였다고 할 수 있다.

그러나 김정일은 김정은에게 중앙당 조직의 다른 핵심 보직은 부여하지 않았다. 그의 생존 시 권력이 지나치게 김정은에게 집중되지 않도록 하려는 의도였을 것이다. 선군정치식 통치론에 근거해서 김정일은 군대만 장악하면 당을 비롯한 다른 부문의 권력 장악은 자동으로 이루어질 수 있을 것이라는 믿음도 가졌음직하다.

그런데 김정은이 후계자로 공식 등장한 후 일 년도 채 안 되어 김정일 국방위원장이 사망했고, 그의 사망은 세계적으로 큰 뉴스거리가 되었다. 그것은 핵·미사일 문제와 인권 문제 등으로 지탄의 대상이 되어 온 김정일 위원장의 유일독재권력이 세계의 관심을 자극해 왔기 때문이다. 그리고 대내외적 관심은 자연히 김정은의 후계권력이 안착할 것인가 아니면 머잖아 붕괴될 것인가에 집중되었다. 그때 김정은 후계권력은 여러 가지 측면에서 취약함을 갖고 있었고 쉽게 붕괴될 가능성이 높다는 판단이 확산되고 있었던 것도 사실이다.

하지만 2021년, 집권 10년째를 맞이한 김정은 정권은 그동안 변혁기, 공고화기를 거쳐 김정은 중심의 새로운 '유일영도체계' 유지기를 맞이하고 있다. 세습이 갖는 장점을 적극 이용하여 안정적 권력기반을 구축했으며, 집권 이후 '기존의 질서를 바꾸지 않으면서' 그때그때의 '사태에 적절히 대처'해 나가는 비교적 보수적인 태세를 견지해 왔다. 즉 김정은은 선군정치 질서에 약간의 변화를 주면서 군사 중심의 지도력을 발휘하여 사회주의체제 정치방식의 유일영도체계로 발전시켜 나가고 있다.

먼저 김정은은 '장군형 정치' 방식으로 정권의 정통성도 유지하고 군부 장악을 필두로 한 체제 변혁을 단행하여 자신의 유일영도체계를 다졌으며, '장군형 정치' 방식으로 군·당·국가에 대한 지도통제력을 발휘하였다.

그리고 김정일 시대 유지해 왔던 당 및 국가기구 조직을 두 차례(7차, 8차)의 당 대회와 수차례의 최고인민회의를 통해 당 규약과 헌법 개정을 단행하여 김정은 시대의 체제를 새로이 만들어 나갔다. 다른 한편으로는 인민들의 생활 향상을 위한 경제건설도 전투적으로 수행해 나가는 국가지도자의 이미지를 부각하고자 마치 전쟁을 지휘하듯 현장에 뛰어들어 경제건설 국가지도자로서의 위상을 높여 나갔다.

그렇다면 김정은의 지도력은 어느 정도 공고화한 것으로 볼 수 있을까? 김정은은 서서히 그의 지도력에 상당한 자신감을 드러내었다. 김정은의 자신감은 여러 측면에서 나타났다. 첫째, 미국과의 양자 정상회담을 위해서 싱가포르나 베트남 하노이를 직접 항공기 또는 열차로 방문한 것은 그의 지도력에 대한 자신감에서 나온 것처럼 보인다. 이는 물론 '핵무력 완성'에 성공한 지도력의 발로라 할 수 있다.

그리고 북한이 36년 만에 당 대회를 개최한 것은 과거 사회주의체제로의 정상화 의지의 표현이라 할 수 있다. 김정은 정권은 당 조직 활성화를 통해 '집단주의적 경쟁'을 강화하여 사회주의경제 정상화를 기할 뿐만 아니라 대중에 대한 사상교양으로 인민들의 혁명적 열성을 결집하여 전체주의적 정치방식으로 정권을 공고화하고자 한다. 그리고 강력한 지도력으로 체제에 위협이 될 수 있는 시장경제를 축소 또는 후퇴시키고 사회주의 중앙집권적 통제경제체제로 유일영도체계를 굳건히 해 나가고자 할 것으로 예측된다.

그런데 코로나19로 전 세계가 몸살을 앓고 있는 지금, 대부분의 북한 전문가들은 북한의 경제 상황이 매우 심각하다고 입을 모으고 있다. 북한은 외국인 관광객뿐 아니라 중국 내 북한 주민의 입국도 금지할 만큼 스스로 고립을 선택한 데다, 대북제재와 연이은 자연재해로 경제난의 수렁에서 빠져나오기 위해 안간힘을 쓰고 있는 듯하다. 이를 반증하듯 김정은은 심각한 경제 상황을 거듭 언급하면서 국가개발5개년계획의 실질적인 전진을 가져올 수 있어야 한다며 실무자들을 질타하고 책임자를 갈아치웠다. 또한 민심 이반을 막기 위해 비사회주의와 외부 문물 유입을 경계하고 전 세대 '따라배우기·경험교환운동' 등을 앞세우며 사상교육을 강화하고 있으니, 김정은 정권의 미래가 어떻게 흘러갈지 예의주시하지 않을 수 없다.

끝으로 이 책은 김일성·김정일에 이어 3대째 세습정권을 통치해 온 김정은의 10년을 정권의 통제력, 국가의 기능, 정권의 정통성을 주요 지표로 다양한 요소들을 분석 평가하는 데 의미를 두었다. 그러는 가운데 내용을 검토하고 자료를 보충하는 데 많은 도움을 준 정영태 동양대 석좌교수님에게 깊이 감사드린다.

2021년 8월

북한학박사 이영권

# 김정은 세습정권 10년을 분석한다

## 2008년부터 김정일 후계자로 지명된 김정은

김정일의 후계자 문제가 간접적이지만 공식적으로 거론되기 시작한 것은 2008년부터다. '3, 4세대로의 혁명 계승'이라든가 '새 세대' 등의 용어가 북한의 당 기관지 노동신문에 등장한 것이 이때부터다.[1]

북한의 고위 탈북자의 증언으로는 2008년 1월부터 김정은 관련 중앙기관 지시가 나왔다고 한다. 당시 "동무들이 지금까지 나를 받들어 일을 잘해 온 것처럼 앞으로 청년장군 김정은 대장 동지를 잘 받들어 모시기를 기대합니다"라는 '김정일 말씀'이 나왔다는 것이다. 이와 같이 2008년부터 중앙당 및 군 관련 기관(인민무력부, 국가안전보위부, 인민보안부 등) 내부를 중심으로 김정일

---

**1** 로동신문, 2008년 10월 10일.

의 후계자로 김정은의 활동이 전개되어 온 것으로 볼 수 있다.

2009년 1월부터는 김정일의 3남 김정은이 후계자로 지명되었다는 소문이 북한 사회에 확산되었다.[2] 군사지도자(대장)로서 김정은을 우상화하는 내용을 담은 노래(발걸음)[3]나 공연극이 보급되었다.[4] 그리고 2009년 6월 '존경하는 김정은 대장동지의 위대성 교양자료'가 나왔다.

이 자료에서는 김정은이 첫째, "절세의 위인이시며 백전백승의 강철령장이신 어버이 수령님과 경애하는 장군님과 꼭 같으신 선군령장"이며, 둘째, "그 누구도 따르지 못할 천재적 예지와 지략을 지니신 군사의 영재"이며, 셋째, "다재다능하시고 현대 군사과학과

---

**2**  북한은 2009년 1월 8일에 내부적으로 김정은을 후계자로 내정했다는 교시가 리제강 당 조직지도부 제1부부장에게 하달되었고, 이로부터 당 고위 간부에게 전파되었다거나 인민군 총정치국을 통해 대좌급 이상 고급 군관들에게 하달되었다는 증언이 있다. 연합뉴스, 2009년 1월 25일, 3월 9일.

**3**  연합뉴스, 2009년 10월 26일. 북 후계자 김정은 찬양가요 「발걸음」 공인/ 「데일리NK」 2009년 10월 9일. 북, 후계자격으로 배반 않을 '충실성' 내세워. 일 언론 보도 '김정은 위대성 교양자료'에서 "선군영도 계승" 강조. 김정은 위대성 교양자료에서 「발걸음」 노래를 다음과 같이 해설 하였다. "노래 「발걸음」은 어버이 수령님께서 개척하시고 경애하는 장군님께서 빛내어 나가시는 주체의 선군혁명 위업을 대를 이어 빛나게 계승해 나가시는 존경하는 김정은 대장동지를 우리 혁명에 높이 모신 크나큰 영광과 기쁨을 가슴에 안고 그이의 령도를 충직하게 받들어 강성대국의 찬란한 미래, 선군혁명의 최후 승리를 앞당겨 이룩해 나갈 천만군민의 철석같은 신념과 의지를 사상 예술적으로 훌륭히 형상한 21세기의 수령찬가이다." http : //www.yonhapnews.co.kr/bulletin/2009/10/08/0200000000A KR20091008171300014.HTML (검색일 : 2014년 7월 28일)

**4**  전현준, "북한정세," 『통일환경 및 남북한 관계 전망 : 2009~2010』 (서울 : 통일연구원, 2010), pp. 51~56.

기술에 정통하신 천재"[5]라는 사실을 강조하여 군사지도자로서의 '위대성'을 집중적으로 부각시키는 데 초점을 맞추었다.

## '장군형 지도자' 권력승계 방식으로

북한 당국은 후계자로서의 김정은을 당 및 군대 그리고 전 사회에 각인시키는 활동과정을 거쳐서 대장 칭호에 이어 2010년 9월 28일 제3차 당 대표자회에서는 당 중앙군사위원회 부위원장과 당 중앙위원회 군사직책을 부여함으로써 김정은을 후계자로 공식화하였다. 김정은에게 군사 직책을 먼저 부여한 것은 선군정치식 권력승계의 예고였다. 이후 그들은 후계자 김정은을 띄우기 위해 대부분의 김정일 현지지도에 김정은이 동행[6]했다는 사실을 공표하였다.

2011년에도 김정은은 당 행정부장인 장성택(총 118회)에 이어 두 번째로 많은 김정일 현지지도 동행 횟수(총 94회)를 기록하였다.[7] 그러나 2011년 12월 17일 김정일이 사망하자 북한의 최고

---

5   정영태, "김정일 체제 출범 이후 북한의 미래 전망," 『INSS 학술회의 자료집』 (서울 : 국가안보전략연구소, 2012), p. 53.

6   2010년 9월 28일 김정은에 대한 군사칭호 수여에 이어 9월 29일 김정은 당 중앙군사위 부위원장과 당 중앙위원으로 선거된 이후 2010년 12월 말까지 32회에 걸친 김정일 현지지도 시 김정은의 동행이 있었다.

7   통일연구원, 『김정일 현지지도 동향 1994~2011』 (서울 : 통일연구원, 2011), pp. 268~270, 293~296.

권력자로서 김정은의 '홀로서기'가 시작되었다.

김정은의 권력세습 과정은 아버지 김정일과는 크게 달랐다. 김정은으로의 권력세습은 김정일과는 달리 군사 최고지도자로서의 정통성 먼저 구축하였다. 김정일은 노동당 조직 장악을 통해 군부를 비롯한 여타 조직을 통제하는 수순을 밟았다. 김정일은 중앙당 비서국 조직지도부를 관장하면서 북한의 모든 권력이 이곳에 집중하도록 하여 스스로가 '당 중앙'으로서 김일성 다음의 제2인자로 북한의 전권을 행사하였다.[8]

후계자 공식화(1980년 10월) 이후 김정일의 실질적인 권력승계 절차는 14년에 걸쳐 이루어졌다. 김정일은 당 정치국 상무위원 · 비서 · 중앙군사위원(1980년 10월), 국방위 제1부위원장(1990년 5월), 군 최고사령관(1991년 12월), 국방위원장(1993년 4월), 당 총비서(1997년 10월)순으로 지난한 당 · 군 · 정 권력승계 과정을 거쳤다.[9]

반면, 김정은은 군 관련 기관에서 군사지도자로서의 정통성을 먼저 앞세운 것이다. 김정은이 대장 칭호와 함께 당 중앙군사

---

**8** 정영태, 『북한의 국방위원장 통치체제의 특성과 정책전망』(서울 : 통일연구원, 2000), p. 44.

**9** 김정일은 철저하게 당 조직을 통해 군대를 포함한 전 부문을 장악하였다. 1980년대 내내 최고인민회의 대의원을 제외하고는 정권기관에서 어떤 직책도 맡지 않았던 것도 당 비서국을 통해 정권기관들을 지도 · 통제하였다. 이 과정에서 김정일은 당 비서들을 장악하여 적극 활용하였다. 당 비서들은 대부분 빨치산 2세이면서 당내 분야별 전문가들로서 김정일 후계체제 구축과정에서 김정일 사람들로 성장해 왔다. 군대 내 후계체제 구축은 1990년대 들어와서야 본격화되었다. 김태일, 김용현, "북한 권력 내부의 당 · 정 · 군 관계 : 지도 인맥을 중심으로", 『동향과 전망』 제31호 (1996), p. 69.

위 부위원장(2010년 9월)으로 활동하다가 김정일 사망 후 바로 군 최고사령관(2011년 12월)직에 오르고, 이어 당 제1비서·국방위 제 1위원장(2012년 4월)에 차례로 오른 것은 군사 우선의 권력승계 특성을 반영한 것이다. 이는 김정은이 김정일 시대에 구축해 놓은 선군정치식 권력세습 과정을 거친 결과다. 선군시대의 정치지도자는 군대를 틀어쥐어야 할 뿐만 아니라 군사에 능통한 탁월한 군사지휘관이 되어야 했기 때문이다.

이에 따라 김정일은 김정은을 그의 후계자로 만들기 위해 군사에 밝고 군대를 지휘·통솔할 수 있는 능력을 갖춘 정치지도자 이미지를 우선적으로 고착하고자 했다.[10] 김정은에게 중앙당 정치국과 비서국의 요직을 부여하기 이전에 대장 칭호 및 당 중앙군사위원회 부위원장직이 먼저 주어진 것은 결코 우연이 아니다. 김정일은 김정은이 군사지휘관으로서의 권위와 역할을 제고하여 인민군대를 장악하기만 하면 여타의 권력은 자동적으로 따라온다는 선군정치 신념을 지녔던 것이다.

북한은 철저하게 김정은의 권력승계를 '장군형' 지도자(수령)의 승계 논리로 정당화하도록 하였다.[11] 북한 당국은 "백두에서 개척된 주체 혁명 위업을 세대와 세기를 이어 끝까지 계승"[12]해야 한다고 주장함으로써 김정은을 '백두산 빨치산 무장투쟁' 전통의

---

**10** 김봉호, 『위대한 선군시대』(평양 : 평양출판사, 2004), pp. 153~155.

**11** 고유환, "김정은 후계 구축과 리더십 변화 : 군에서 당으로 권력 이동," 『한국정치학회보』 제45집 제5호(2011), pp. 176~180.

**12** 로동신문, 2011년 11월 1일.

후계자로 내세우고자 했다.

특히 북한은 "인민의 운명을 전적으로 책임질 수 있는 령도자는 장군이어야"[13] 한다고 주장하여 김정은을 '장군형 령도자'로 받들도록 하였다. 곧 '장군형 령도자'상을 부여하여 김정은을 빨치산 '김일성 장군'의 카리스마를 계승한 인물로 만들고자 하였다. 북한에서 신화적으로 숭배하고 있는 '김일성 장군'이 지닌 신성성, 영웅적 위력, 이상적 모범성을 손자인 김정은이 지니고 있다는 점을 강조하였다. 김일성에게 인위적으로 덧씌워진 초인적인 자질, 예언자의 능력, 장군의 천재적인 전쟁 지도력 등과 같은 카리스마적 권위를 김정은에게 전이하고자 한 것이다.

## 사회주의 정치적 통치기제를 활용하다

김정일은 아버지 김일성의 후원으로 20여 년 동안 당 조직 장악을 통한 후계권력 구축을 위해 장시간을 가졌으나 김정은은 그렇지 못했다. 김정일은 그의 생존기간 동안 핵심적인 권력을 후계자에게 일찍 넘기지 않으려는 속성을 보였다. 김정일은 그의 권력을 공유하지 않는다는 원칙을 견지하였다.

그의 통치기간 동안 중앙당 조직지도부를 비롯한 핵심조직은 직할통치[14]였다. 당 사업 집행 조직인 비서국을 장악하여 그에게

---

**13**  로동신문, 2011년 2월 10일.

권력을 집중하는 방식을 채택했다. 자연히 중앙당 당 대회, 전원회의, 정치국회의 등의 회의체 조직은 유명무실화한 상태로 전락했다. 이 같이 김정일 시대 노동당은 김정일 개인 통치를 위한 통제수단이 되었다.

반면, 김정은은 당 대회와 같은 회의체 조직을 포함한 중앙당 조직과 기능을 복구하여 사회주의 정치적 통치체제를 통해 그의 권력 기반을 다지고자 했다. 중앙당의 핵심조직인 정치국, 비서국, 당 중앙군사위 등 주요 조직의 공석을 충원하거나 인원을 확대함으로써 당의 기능과 역할을 활성화하는 조치를 단행하였다.

김정은 집권 초기 정치국은 27명에서 41명으로, 비서국은 9명에서 12명으로, 당 중앙군사위는 18명에서 20명으로 인원을 확대하였다. 김정일 정권 하에서는 거의 유명무실화하였던 '정치국회의'가 주요 의사결정기구로서의 역할을 회복하는 듯한 추세를 보였다. 예를 들면, '정치국회의' 결정으로 김정은 최고사령관 추대(2011년 12월 30일), 리영호 해임(2012년 7월 15일) 조치가 있었고, '정치국 확대회의' 결정으로 국가체육지도위원회가 설립(2012년 11월 4일)되기도 하였다.

김정은은 당 조직 활성화로 군대에 대한 정치적 지도통제를 본격화하였다. 당 인물인 최룡해를 총정치국장에 임명(4월 13일)하

---

**14** 황장엽은 "조직부가 사실상 모든 분야를 지배하고 있었다"고 하면서 김정일은 조직부의 비서나 부장 역할을 스스로가 하면서 조직부에 대한 직할통치를 통해 군을 비롯한 전 분야를 지배하였다. 황장엽, 『나는 역사의 진리를 보았다』 (서울 : 한울, 1994), pp. 191~203.

여 당에 의한 군 통제체제를 보다 강화하고자 했다. 김정일 시대 북한은 선군정치를 강조했으나 김정은 집권 하의 북한은 김정은 후계체제 공고화 작업을 본격화하면서 당 중앙위원회와 당 중앙군사위원회의 기능 활성화와 당의 향도적 역할을 강조하였다. 북한은 '계속혁명론'과 '혈통계승론'에 따른 김정은 후계권력 구축 본격화와 함께 김일성과 조선노동당을 동일시하여 김일성 카리스마를 김정은에게 연결하는 이미지 구축작업에 열을 올렸다.[15]

그럼에도 불구하고 후계권력 구축을 위한 경험이 지극히 부족하다는 사실은 김정은 권력의 최대 약점으로 지적되었다. 하지만 김정은은 아버지 김정일이 구축해 놓은 선군정치체제 덕분에 비교적 순탄하게 세습권력을 안착해 오고 있다. 군사 차원에서 최고위직인 최고사령관직을, 당 차원에서 당 총비서와 당의 군사 관련 최고직위(당 중앙군사위원회 위원장)와 국가 차원의 최고위직인 국방위원회 위원장직에 오르기만 하면 자연히 최고지도자가 될 수 있도록 만들어 놓은 선군정치제도에 힘입은 바 크다.

김정은은 김정일 사망 후 약 2주 만에 군사 최고위직인 최고사령관(2011년 12월 30일)에 올랐고, 최고사령관 명령으로 당 대표자회의를 열어 당의 최고위직인 당 제1비서(2012년 4월 11일)와 당 중앙군사위원회 위원장(2012년 4월 11일)을 차지하였고, 이어 개최된 최고인민회의에서 국가최고위직인 국방위 제1위원장(4월 13일)에 올랐다.

---

**15** 고유환, 앞의 논문, p. 189.

김경희, 장성택, 최영림, 최룡해

이와 동시에 김정은은 자신을 후원할 수 있는 권력구조를 빠르게 재구축해 나갔다. 2012년 4월 김경희·장성택·최영림·최룡해·김정각·리명수·김원홍 등 측근 인물들이 김정은 체제의 핵심조직에 배치되었다. 같은 해 6월 이후부터 충성도 검증 등을 통해 인적 개편이 이루어져 당 27%, 내각 45%, 군 70%가 교체되었다. 이 시기 김정은 권력 후원의 정점에는 고모인 김경희가, 군사부문에는 최룡해, 경제부문에는 최영림, 대외부문에는 강석주가 각각 자리잡았다.

김정은 권력 후견체계는 당 기능의 정상화로 당을 통한 통제체제 회복에 초점이 맞춰졌다. 당 주요 조직의 공석을 충원하고 정치국회의를 주요 의사결정기구로서의 기능을 확대해 나갔다. 당 조직을 통해 군대를 정치적으로 통제해 나가기 위해서 비 군사 출신 당 간부 최룡해를 총정치국장에 임명하였다. 또한 군대의 4대 직위(총정치국장, 총참모장, 인민무력부장, 총참모부 작전국장) 전원을 교체함으로써 인민군대를 그의 친위조직으로 재편하였다.

## 김일성을 모방한 우상화 작업

다른 한편으로 김정은 후계권력의 정통성을 강화하기 위해 김정은 개인에 대한 우상화 작업도 빠르게 진행되었다. 김일성과 김정일 우상화를 통한 권력세습의 정당성 선전이 대대적으로 이루어졌다. 특히 김일성에 대한 우호적 이미지를 김정은에 연결하기 위해 김일성을 모방하는 움직임도 활발히 전개되었다. 김일성이 '만민의 어버이'로 불렸듯이 김정은도 민생을 강조한다든가, 유원지 등 문화후생시설 건설 등을 통해 '애민(愛民) 이미지'를 부각하여 김일성 이미지 모방을 위해 적극적이었다.

그리고 부인을 대동하고 나온다든가 서구풍 공연을 허락하고 김일성이 주로 하였던 대중연설 및 대중 밀착접근 등으로 보다 개방적인 김정은 이미지 구축 노력도 계속하였다. 소년절, 전국노병초청행사, 청년절, 전국 어머니대회 등과 같은 대규모 정치행사 개최를 통하여 김정은 권력에 대한 '김일성식' 지지와 충성 유도 활동을 대대적으로 벌였다.


## 김정은 정권 10년을 분석하다

이 책에서는 정태적(static) 측면과 동태적(dynamic) 측면에서 김정은 정권 10년을 분석 평가해 보려고 한다. 정치권력의 변동 과정에서 정권에 영향을 미치는 요소들이 상호 영향을 미치며

부인 리설주와 함께 서구풍 공연을 관람하고 있는 김정은 @데일리NK

변화해 가는 양상에 초점을 맞추어 정권을 평가하는 것이다.

일반적으로 모든 권력자는 장악한 권력을 가능한 오래오래 유지하고자 한다.[16] 정치권력은 세습적 승계, 외국의 점령, 혁명과 쿠데타, 선거 등으로 획득된다. 북한은 세습적으로 정치권력을 승계하는 국가로 자리잡았다. 김정은은 김정일과 마찬가지로 세습적 승계로 정치권력을 획득했다.

김정은 세습정권 10년을 분석하기 위해서는 아버지 김정일 국방위원장의 승계 과정에 대한 이해가 필요하다. 이어 정권의 통제

---

16    이극찬, 『정치학』 제6전정판(서울 : 법문사, 1999), p. 167.

력, 국가의 기능, 정권의 정통성 요소를 중심으로 김정은 정권 10년을 분석하는 것이 바람직할 것이다.

### 정권의 통제력

특정 권력자는 정권의 통제력을 의미하는 물리적 강제력(군대 및 경찰 및 보위기구)의 독점을 통해서 정권의 안정을 기하고자 한다.[17] 권력을 장악한 특정 정권은 먼저 군대를 장악하는 것이 가장 중요하다. 군대를 장악하지 못하면 안정된 권력을 유지할 수 없다.

북한 주민들의 동향을 감시·감독하는 직접적인 물리적 강제력으로는 국가안전보위부, 인민보안부, 법무생활지도위원회 등이 있다. 각종 사찰기관은 주민들의 사상 동태를 감시하고 반당·반혁명 세력 색출을 담당한다. 국가안전보위부(보위부)는 형사재판 제도와는 별개로 운영되는 북한 최고의 정치사찰전담기구로 정치사상범에 대한 감시, 구금, 체포, 처형 등을 법적 절차 없이 임의대로 결정하는 권한을 가지고 있다.[18]

그런데 사회주의·공산주의 체제는 일당독재를 통해 정권을 유지한다. 공산당 또는 노동당 등이 정권통제력의 가장 중요한 공권력이다. 당이 국가, 군대, 여타 모든 사회조직을 지도하고 통제하는 것이 사회주의·공산주의 체제의 기본이다. 물리적 강제력

---

**17** 이극찬, 앞의 책, p. 168.
**18** 위와 같음.

위에 당이 존재하는 것이다.

국가안전보위부, 인민보안부, 법무생활지도위원회 등을 포함한 사찰기관도 당적으로 통제된다. 군대도 예외는 아니다. 군대 통제도 당적으로 이루어진다. 북한도 여타 사회주의·공산주의 국가와 같이 노동당을 통해 군대를 정치적으로 장악한다. 북한은 "인민군대를 완전무결한 수령의 군대, 당의 군대로 만드는 것을 군건설의 총적 임무"[19]로 하여 군에 대한 당적 통제로 정권의 공고화를 다진다.

문제는 경제난과 같은 국가적 위기상황에서 당이 제 기능을 발휘할 수 없을 때다. 김정일의 경우, 식량난 이후 국가가 주민들의 삶을 안정적으로 보장해 주지 못하면서 주민들의 불만이 매우 높아졌으나 군대를 앞세운 선군 방식으로 주민들을 지도통제함으로써 주민들의 불만이 저항으로 확대하지 못하도록 하였다. 군대를 국가방위가 아닌 주민통제를 위한 물리력으로 활용했다.

'현대 정치가'는 '군사에 능통한 탁월한 지도자'가 되어 '군대를 틀어쥐어야 한다'는 것이 김정일식 선군 논리다. 이 선군 논리를 김정은이 그대로 답습하는 과정을 거쳤다. 김정은은 선군 논리로 군대를 먼저 장악하여 정권을 안정되게 유지하는 통치 절차를 거쳤다. 이어 그는 국가 상황이 안정되어 감에 따라 당을 통한 지도통제체제를 복원하여 사회주의체제에 의존하는 통치체제를 보였다.

---

**19**　김봉호, 『위대한 선군시대』 (평양 : 평양출판사, 2004), p. 91.

## 국가의 기능

국가의 기능은 가치의 배분이다. 정치력의 안정도에 따라서 피치자들에게 여러 가지 가치를 부여하는 일은 정치적 통합과 안정을 위하여 필수적이다. 이러한 가치의 적절한 배분에 실패할 경우, 사회에는 불평불만이 팽배해지고 급기야는 정치 변동도 초래될 수 있다.[20]

북한은 전 주민에게 사회보장제 하에서 가치의 배분을 균형 있게 하고 있다고 강조한다. 북한의 사회주의헌법 제25조에는 "국가는 모든 근로자에게 먹고 입고 쓰고 살 수 있는 온갖 조건을 마련하여 준다"고 밝히고 있다. 북한 당국은 "주민들의 의식주 문제도 국가가 전적으로 책임지고 돌봐주고 있다"고 선전한다. 그러나 현실적으로 북한에서는 국가가 이러한 약속을 잘 지켜내지 못함으로써 공식·비공식적 역할의 부조화가 초래되어 정권의 불안정성이 커질 수 있는 가능성이 존재한다.

## 정권의 정통성

정권의 정통성 획득 역시 중요한 정치·사회적 안정화 과정이다. 만일 피치자들로부터 명시적이건 묵시적이건 간에 어떠한 지지 내지는 승인을 받지 못한다면 통치자는 권력자 지위를 유지해 나갈 수 없다. 권력자에게는 역사적 정당성과 도덕적 정당성이 필요하다. 궁극적으로는 정당성이 신비화 수준으로 올라가 정당

---

20  이극찬, 앞의 책, p. 125.

성의 독점 과정이 비로소 완결되어 정권이 반석 위에 놓이게 된다는 것이다.[21]

특정 정권이 그 사회의 주민들로부터 순종을 끌어내기 위해서는 도덕적으로 정당하게 결합하는 권력의 정통성이 요구된다.[22] 북한에서도 정권 정통성 획득을 중요시해 3대 세습의 정통성 확보를 위한 선전을 강화하고 주민들의 순응을 도출해 내고자 한다. 북한에서는 '후계자론'을 통해 세습정권의 연속성에 기초한 정통성을 찾고자 한다.

> "수령의 대, 수령의 령도가 수령의 후계자에 의해 이어진다. …후계자는 수령의 사상과 업적으로부터 수령의 사업방법, 작풍, 풍격에 이르는 모든 것을 그대로 받아안고 수령의 대를 이어가는 당과 인민의 지도자이며 수령이 개척한 혁명 위업을 계승하고 끝까지 완성해 나가는 미래의 수령인 것이다. 후계자라는 것은 수령의 뒤를 잇는 지도자라는 의미, 전대 수령과의 관계에서 그 위업을 계승하고 그의 뒤를 이어나가는 지도자라는 의미인 것이다. 대를 잇는 지도자는 다름 아닌 미래의 수령이다."[23]

21  이극찬, 앞의 책, pp. 126~127.
22  David Easton, "Systems Analysis and Its Classical Critics," Political Science Reviewer, vol. 3 (Fall 1973), pp. 278~280.
23  김유민, 『후계자론』 (서울 : 신문화사, 1984, : 동경 구월서방 번각 발행), p. 48.

# 북한의 권력승계제도

## 김정일이 만든 '세습군주국가'

김정일은 김정은과는 달리 지난한 과정을 거쳐서 김일성으로부터 권력을 이어받았다. 김일성 체제 하에서 김정일은 당 조직에서 출발하여 군사조직을 거쳐 단계적으로 권력을 이양받아 2인자로 권력통치의 길을 걷다가 김일성 사망 후 북한의 최고지도자로 등극하였다. 그리고 1973년 9월 당 중앙위원회 제5기 제7차 전원회의에서 김정일은 당 중앙위원회 비서로 임명되었고, 1974년 2월 조선노동당 제5기 제8차 전원회의에서 김일성의 유일 후계자로 추대되었다.[24]

그러나 김정일의 후계가 공식적으로 공개된 것은 이로부터 약 6년 후인 1980년 10월 6차 당 대회에서였다. 김정일이 후계자로서 당 중앙위원회 정치국 상무위원회 위원, 정치국 위원, 비서국 비서, 군사위원회 위원으로 선출된 것이 바로 6차 당 대회였다.

이때부터 북한은 사회주의체제 하의 '세습군주국가' 양태를 보이기 시작하였다.

김정일은 그의 후계권력을 정당화하고 강화할 수 있는 권력기반 구축작업에 돌입하였다. 김일성을 단순한 세속적인 국가최고통치권자 지위가 아닌 신과 같은 '신성절대군주'로 통하도록 수령의 권력체계를 먼저 만들어 나가는 노력을 기울였다.

그리고 수령 권력이 대를 이어 영속화된다는 논리를 내세워 자신의 세습 후계권력에 정통성을 부여해 나갔다. 김정일은 아버지 김일성을 '신성 절대군주'인 수령으로 높이 받들어 나감으로써 후계자로서 자신의 권력기반을 공고화하고자 하였던 것이다. 김일성 사후에는 김정일 스스로가 '신성절대군주'인 수령으로 등장하였다.

---

**24** 이태섭, "1970년대 김정일 후계체제의 확립과 수령체제," 『북한의 정치 1』 (서울 : 경인문화사, 2006), p. 381; 이 전원회의에서 항일 빨치산 출신 원로 정치인이 김정일을 당 중앙위원회 정치위원회 위원으로 선거하자고 하였다는 것이다. 북한은 이 제의가 회의 참가자들의 전원 찬동을 받았고 김정일은 혁명 1세대뿐만 아니라 인민들의 전적인 지지에 의해 선택되었다는 주장을 펴고 있다. 전현준, 『金正일 리더십 研究』 (서울 : 民族統一硏究院, 1994), p. 31; 그러나 황장엽은 "김일성과 함께 항일무장투쟁을 전개한 원로들이 김정일을 후계자로 내세운 것으로 오해하고 있는데 그건 그렇지 않다"고 하면서 "항일투사 가운데 그런 견해를 내놓을 만한 인물도 없었다"고 단언한다. 황장엽, 『나는 역사의 진리를 보았다』 (서울 : 한울, 1999), p. 172.

# 부자세습 근거 창출

　김정일은 1942년 2월 16일 시베리아에서 '유라'[25]라는 이름으로 김일성과 김정숙 사이에서 장남(2남1녀)으로 태어났다. 그러나 북한은 김일성 부자세습체제 구축 과정에서 출생지를 시베리아가 아닌 백두산 부근 통나무집에서 태어난 것[26]으로 선전함으로써 '백두혈통'을 인위적으로 조작하여 부자세습권력의 근거를 만들고자 하였던 것이다. 그들은 김일성의 항일혁명활동 근거지였다는 백두산에서 김정일이 출생하였다는 '사실'을 강조하여 운명적인 김일성 권력세습의 정통성을 만들고자 하였다. 이에 대해서 황장엽은 다음과 같이 증언하고 있다.

　　"김일성은 자기가 만주에서 싸운 것이 아니라 백두산을 근거지로 하여 국내에서 싸웠으며 중국 공산당의 영도 밑에 중국혁명을 위해 싸운 것이 아니라 조선혁명을 위하여 싸웠다는 것을 선전하기 위하

---

**25**　박규식은 저서 『김정일 평전』에서 김정일이 블라디보스토크 인근 남야영에서 태어났으며 이름은 '유라'였다고 밝힌 바 있다. 박규식, 『김정일 평전』 (서울 : 양문각, 1992), p. 12; 황장엽도 김정일 이름이 '유라'라는 것을 밝혔다. 1940년 말에 김일성이 소련으로 넘어가 88특별교도여단에서 생활할 때 김정일이 출생하여 그 이름을 러시아식으로 '유라'라고 불렀으며, 둘째 아들도 '슈라'라고 러시아식으로 불렀다고 한다. 자신도 '유라'라고 수표한 러시아어판 세계 지도책을 가지고 있었다고 증언하였다.

**26**　북한 당국은 김정일에 영웅 칭호를 수여하는 중앙인민위원회 정령을 통해 "김정일 동지는 백두산 밀령에서 탄생하시었다"고 공식 천명하였다. 로동신문, 1982년 2월 16일.

여 '백두산 밀영에서 김정일을 낳았다'고 꾸며 내었다. 이 사실에 대하여서는 우리의 기억도 생생하다. 어느 날 김일성은 빨치산 참가자들을 불러 '김정일이 탄생한 백두산 밀영 자리를 찾아내라'고 과업을 주었다. 그러나 그들이 없는 것을 찾아낼 수 없었기 때문에 이리저리 찾느라고 하다가 찾지 못하였다. 그러나 김일성은 자기가 직접 나가 찾아보겠다고 하면서 돌아다니다가 경치가 좋은 곳을 찾아내어 '여기가 밀영지였다'고 지적하고 그 뒷산을 '정일봉'이라고 이름 지어 주었다."[27]

김정일은 만경대혁명학원을 1기생으로 졸업(1953년)하고 이후 동독 항공군관학교를 수학한 것으로 알려지고 있다.[28] 1964년 4월에는 김일성종합대학 정경학부를 졸업하였고 "사회주의 건설에서 군(郡)의 위치와 역할"이라는 졸업논문을 제출했다. 이후 그는 당 중앙위 고관 및 김일성 경호원(1963~1969년), 당 문화예술과장, 조직부 부부장(1970년 전후) 그리고 당 조직 및 선전선동 담당 비서(1973년 9월)를 역임했으며, 1980년 10월 노동당 6차 당 대회에서 당 제2인자로 공식화되었다.

---

27  황장엽, 『북한의 진실과 허위』(서울 : 시대정신, 2006), p. 42.
28  김정일은 대학 진학을 앞둔 고중시절에 외국 여행을 했으며 어느 사회주의 나라를 방문해 그 나라 종합대학을 참관할 당시 대학 안내자가 대학의 역사와 규모, 세계 유학생들의 수학 실태 등에 대해 설명하면서 유학을 권유했다는 사실 등을 통해서 볼 때, 김정일이 1958년 8월부터 김일성종합대학 입학 전까지 2년여 동안 동독 항공군관학교에 유학 및 소련에서 헬기 조종술 등을 습득했을 가능성이 있다는 판단이었다. 박규식, 앞의 책, p. 32.

여기에서 김정일은 당 정치국 상무위원회 위원(4위), 당 정치국 위원(4위), 당 군사위원회 위원(3위), 당 비서국 비서(2위) 지위에 올라 당권 장악을 통하여 그의 승계권력을 공고화하는 데 매진하기 시작하였다. 1983년 9월 9·9절(35주년) 행사 때 김정일은 당 공식서열 2위로 부상하였다.[29]

## 김일성, 부자세습으로 눈을 돌린 이유

김일성은 공산주의 국가의 권력승계 과정에서 발생한 암투, 혼란, 갈등 사례[30]를 직접 목격하였고, 여기에서 장기독재자로서 군림하는 데 대한 불안과 우려감을 갖게 되었을 가능성이 크다. 1953년 스탈린 사후 흐루쇼프에 의한 격하운동, 1970년 초 중국의 류사오치, 림바오 사건, 1976년 마오쩌둥 사망과 4인방 숙청 등은 김일성으로 하여금 '부자세습' 권력기반 구축의 필요성을 갖도록 한 것으로 판단된다. 이에 따라 북한 당국은 김일성 사후를

---

**29** 박규식, 앞의 책, pp. 236~244 참조.

**30** 소련의 말렌코프(1953년), 흐루쇼프(1956년), 폴란드의 라코시(1956년)의 경우 반대파에 의해 실각되었으며, 폴란드의 오하브(1956년), 체코의 노보트니(1968년), 폴란드의 고물카(1970년), 불가리아의 체르벤코프(1954년) 등은 인민봉기로 축출되었다. 이외에도 폴란드의 게로(1956년), 동독의 울브리히트(1971년) 등은 소련의 개입과 민중봉기, 반대파의 음모가 상호작용하여 쓰러졌다. 송정호, "김정일 권력승계의 공식화 과정 연구 : 1964~1986을 중심으로," (한양대학교 정치외교학과 박사학위논문, 2004), pp. 32~33.

보장할 수 있는 이론적 배경을 만들어 나가면서 부자세습을 위한 구체적 환경을 창출해 나갔다.

1956년 '주체'를 제창하고, 1967년 '주체사상'으로 체계화하여[31] 1974년에는 이를 '김일성주의'[32]로 승화시키기에 이르렀다. 이후 주체사상을 대를 이어 실현해 나가야 한다는 당위성을 부각함과 동시에 김일성을 신격화하는 데 주력하게 되었다. 신격화하고 우상화한 권력은 자연히 대를 잇는 후계권력 구축에 대한 정당성을 제공하는 데 용이한 것이었다. 북한이 1982년 2월 발행한 「지도자론」을 보면 북한이 주장하는 김일성 부자의 세습체계에 대한 논리적 근거를 알 수 있다.

김정일은 1982년 10월 그가 직접 집필하였다는 「혁명적 수령관」이라는 논문을 통해 수령의 절대적 권위를 강조함으로써 '혁명계승론'을 부각시킨 바 있다. 아울러 김정일은 「혁명적 수령관」이나 「사회정치적 생명체론」 등을 동시에 내세워 수령과 인민대중의 관계를 사실상의 주종관계로 규정하였고, 자기의 권력기반 구축을 위한 선행조치로 이데올로기 강화 노력을 전개하며 후계 입지를 다졌다. 이후 김정일은 1982년 3월 논문 「주체사상에 대하여」를 발표하여, 자신만이 주체사상의 해석권을 갖는다는 것을 알리

---

**31**  서재진, 『주체사상의 이반』(서울 : 박영사, 2006), pp. 119~159 참조.

**32**  1974년 2월 19일 "온 사회의 김일성주의화하기 위한 당 사상사업의 당면한 몇 가지 과업에 대하여"라는 김정일의 연설이 있고 난 후 그는 김일성의 혁명사상, 즉 주체사상을 김일성주의로 정식화하고 '온 사회의 김일성주의화'를 당의 최고 강령으로 선포하였다. 송정호, 앞의 글, p. 173.

기 위해 내외에 배포하는 등 김일성 주체사상과 함께 자신의 사상을 강화해 나갔다.[33]

또한 6차 당 대회, 1982년 4월 당·정 연합회 보고를 통해 주체사상으로 북한 주민을 '인간개조', '사상개조'하고 북한 사회를 개조(사회개조)해야 한다고 역설하기도 하였다. 그리고 당 규약과 사회주의헌법에 주체사상을 당·정 활동은 물론 주민들의 가치판단 기준으로까지 삼아야 한다고 제시하였으며, 신문과 방송, 잡지 등 각종 선전매체를 총동원하여 「지도자론」을 비롯한 김일성 부자세습체제 합리화 논문을 연일 집중적으로 발표하였다.

:: 북한이 주장하는 부자세습체계의 논리적 근거

| 구분 | 내용 |
|------|------|
| 혁명계승론 | •김일성이 개척한 혁명과업은 대를 이어 계승해 나가야 한다.<br>•'김일성 없는 김일성주의'를 유지해야 한다.<br>*김일성 격하운동 배제 |
| 세대교체론 | •후계자는 새로운 세대에서 나와야 한다.<br>•후계자는 영도자로서 풍모를 갖춘 인물이면서 동시에 새 세대를 대표하는 인물이어야 한다. |
| 혈통계승론 | •수령의 혈통을 이어받은 자가 후계자가 되어야 한다.<br>•수령의 혈통을 계승하는 자라야 인민대중의 기대와 신뢰를 받으며 대중과 혼연일체를 이룰 수 있다. |
| 역사적 준비단계론 | •수령의 후계자는 수령이 지니고 있는 사상과 이론, 영도예술을 배우고 이어받을 준비기간이 필요하다. |
| 김일성 신화론 | •김정일은 수령의 화신이다. |

출처 : 이교덕, 『북한의 후계자론』 (서울 : 통일연구원, 2003), pp. 4~26; 송정호, 앞의 글, pp. 52~60.

다음으로 김일성 부자세습체제를 반대하거나 부정적 반응을 나타내고 있는 권력 상층 내부의 인물을 숙청하거나 김일성 족벌 내의 인물을 견제하는 조치를 적극 펼쳤다. 권력 상층부의 숙청 인물과 족벌 내의 견제인물들은 다음과 같다.

:: 권력 상층부의 숙청인물

| 성명 | 당시 직책 | 시기 |
|---|---|---|
| 오택봉 | 당 정치위 후보위원 | 1975. 4 |
| 유장식 | 당 정치위 후보위원 | 1975. 9 |
| 이용무 | 당 정치위원, 군 총정치국장 | 1977. 9 |
| 김동규 | 부주석, 당 정치위원(서열 3위) | 1977. 10 |
| 장정환 | 인민무력부 부부장 | 1977. 10 |
| 김철만 | 인민군 제1부총참모장 | 1979. 9 |
| 김병하 | 국가보위부장 | 1982. 1 |
| 김경린 | 재정부장 | 1982. 1 |
| 한익수 | 정치위 후보위원 | 1982년 전후 |
| 태병열 | 당 군사부장 | 1983년 이후 |

출처 : 통일부 「월간북한동향」, 「주간북한동향」

33  김정일은 여기에서 주체사상의 창시, 철학적 원리, 사회역사적 원리, 주체사상의 지도원칙, 주체사상의 역사적 의의를 밝혔다. 김정일, 「주체사상에 대하여」, (위대 한 수령 김일성 동지 탄생 70돐 기념 전국주체사상토론회에 보낸 논문, 1982년 3월 31일), 「김정일선집 7」 (평양 : 조선로동당출판사, 1996), pp. 143~216.

:: 족벌 내 견제인물

| 성명 | 김정일과의 관계 | 암투 내용 |
| --- | --- | --- |
| 김영주 | 숙부 | 1975년 4월 이후 부총리 해임, 공직에서 탈퇴 |
| 김성애 | 계모 | 1974년 이후 여사 칭호를 동지로 격하, 공식활동 제한 |
| 김평일 | 이복동생 | 1982년 6월 몰타에 유배, 1983년경 귀국 *명분상 영어교육차 파견 |
| 김성갑 | 계모 친동생 | 평양시 당 책임비서 해임 후 핵심부에서 제외 |

출처 : 통일부 「월간북한동향」, 「주간북한동향」

이상과 같은 일련의 과정을 거친 후 김정일의 공식 지위가 당 정치국 상무위원회 서열 2위, 당 비서 서열 2위, 당 군사위 서열 2위 등 사실상 김일성 다음 실권자로 부상하였으며, 김정일을 추종하는 신진인물을 대거 권력 핵심에 올려놓았다. 37명의 정치국원 중 18명, 10명의 당 비서 가운데 9명이 50대 이하였으며, 248명의 중앙위원 중 139명이 신진인물이었다. 37명의 정치국원 중 10명, 19명의 군사위원 중 6명, 248명의 중앙위원 중 49명이 만경대혁명학원 출신자였다.

1984년 초에는 김정일 추종인물 최영림을 부총리로 임명하였다. 당 정치국 및 비서국, 검사위원회 등 조직인물을 김정일 중심의 인물로 개편, 김정일의 정치인맥을 강화하였으며, 정권기관 (정무원, 최고인민회의 등)에도 김정일 추종인물로 인맥을 형성해 나갔다. 당시 부상된 인물은 다음과 같다.

| 구분 | 인물 |
|---|---|
| 정치국 상무위원 (1) | 오진우(인민무력부장) *이종옥, 김일은 1983년 6월 이래 누락 |
| 당 정치국 (15) | 임춘추(사상), 강성산(경), 오극렬(군), 최영림(경), 서윤석(경), 김강환(군), 김중린(사상), 전병호(경), 김두남(군), 안승학(경), 김영남(외), 허담(외), 홍성룡(경), 김복신(경), 채희정(경) |
| 당 비서국 (14) | 허담(외교), 허정숙(사회단체), 채희정(경제), 안승학(경제) |

이어 김정일 후계체제를 공고화하기 위한 방편으로 김정일의 우상화 조치가 뒤따랐다. 세습체제 구축 초기단계에서는 당 중앙이라는 막연한 대명사로 김정일을 지칭했으나 그 후 세습체제가 구축되어 감에 따라 친애하는 지도자, 탁월한 사상이론가, 영재, 영웅, 은혜로운 향도의 빛, 향도성, 어버이, 스승 등 과장적인 표현이 확산되었다.

그리고 김정일 성명 아래에 각하, 지도자 동지 등의 표현이 붙었다. 1982년 2월 14일 당시 조총련 의장인 한덕수가 김정일에 보낸 생일 축전에서는 위대한 김일성주의 사상이론가이시며, 혁명과 건설의 영재이며, 전체 총련일군들과 70만 재일동포의 은혜로운 스승이신 친애하는 지도자 김정일 동지 등 6개의 수식어가 총망라되어 있었다.

김정일에 대해 김일성과 같은 차원의 신격화가 전개되었다. "향도성의 빛발이 지나면, 그곳은 금방 옥토로 변한다"(조선문학 등 선전잡지), "옛날에는 수령님이 축지법을 쓰셨는데 오늘에는 주체의 별님이 땅을 넓히는 천지확장술과 시간을 주름잡는 축지법을 쓰신다." "앉은뱅이도 서게 하며 장님도 눈을 뜨게 하는 신통력" 등의 신격화 표현이 대표적이다.[34]

동시에 당시 북한의 정치·경제·사회문화 등에서 이룩한 성과를 김정일의 공로로 찬양하기도 하였다. 1983년 9월 검덕광산 제3선광장 공동보고에서 "수령님의 영명한 방침과 지도자 동지의 모범적 지도에 의해 이룩되었다"고 찬양하였다. 창광거리 주변의 고층건물은 "김정일의 대담한 결단"이 아니면 이룩될 수 없었다고 과장하기도 하였다.

또한 각지, 각급 공장기업소 내에 '김정일 사적관', '김정일 학습연구실'을 설치하였고, 김정일 생일인 2월 16일을 1975년부터 공휴일로 지정하였다. 이와 함께 북한 당국은 「대를 이어 충성하렵니다」, 「친애하는 지도자 동지」 등 60여 곡의 김정일 찬양 가곡집과 김정일의 어린 시절과 치적을 찬양한 100여 종의 작품을 수록한 『영원한 성좌』를 발간하였다.

한편 『김일성 선집』과 같은 김정일의 언행을 집대성한 인민의 지도자를 시리즈로 발간하였다. 아울러 해외 친북단체로 하여금 김정일 후계지지 강연회(1981년 11월, 일본), 김정일 위대성 강연회(1981년 12월, 인도)를 개최하게 하고 김정일에 대한 축전을 타전하도록 하였다. 이탈리아에서는 신문광고를 통해 김정일은 나폴레

---

**34** 전현준, 『김정일 리더십 연구』 (서울 : 민족통일연구원, 1994), p. 31.

옹만큼 키가 작고 시저만큼 사고력이 깊으며, 알렉산더 대왕처럼 정열적이라고 선전하는 양태를 보였다.

북한 당국은 1980년도 이후에 발표된 세 편의 주요 논문을 통해서도 김정일의 사상과 이념을 부각하였다. 즉 「주체사상에 대하여」(1982년 3월 31일, 조선로동당출판사), 「조선노동당은 영광스런 ㅌ·ㄷ의 전통을 계승한 주체형의 혁명적 당이다」(1982년 10월 17일, 로동신문), 「맑스레닌주의와 주체사상의 기치를 높이 들고 나가자」(1983년 5월, 근로자) 등이 그것이다.

# 김정은 세습권력 10년

허스프링 · 볼기에스(Dale R. Herspring and Ivan Volgyes)는 공산주의 국가들의 당 · 군 관계의 발전모델(developmental model)을 제시하면서 새로 탄생한 정권은 3단계, 즉 변혁(transformation), 공고화(consolidation), 체제유지(system maintenance) 단계를 거친다고 설명했다.

변혁 단계는 구체제의 권력 엘리트 및 사회구조에 대한 척결을 포함하고, 공고화 단계는 새로운 사회질서 구축을 의미하며, 체제유지 단계는 혁명의 결과에 대한 관리를 의미한다고 했다.[35] 김정일 정권의 경우 3단계 과정을 거치면서 권력을 안정적으로 관리하였다.

변혁 단계(1994~1998)에서는 '고난의 행군기'를 거치면서 '선군정치식' 권력구조 재편과 사회구조를 재정비하였고, 1998년 헌법 개정

---

[35] David E. Albright, "A Comparative Conceptualization of Civil~Military Relations," World Politics, vol. 32, no. 4 (1980 July), pp. 565~66.

으로 국방위원장 체제를 제도화하였다. 또한 중앙인민위원회(국가최고권력기관)와 주석제를 폐지하고 국방위원회와 국방위원장의 기능과 역할을 강화하며 국방위원장을 국가 수위로 하는 국가체제를 정립하였다.

공고화 단계(1998~2009)에서는 국방위원회와 국방위원장을 명실상부하게 국가최고기관과 최고위직으로 하는 제도를 완성하고 '선군정치식' 권력구조를 완성했으며, 유지 단계(2009년 이후)에서는 구축된 국방위원장 체제를 기반으로 김정은 후계체제를 수립해 나감으로써 '김씨조선' 권력을 영속화해 나갔다.

이 단계에 근거해서 김정은 정권 10년을 정권의 통제력, 국가의 기능, 정권의 정통성을 중심으로 분석해 보겠다.

## 1. 변혁(transformation) 단계 : 2012~2014년

### 2014년

## 김정일 유훈에 따른 신속한 권력승계

프랜시스 골턴(Francis Galton)은 세습에 기초한 리더십론을 내놓은 바 있다.[36] 이에 따르면 세습 인물이 국가를 만들고 그의 능력에 맞게 국가를 건설해 나간다는 것이다.[37] 세습에 기초한 리더십의 정의는 김정은 리더십에 잘 적용된다. 김정은 정권은 세습에 기초한 리더십으로 군주 세습과 같이 아버지 김정일로부터 권력을 물려받았으며, 김정은은 그 고유의 국가를 만들고 그의 능력에 따라 국가를 건설해 나가고 있다.

김정일은 사전에 다음과 같은 유훈을 남긴 것으로 전해진다.

"유서 내용을 읽는 순간부터 1년 내에 김정은을 최고 직책에 올려세운다. 그로 인한 부정적인 견해와 립장, 현상들에 대해서는 가차없이 처리하도록 할 것."[38]

이에 따라 김정은 집권 첫 해(2012년)에 신속하고도 압축적으로 공식적인 권력승계 절차를 밟았다. 김정은은 김정일의 생전 구상에 따라 최고위직을 신속하게 승계하였으며, 당 규약 개정(2012년 4월 11일), 헌법 개정(4월 13일)을 통해 권력승계를 제도적으로 공식화하였다. 당 규약에 김정은을 '당과 인민의 영도자'로 명시하였고, 헌법에는 '국방위원회 제1위원장'직을 신설하여 김정은을 추대함으로써 김정은은 당과 국가의 공식적인 최고지도자에 올랐다.

---

**36** 1879년 골턴(F. Galton)의 위인(great man) 연구가 시작된 이래 니체(F. Nitzsche), 섬너(Sumner) 등에 의해 주장된 초창기의 리더십 이론이다. 위인 이론에서는 역사의 진로를 위인 또는 영웅의 행적으로 설명하고 있으며, 리더의 공통적인 특징을 발견하고자 하였다.

**37** 리더십 이론은 'great man' 이론, 'environmental' 이론, 'personal~situational' 이론, 'interaction~expectation' 이론, 'humanistic' 이론, 'exchange' 이론으로 분류된다. 이에 대해서는 Ralph M. Stogdill, Handbook of Leadership : A Survey of Theory and Research (New York : The Free Press, 1974), pp. 17~23 참조.

**38** 이윤걸, 『김정은의 유서와 김정은의 미래』, (서울 : 비전원, 2012), p.20.

# '장군형 리더십' 갖추기

## 북한 군대는 인민의 군대가 아닌 수령 개인의 군대

근대 민족국가의 성립으로 민족주의가 발현하고 국민개병제가 확산하였다. 군은 국민의 군대, 즉 국민군 성격으로 자리잡았다. 국민군은 국가 전체를 대상으로 하여 인적·물적 자원을 동원하고 국가의 주권과 전 국민의 안전을 책임지는 임무를 띤다.

북한 군대는 '인민군대'라는 명칭은 갖고 있으나 내용상으로는 '수령의 군대'로 존재한다. 김정일은 "인민군대를 완전무결한 수령의 군대, 당의 군대로 만드는 것이 군 건설의 총적 임무"라고 밝혔다. 수령은 김일성에서 김정일로 그리고 김정은으로 이어지면서 북한 군대는 대를 잇는 이들 개인의 군대로 되었다.

북한 당국이 "인민군대가 수령의 군대라는 것은 곧 인민군대가 국방위원장이시고 최고사령관이신 김정일 장군님을 결사옹위하고 그 위업에 충성을 다하시는 김정일 장군님의 군대라는 것을 의미한다"고 한 논리를 그대로 따른다면, 김정은 시대 북한 군대도 당 제1비서이자 국방위원회 제1위원장이며 최고사령관인 김정은의 군대가 된다. 북한 군대는 국민의 군대가 아닌 수령 개인의 사병(私兵)이거나 수령의 전유물이다.

이렇게 볼 때 북한 군대는 귀족장교, 지원병 또는 용병 등으로 구성되어 국왕의 사병이나 특정 계층의 전유물과 같은 전근대적인 특수 무력집단으로 이해된다. 이 같은 특성을 지닌 군대는 국왕과 같은 군주의 개인적 안보를 위해서 무력을 사용하는 것이 정당화된다. 북한 군대도 이와 똑같은 대의명분을 지니고 있다. 북한 군대는 무엇보다도 먼저 '수령결사옹위'를 위하여 '영웅적 희생정신'을 발휘할 것을 요구받고 있다. 실제로 오늘날 북한에서는 "모든 군인들을 당과 수령을 결사옹위하는 총폭탄으로 준비시키는 것"이라 강조해 오고 있다.

### 김정일, 노동계급 독재보다 앞세운 군사독재, '선군후로' 사상 제시

김정일은 "처음으로 선군후로(先軍後勞) 사상을 내놓고 인민군대를 혁명의 핵심부대, 주력군으로 내세웠다"고 주장함으로써 '혁명 주체'로서의 군대의 지위와 역할을 강화하였다. 김일성 시대에서는 사회주의 혁명이론에서와 같이 노동계급을 혁명의 주력군으로 삼아왔지만, 김정일 시대에서는 군대를 혁명의 주력군으로 내세웠다. 선군후로는 노동계급보다 군대를 앞세운다는 의미다. 군대를 핵심으로, 주력군으로 하여 혁명의 주체를 튼튼히 하고 그에 의거하여 수령 정권을 앞장서서 수호하도록 하는 논리를 내놓았다.

선군후로 사상은 첫째, 군대를 혁명의 핵심부대, 주력군으로 하여 혁명의 주체를 튼튼히 하고, 둘째, 혁명군대의 혁명적 기질과 전투력에 의거해 조국과 혁명, 사회주의를 수호하며 전반적 사회주의 건설을 강력히 추진하는 것을 내용으로 하고 있다.

혁명의 주체를 강화한다는 것은 혁명의 수뇌부, 즉 수령에 대한 보호역량의 강화를 의미하며, 반조국·반혁명·반사회주의 움직임이 있을 경우 이를 척결하기 위해서 북한 군대가 적극 개입하게 되는 역할을 의미한다. 수령 정권을 위협하는 상황이 발생하면 그것이 대내적이든 대외적이든 상관없이 수령의 명령에 따라 즉각 동원될 수 있도록 하였다. 이것이 김정일의 선군사상이자 정치이론이다.

선군정치 하에서 북한 군대는 '혁명의 주체'로 자리매김하고 있기 때문에 반수령 정권 움직임이 보일 경우 이를 차단하거나 억제하기 위해서 즉각 투입될 수 있는 기능과 역할을 지닌다. 북한 군대는 '혁명의 주체' 또는 '혁명의 주력군'으로서 반혁명적·반체제적 움직임을 분쇄시키는 데 동원될 수 있는 특수무력으로서의 역할을 한다.

1980년대 말까지 인민무력부보위부가 인민무력부보위국으로 있다가 1992년 보위사령부로 승격하였다. 이후 보위사령부는 보위사령부 실무행정 부서들과 보위사령부 당 위원회의 당적 지도를 직접 받으며 보위사령관의 수령 '직보체계'를 만들었다. 보위사령부의 사업 대상이 넓어졌으며 그 기능과 역할도 확대되었다. 보위사령부는 군대 내에 국한하던 정치감찰과 경제감찰을 정권 지도부를 포함한 민간인에게까지 확대하였고, 수사대상의 직위와 직급에 관계없이 독자적으로 수사하고 처리할 수 있는 권한도 행사할 수 있도록 하였다.[39]

---

**39** 김일성 사후 김정일 정권 초기 인민무력부보위사령부가 당 조직부, 간부국까지 검열하는 등 보위부의 힘이 상당히 강화된 바 있다. 정영태, 『북한의 당·군·민 관계와 체제 안정성 평가』(서울 : 통일연구원, 2006), pp.71~72.

## 북한 군대, 군사 고유의 무력집단으로 회귀

북한 군대 내 각급 단위별로 총정치국 산하의 당 조직들이 배치해 있다. 군대의 최고위 당 정치조직인 총정치국은 중앙당의 지도와 통제를 받는다. 김정일의 선군정치체제 하에서 군대 내 당 조직과 정치기구는 더욱 강화되어 군대를 정치적으로 지도하고 통제해 나갔다. 김정일 정권 초기 소위 '고난의 행군' 시기에 군대 이외의 노동당 지배가 거의 마비된 상황에서 체제유지를 위해 '총대정치'를 선택한 것이 바로 선군정치다.

선군정치 하에서 군대는 중앙당을 대신하여 북한 체제 유지를 위한 체제통제수단으로 전면에 나서도록 하였다. 이 같은 체제통제기능을 안전하게 수행해 나가도록 하기 위해서 군대 내의 당 기구를 여타 당 기구들보다 더욱 신뢰할 수 있는 당 조직으로 받아들이도록 했다. 한 비밀연설에서 김정일이 군대에서는 당 정치사업을 활발히 벌이고 있지만 사회의 당 정치사업은 맥이 없다고 질타했다고 한다.

군대가 물리적으로 대내외적 위협으로부터 정권을 보위하는 역할을 하면서도 당적으로 더욱 철저하게 통제됨으로써 군대의 일탈을 차단했다. 자연히 군대를 통제하는 군대 내 정치기구가 사회의 정치기구보다 앞세워질 수밖에 없었다. 군대 내 당 위원회와 정치기구는 한층 더 활성화하였고 그것이 북한 사회 전반에 확산되도록 하였다.

그러나 김정은 시대 와서는 군대의 정치적 역할이 크게 약화하였다. 군대는 노동당이 정상화의 길을 걷게 됨에 따라 철저하게 중앙당의 통제를 받는 군사 고유의 무력집단으로 되돌아가기 시작하였다.[40] 그러나 유사시에는 군대가 체제 보위 역할을 위해 정치적으로 전면에 나서게 될 가능성은 여전히 상존한다.

## 김정은, '장군형 리더십' 구축 먼저

김정은은 아버지 김정일이 구축해 놓은 선군정치의 논리에 따라 대를 잇는 권력세습 패턴을 따랐다. 김정일 위원장이 후계자 김정은을 대장 칭호부터 부여하고 당적 군사지도권인 당 중앙군사위원회 부위원장직에 올린 것은 단순한 의례적인 절차가 아니라 '권력은 총구에서 나온다'는 그의 정치적 판단에 따른 것이다.

김정일은 일차적으로 군권을 장악하고, 군권 장악은 곧 당 및 국가 관련 전권을 틀어쥘 수 있도록 하는 '선군정치식 세습권력체계'를 만들어 놓은 것이다. 선군정치 하에서 군권을 장악한다는 것은 한 국가의 대통령이 군통수권을 갖는 것 이상을 의미한다. 북한의 최고'령도자'는 정치적 최고'령도자'이기 이전에 걸출한 군사가적인 자질을 중요시한다.

선군정치 하의 국가최고지도자는 "뛰어난 군사적 예지와 지략을 겸비"하고 "군사전략가이며 군인 대중 중심의 령군술을 완벽하게 구현"할 수 있는 "위대한 령장"이 되도록 하는 '장군형 리더십'을 강조한다. 김정은은 '장군형 리더십'으로 군·당·국가를 통치

---

**40** 박형중, "권력세습과 통치연합 재편", 오경섭 외, 「김정은 정권 핵심집단 구성과 권력 동학」, (서울 : 통일연구원, 2019, p.90.

하기 위한 권력 기반 구축에 발빠른 행보를 보였다.

김정일 사망 이후 김정은은 변혁 단계(2012~2013년)에서 김정일 시대의 권력 엘리트 및 사회구조 재정비 사업에 돌입하였다. 앞서 지적한 바와 같이 김정은 자신은 군→당→정 순으로 최고직위를 계승하였다. 이와 동시에 김정은은 군·당·정 최고지도자로서 자신의 이미지 만들기와 정통성 구축작업에 돌입하였다. 김정은은 선군시대의 최고군사지휘관상을 심기 위해 자신이 직접 전투를 지휘하여 승리로 이끌어 내는 군사적 긴장 환경을 인위적으로 창출하였다.

'가상의 전투 상황'에서 김정은이 진두지휘하여 승리로 이끄는 '천출명장' 이미지를 도출해 내고자 하였다. 장거리 로켓 시험발사 및 핵실험 강행으로 국제적 제재 분위기를 조성하고 이로 인하여 초래된 국제적 제재를 '미제국주의' 주도의 대북 압살 공세로 포장함으로써 가상의 대미(對美) 전투 상황을 설정하였다. 이 전투를 최고군사지휘관으로서의 김정은이 직접 진두지휘하여 승리로 이끈 '천출명장'으로 자리매김하는 연출극이 전개되었던 것이다.

실제로 장거리 로켓 발사(은하 3호 발사 성공, 2012년 12월 12일), 제3차 핵실험 강행(2013년 2월 12일), 유엔 안보리, 대북제재 결의안 2094호 채택(2013년 3월 7일), 북 외무성, 안보리 제재 땐 '핵 선제 타격 위협'으로 '대미 핵전투 상황' 설정, 남북 관계 전시상황 돌입 발표(2013월 3일)로 김정은 진두지휘 모습 부각, 김정은의 '천출명장'상을 고착화하는 데 급급하였다.[41]

# 중단 없는 핵무력 증강정책을 계승·이행하다

"핵, 장거리 미싸일, 생화학무기를 끊임없이 발전시키고 충분히 보유하는 것이 조선반도의 평화를 유지하는 길임을 명심하고 조금도 방심하지 말 것."[42]

## '광명성 3호' 실패와 성공

김정은 정권 하의 북한은 대미접근 정책을 표방하면서도 미국의 태도 변화를 인위적으로 유도하기 위해 강경정책을 적극적으로 펼쳤다. '대북 적대 시 정책 선철회', '평화협정 체결' 요구를 지속하면서 '핵억제력'을 강화하는 조치를 실행에 옮기는 과감성을 보였다.

먼저 김일성 주석의 100회 생일(4월 15일)을 맞아 '광명성 3호 위성(장거리 로켓)' 발사계획을 밝혔다. 북한 조선우주공간기술위원회 대변인 담화를 통해 "김 주석 생일을 맞으며 자체의 힘과 기술로 제작한 실용위성을 쏘아올리게 된다"며, "이번에 쏘아올리는 '광명성 3호'는 극궤도를 따라 도는 지구관측 위성으로 운반로켓 '은하 3호'는 평안북도 철산군 서해 위성발사장에서 남쪽 방향으로 4월 12일부터 16일 사이에 발사된다"고 했다.

---

**41** 북한 당국은 '7·27전승절' 보고대회에서 "김정은 동지는 오늘의 첨예한 반미 대결전, 21세기의 핵대결전을 승리로 이끄는 희세의 영장, 천재적 군사전략가, 백전백승의 강철의 영장"이라 추켜세웠다.

**42** 이윤걸, 앞의 책, p.21

예정대로 '광명성 3호 위성'이 발사되었으나 궤도 진입에 실패했다. 북한 조선중앙통신은 같은 날 낮 12시 3분에 '지구관측위성 광명성 3호가 궤도 진입에 성공하지 못했다'는 국영문 기사를 통해 밝혔다. "조선에서의 첫 실용위성 '광명성 3호' 발사가 13일 오전 7시 38분 55초 평안북도 철산군 서해 위성발사장에서 진행됐다"며, "지구관측위성의 궤도 진입은 성공하지 못했다"고 하면서 "과학자, 기술자, 전문가들이 현재 실패의 원인을 규명하고 있다"고 전하였다.

그럼에도 불구하고 19일 북한 조선우주공간기술위원회가 "우리에게는 우주개발기구들을 최첨단 요구에 맞게 확대 강화하고 실용위성들을 계속 쏘아올리는 것을 포함한 종합적인 국가우주개발계획이 있다"고 하면서 "우리 과학자, 기술자들은 이미 '광명성 3호'가 궤도에 오르지 못한 원인에 대해 구체적이며 과학적인 해명을 끝낸 상태에 있다"고 천명함으로써 머지않아 장거리 로켓 재발사 가능성을 시사하였다.

2012년 5월에도 북한은 "우리는 자위적인 핵억제력에 기초해 우주개발과 핵동력 공업 발전을 추진하면서 강성국가를 보란 듯이 건설할 것"이라고 하여 장거리 미사일 개발과 핵개발을 중단 없이 지속한다는 의지를 천명하였다.

그해 12월 북한 조선우주공간기술위원회 대변인의 담화에서 "위대한 영도자 김정일 동지의 유훈을 높이 받들고 우리나라에서 자체의 힘과 기술로 제작한 실용위성을 쏘아올리게 된다"며 12월 10일부터 22일 사이에 평안북도 철산군 서해 위성발사장에서 남쪽으로 발사할 것임을 공표하였다. 동 대변인은 "이번에 쏘아올리는 '광명성 3호' 2호기 위성은 전번(지난번) 위성과 같이 극궤도를 따라 도는 지구관측위성으로서 운반 로켓은 '은하 3호'라고 설명했고, "우리의 과학자, 기술자들은 지난 4월 진행한 위성 발사에서 나타난 결함들을 분석하고 위성과 운반 로켓의 믿음성과 정밀도를 개선하기 위한 사업을 심화시켜 위성을 발사할 수 있는 준비를 끝냈다"며 "이번 위성 발사는 강성국가 건설을 다그치고 있는 우리 인민을 힘있게 고무하게 될 것"이라는 주장까지 펼쳤다.

북한은 12월 12일 오전 평안북도 철산군 동창리 로켓 발사장에서 장거리 3단 로켓인 '은하 3호'를 전격 발사하여 성공했다.


## 3차 핵실험 단행과 유엔의 대북제재

### 3차 핵실험

2013년 2월 12일 북한은 3차 핵실험을 전격적으로 단행하였다. 북한 당국은 그동안 여러 언론매체를 통해 핵실험을 시사하는 발언들을 쏟아내 오다가 갑자기 핵실험을 부인하는 듯한 논조를 내놓았다. 1월 24일에는 북한 국가최고기관인 국방위원회가 "장거리 로켓과 높은 수준의 핵실험 미국 겨냥"한 것이라고 발표하였다.

이틀 후 북한의 새 후계자 김정은이 국가안전 및 대외부문 일꾼

협의회를 개최해서 '국가적 중대조치' 결심 발표가 이어지면서 북한의 핵실험은 기정사실로 받아들여졌다. 이 와중에서 북한 주간지 통일신보가 2월 8일 '국가적 중대조치' 발언과 관련해서 "미국과 적대세력은 공화국(북한)이 제3차 핵실험을 한다고 지레짐작하면서 (…) 입방아를 찧고 있다"는 논평이 알려지자 3차 핵실험 가능성에 대한 진위 여부가 대두하였다. 그러나 12일 핵실험이 실시됨으로써 이것은 결국 북한의 사전 기만전술의 일환으로 받아들여졌다.

북한의 3차에 걸친 핵실험 모두가 10kt 미만의 위력을 보인 것이라서 절반의 성공에 불과하다는 평가다. 일반적으로 핵탄의 위력이 10kt은 넘어야 성공으로 평가하는 경향이 있다. 한국지질자원연구원의 지진파 규모 분석에 기초하여 한국 정부는 3차 핵실험의 위력이 TNT 폭약 6,000~7,000t(6~7kt)으로 추정·발표하였다. 이를 기준으로 할 경우 위력이 10kt 미만인 이번 3차 핵실험은 완전한 성공으로 받아들이기는 어렵다는 것이다.

그러나 이와는 달리 독일 정부 산하 연방지질자원연구소는 이번 핵실험 폭발력이 TNT 폭약 4만t(40kt)에 이른다는 훨씬 높은 위력의 추정치를 내놓았다. 미국의 비영리 싱크탱크인 '핵위협 이니셔티브', 즉 NTI는 3차 핵실험 폭발 강도가 5~15kt 사이로 보이며 12.5kt 안팎이 될 가능성이 가장 크다고 밝힌 바 있다.

이를 근거로 볼 때 북한의 3차 핵실험은 결코 실패라 속단하기도 어렵다. 사실상 핵실험에서 성공과 실패를 말하기도 어려운 측면도 있다. 어떻든 3차에 걸친 핵실험으로 북한의 핵무장력이 높아졌다는 점은 분명해졌다.

이는 자연히 미국의 제재를 초래함으로써 그들의 '반미 대결전' 구호를 높이는 명분을 찾았다. 북한은 미국이 먼저 대북 적대 시 정책을 철회하지 않는 한 비핵화는 요원하다고 주장했다.

### '반미 대결전' 고조

'은하 3호' 미사일 발사와 3차 핵실험으로 북한은 미국을 포함한 한 대외적 압력을 초래하여 이에 대항한다는 작위성을 보였고, 이를 세계 최강국 미국에 직접 도전하는 김정은의 담대한 군사지도력을 과시하는 계기로 활용하였다. 그들은 장거리 미사일 발사와 핵실험으로 야기된 유엔 안보리의 국제적 제재를 그들 체제에 대한 미국의 도전이라 선전 선동했다. 김정은은 이를 그의 정치·군사지도력 제고를 위해 역이용하였다. 핵실험 이후 유엔 안보리 제재가 나오자 강하게 반발하는 모습을 보이면서 이를 그들의 군사적 긴장 조성을 정당화하는 명분으로 삼았다.

유엔 안보리 제재와 함께 연례적으로 실시하는 한미연합군사훈련인 키 리졸브 훈련도 '반미 대결전'의 명분으로 내세웠다. 한미연합군사훈련 시작을 기점으로 하여 북한은 정전협정 백지화 선언(3. 5), 남북불가침 무효화 선언, 판문점 직통전화 차단, 1호 전투근무태세 선언, 남북 간 군통신선 단절 등 일련의 전시상황을 심화했다. 그들은 핵보유국 주장을 펼치면서 이 전시 상황을 "나라의 자주권을 수호하기 위한 전면 대결전"으로 내세웠다.

## :: 유엔의 대북제재(2087호와 2094호의 비교)

| 구분 | 2087호 | 2094호 |
|---|---|---|
| 목적 | 은하 3호(2012. 12. 12) 발사 규탄 | 제3차 핵실험(2013 .2. 12.) 규탄 |
| 제재<br>대상 | •개인 4명(백창호, 장명진, 라경수, 김광일), 단체 6개(조선우주공간기술위원회, 동방은행, 조선금룡무역회사, 토성기술무역회사, 조선연하기계합영회사, Leader International) 추가지정<br>※ 총 누계 개인 9명, 단체 17개 | •개인 3명(연정남, 고철재, 문정철), 단체 2개(조선제2자연과학원, 조선용봉총회사) 추가지정<br>※ 총 누계 개인 12명, 단체 19개 |
| 제재<br>품목 | •Catch Call 성격의 대북수출통제 강화, 안보리 결의 1718호와 1874호가 지정한 대북 금수품목이 아니더라도 군사적으로 전용될 우려가 있다고 회원국이 판단하는 모든 품목 | •불소화 처리된 윤활유, 벨로우즈 씰 밸브, 특수부식 저항성 강판, 특정 초고온 세라믹 복합물질, 파이로테크닉 작동밸트, 풍동에 사용가능한 측정장비, 과염소산나프륨, 화학용 진공펌프, 핵 2, 미사일 5, 화학무기 1, 보석류 및 고급 자동차 |
| 제재<br>내용 | •북한 금융기관(지점, 대표자, 대리인, 해외 자회사 포함) 관련 모든 활동 감시 강화 촉구<br><br>•공해상의 의심 선박에 대한 검색 강화 기준 마련 추진 | •금지활동, 결의 위반, 제재 회피에 기여 가능한 북한 향·발 모든 품목에 대한 공급, 판매, 이전 방지 촉구<br><br>•영토 내 북한 향·발 금수품목 적재 의심 화물 검색 의무화 |
| 제재<br>내용 | •제재 회피를 위한 대량 현금(Bulk Cash) 이용수법 환기<br><br>•제재 대상 추가 지정 기준 제시 등을 통한 제재위원회 임무 강화 | •금수품목 적재 의심 항공기 이착륙 및 영공 통과 불허 촉구<br><br>•결의에 반하는 북한은행의 회원국 내 신규활동, 회원국 은행의 북한 내 신규활동 금지 촉구 |
| 변경<br>사항 | •Bulk Cash 및 Catch All 도입<br>•Trigger 조항 신설 | •금지 대상에 사치품 포함<br>•항공 관련 제재조치 첫 포함 |

# '핵보유국' 주장과 관련 내부조치 확대

'핵보유국' 주장에 걸맞은 내부조치(관련 법률 제정, 영변핵시설 재정비 등)도 진행함으로써 국제사회의 촉각을 곤두세우기도 하였다. 이어 핵보유국으로서의 지위를 획득하고자 하는 시도를 본격화하였다.

정전협정 백지화로 전쟁상태를 선포하여 미국의 관심을 끌어 평화협정 전환 주장을 관철하고자 하는 적극성을 보였다. 북한은 '핵보유국' 지위 유지 상황에서 포괄적 협상 등 북미 간 새로운 협상틀을 마련하고자 하는 의도를 노정하였다.

그러나 북한의 2012년 4월 장거리 미사일 발사로 '2·29합의'[43] 가 파기되면서 경색국면이 지속되었다. 북한은 미국 중심의 유엔 제재 강화 움직임에 대해 '핵문제'를 거론하며 사태 악화 가능성을 경고함으로써 대외적 군사 위협을 강화하였다.

김정은 정권은 2012년 3월 기존의 '미사일지도국'을 '전략로켓사령부'로, 공군사령부를 '항공 및 반항공군사령부'로 개편하면서

---

**43** 2012년 2월 23~24일 중국 베이징에서 진행된 3차 고위급회담 후 북미 양국은 29일 평양과 워싱턴에서 동시에 합의내용을 발표했다. 북은 미국과의 회담이 진행되는 동안 추가 핵실험과 장거리 미사일 발사, 우라늄 농축 활동을 임시중단하고, 미국은 대북 영양지원과 추가지원의 가능성을 시사했다. '2·29합의'는 북미가 서로 적대시하지 않고 존중하며 동시행동의 원칙에 따라 이루어졌으나, 같은 해 4월 북한이 '광명성 3호' 발사를 강행하면서 사실상 무산되었다. 정창현, "6자회담 재개로 상호 관심사 포괄적 협의 필요", 『민족21』, 2012년 4월호, pp. 48~53 참조.

북한군 현대화에 깊은 관심을 보였다.[44]

같은 해 4월에는 조선인민군과학기술전람관을 둘러보고 "인민군대의 군사과학기술 수준이 세계적인 군사과학기술 수준을 압도하며 빠른 속도로 발전하자면 최신과학 기술에 정통하여야 한다"[45]고 하는 한편 핵개발을 강행하면서 핵보유국 지위 확보에 대한 강한 의지를 보였다.

북한은 2012년 개정헌법에 핵보유국임을 명시하였으며, 2013년 4월 최고인민회의에서 "자위적 핵보유국의 지위를 더욱 공고히 할 데 대하여"라는 법령(이하 4. 1 핵보유 법령)을 채택했다.[46] 이와 같이 김정은 정권이 핵보유에 강한 의지를 보이고 있는 것은 리비아 카다피 정권의 몰락이 큰 영향을 미쳤다.

2013년 3월 31일 개최된 당 중앙위원회에서 김정은은 "강력한 자위적 국방력을 갖추지 못하고 제국주의자들의 압력과 회유에 못 이겨 이미 있던 전쟁 억제력마저 포기했다가 종당에는 침략의 희생물이 되고 만 중동지역 나라들의 교훈을 절대 잊지 말아야 한다"고 강조하면서 제2의 카다피가 되지 않기 위해 절대로 핵을 포기하지 않겠다는 의지를 보였다.

---

44  정성장, 『북한군 총정치국의 위상 및 역할과 권력승계문제』, (성남 : 세종연구소, 2013), p. 48
45  로동신문, 2012년 4월 30일.
46  김진무, "북한체제 변화 유형과 안보적 대비 방향", 『국방정책연구』 제30권 제1호, 2014년 봄, p. 17.

# 대중국 관계 확대 시도

대중국 측면에서는 전통적 혈맹관계 유지와 경협문제 중심으로 협력을 강화하고자 하였다. 2012년 2월 푸잉 외교부 부부장 방북과 2012년 8월 장성택 방중 등 적극적인 대중 교류를 지속하고 경제특구개발 중심의 경협을 가속화하는 움직임도 보였다.

그러나 장거리 미사일 발사 등으로 중국을 자극하게 되면서 보다 본격적인 대중 관계 진전에는 미치지 못했다. 일본과는 유골문제 등 인도적 문제를 계기로 당국 간 회담 재개를 모색하였다. 적십자회담(2012년 8월) 이후 4년 만에 당국 간 회담(과장급, 국장급)이 두 차례 개최되었다. 하지만 장거리 미사일 재발사로 추가접촉이 무산되기에 이르렀다. 러시아와는 인력송출, 농업, 인프라 분야 등에서 협력을 강화하고자 하였다.

이외에 동남아·비동맹권 국가들과도 교류를 지속함으로써 고립탈피 및 실리확보를 시도하였다. 최고인민회의 상임위원장인 김영남은 동남아를 두 차례 순방하였고, 비동맹회의 참석 및 이란 국빈 방문을 가졌다. 노동당 국제비서 김영일은 라오스·베트남·미얀마 등을 방문하기도 하였다.

## :: 핵미사일 관련 일지(2012~2013)

2012. 02. 23~24 미북 고위급회담(베이징)

02. 29  미북 고위급 회담 결과(2.29합의) 평양, 워싱턴 동시 발표

합의내용

- 9·19공동성명 이행, 정전협정 준수, 평화협정 체결
- 북한 : 조미 쌍방은 9·19공동성명 이행 의지를 재확인하고 평화협정이 체결되기 전까지 정전협정이 조선반도의 평화와 안정을 위한 초석으로 된다는 것을 인정하였다.
- 미국 : 미국은 9·19공동성명 준수 의지를 재확인한다. 미국은 1953년 정전협정을 한반도 평화·안정의 기초로서 인정한다.

신뢰조성조치 합의

- 북한 : 쌍방은 또한 조미관계를 개선하기 위한 노력의 일환으로 일련의 신뢰조성조치들을 동시에 취하기로 합의하였다.
- 미국 : 정확한 언급 없음

대북 적대정책 폐기, 북미관계 정상화 합의

- 북한 : 미국은 조선을 더 이상 적대시하지 않으며 자주권 존중과 평등의 정신에서 쌍무관계를 개선할 준비가 되어 있다는 것을 재확인하였다.
- 미국 : 미국은 대북 적대 의사를 보유하고 있지 않고 상호 주권 존중과 평등의 정신에 입각하여 양자 관계 개선 조치를 취할 준비가 되어 있다는 것을 재확인한다.

민간교류 확대 합의

- 북한 : 미국은 문화, 교육, 체육 등 여러 분야에서 인적 교류 확대 조치들을 취할 의사를 표명하였다.
- 미국 : 미국은 문화, 교육, 스포츠 분야 등에서 인적 교류를 증대시키기 위한 조치를 취할 준비가 되어 있다.

03. 16 4월 15일 '김일성 동지의 탄생 100돌'을 맞아 광명성 3호 위성 발사 계획 발표

04. 04 광명성 3호 발사 이후 유관국들의 행동에 따라 핵실험도 가능함을 시사(조선신보)

04. 11 4차 노동당 대표회의, 김정은 노동당 제1비서 추대

04. 13 광명성 3호 로켓 발사가 오전 7시 38분 55초 평안북도 철산군 서해 위성발사장에서 진행됐으나 "지구관측위성의 궤도 진입에는 성공하지 못했다"고 이례적으로 보도(조선중앙통신)

04. 13 개정헌법에 '핵보유국' 명기

04. 15 김일성 탄생 100주년 기념 열병식에서 차량 이동식 ICBM 공개(군축운동연합)

04. 16 미중, 북의 장거리 로켓 발사 비난 의장 성명 합의 유엔 안보리, 북한 장거리 로켓 발사 강력 규탄, 의장 성명 채택

04. 18 로켓 발사를 규탄한 유엔 안보리 의장 성명 반발, 미북 합의 파기 공식선언

05. 04 유엔 안보리 5개 상임이사국, 북에 핵실험 자제 촉구 공동성명 발표

05. 06 북, 유엔 안보리 상임이사국 공동성명 비난

05. 08~10 리자오싱 중 전 외교부장 방북

05. 19 G8 정상회의 공동성명 발표, 미 캠프 데이비드

"북한이 국제적인 의무사항을 준수하고 모든 핵 및 탄도미사일 프로그램을 완전하고 증명 가능하게, 그리고 다시 되돌릴 수 없는 방법으로 포기할 것을 주장한다."

05. 22 북 외무성, G8 정상회의 공동성명 비난

"원래 우리는 처음부터 평화적인 과학기술 위성 발사를 계획하였기 때문에 핵실험과 같은 군사적 조치는 예견한 것이 없었다."(조선중앙통신)

06. 29~07. 02. 러 외무성 북핵담당대사 방북

07. 18 조선중앙통신 중대 보도, 김정은에게 공화국 원수 칭호 수여

07. 30~08. 03 왕자루이 중 대외연락부장 방북, 김정은 접견

08. 13~18 북중 공동지도위원회 대표단(단장 장성택) 중국 방문. 후진타오 주석, 원자바오 총리와 접견

08. 18~08. 20 미 고위급 관료, 비밀리에 방북

08. 31 북 외무성 비망록 발표, 미국이 대북 적대시 정책 철회하지 않을 때 핵억제력을 현대화, 확장할 것 주장 (조선중앙통신)

09. 05 북 외무성, 북의 경수로 건설을 우려한 미국, IAEA 비난(조선중앙통신)

09. 29 커트 캠벨 미 국무부 동아시아 태평양 담당 차관보

"북한이 2005년 제4차 6자회담에서 채택된 9·19공동성명을 전면 이행하고, 6자회담에 복귀하며, 남한과의 관계를 개선해야 한다는 것이 미국의 분명한 입장이다."

11. 07 아시아·유럽정상회의(ASEM) 회의. 북한의 핵프로그램에 우려를 표명하는 의장 성명 채택

11. 15 유엔 총회 전원회의 북한 대표, '실용위성' 계속 발사할 것 표명

12. 01 12월 10~22일 장거리 로켓 은하 3호 발사할 것을 발표. 은하 3호는 서해위성발사대에서 발사될 것이며, 2012년 4월 13일 발사된 것과 동일한 궤적을 따를 것임을 언급

12. 09 북한은 1단계 로켓의 결함을 발견하여 12월 29일까지 은하 3호 발사기간을 연장하겠다고 발표

12. 12 광명성 3호 2호기 발사(평안북도 철산군 동창리), 정상궤도 진입

은하 3호, 2012년에 계획 및 실행된 조선민주주의인민공화국 최초의 실용위성 발사용 우주발사체. 2012년 11월 23일, 디지털글로브 위성사진에서 동창리 미사일 발사장에 새로운 로켓이 건조되는 것이 발견되어 2차 발사 준비 사실이 알려짐. 2012년 12월 1일, 조선우주공간기술위원회에서 은하 3호 발사 계획을 12월 10일에서 12월 22일 사이로 결정했다고 알림. 이후 연기를 발표했다가 정규 일정대로 12일 발사, 은하 3호(광명성 3호 2호기) 궤도 진입. 사정거리 13,000km 평가

2013. 01. 23 유엔 안보리, 대북 규탄 결의안(2087호) 만장일치 통과 북한, 함경북도 길주군 풍계리에서 3차 핵실험 준비 완료

01. 23 외무성 성명, 안보리의 대북 결의안에 반발하며 지속

적인 로켓 발사와 핵개발, 군사력 강화에 대한 의지를 천명(조선중앙통신)

01. 24  국방위원회, 유엔 안보리의 대북 결의안에 발발, 한반도 비핵화 대화는 없을 것이며 로켓 발사 및 핵실험은 미국 겨냥 천명(조선중앙통신)

02. 10  북, 동해안서 KN-02 추정 단거리 미사일 발사

02. 12  북 제3차 핵실험 실시(함경북도 길주군 풍계리 지역). 고농축 우라늄탄 추정. 북 외무성 대변인 성명, 핵실험은 정당방위 조치라고 주장(조선중앙통신)

오후 2시 43분 "우리 국방과학부문에서는 2월 12일 북부지하핵실험장에서 제3차 핵실험을 성공적으로 진행했다." 이번 핵실험은 이전보다 폭발력은 크면서 소형화·경량화된 원자탄을 사용해 높은 수준에서 안전하고 완벽하게 진행됐다고 밝힘. 특히 다종화된 핵억제의 우수한 성능이 물리적으로 과시됐다는 표현으로 이번 핵실험에 사용된 물질이 기존의 플루토늄이 아닌 고농축 우라늄(HEU)임을 시사(조선중앙통신)

02. 19  북한, 제네바 군축회의에서 한국을 '최종 파괴(Final Destruction)'하겠다고 위협(핵실험 이후 2차, 3차 조치를 할 수 있다.) * EU 27개국, 북 추가 제재 합의

02. 27  북, 제네바 군축회의에서 3차 핵실험 당위성 주장

03. 05  북, '정전협정 백지화' 선언

03. 07  유엔 안보리 대북제재 결의(2094호), 기존보다 더 확대된 금수조치 및 금융제재, 그리고 북한 외교관들의 위법, 이상행위 감시 강화

03. 08 북한 조국평화통일위원회 성명, 유엔 대북제재 결의에
반발
"조선정전협정이 완전히 백지화되는 3월 11일 그 시각
부터 북남 사이의 불가침에 관한 합의들도 전면 무효
화될 것 공식선언"

03. 09 북한 외무성 성명, 유엔 대북제재 결의에 반발, 북한의
'핵보유국·위성 발사국의 지위의 영구화' 언급(조선중앙
통신)

03. 15 동해안에서 KN-02 추정 단거리 미사일 2발 발사

03. 27 남북한 군통신선 단절 통보

03. 31 노동당 중앙위원회 「경제·핵무력 병진 노선」 채택
"자위적인 핵보유를 영구화하고 그에 토대하여 경제강
국 건설에서 결정적 승리를 이룩해 나가자."

04. 01 제12기 7차 최고인민회의, 박봉주 전 당 경공업부장이
신임 내각총리로 임명
'자위적 핵보유국의 지위를 더욱 공고히 할 데 대하여'
법과 우주개발법 채택, 우주개발국(우주개발계획의 작성과
실행, 우주개발사업에 대한 감독과 통제를 통일적으로 지도관리하
는 국가의 중앙지도기관) 설립 결정(조선중앙통신)

04. 02 영변 5MWe 원자로 재가동 조치

04. 04 인민군 총참모부 대변인 담화
"지속적으로 가중되고 있는 미국의 대조선 적대정책과
분별없는 핵위협은 소형화·경량화·다종화된 우리식의
첨단 핵타격 수단으로 여지없이 짓부셔 버리게 될 것."
국제 해커그룹 '어나니머스' 북 웹사이트 해킹하고 김정

은 퇴진과 핵무기 포기 요구, 대북 사이버 전쟁 선포

04. 16  북 외무성, 미국의 대화 제의에 "우리가 먼저 비핵화
의지를 보여 줘야 대화를 하겠다고 하는 것은 우리 당
의 노선과 법을 무시하는 것."

05. 10  중국의 4대 국유 은행(중국은행·건설은행·농업은행·공상
은행) 모두 대북 송금 업무 중단

05. 18  동해안에서 단거리 미사일 3발 발사

05. 19  동해에서 신형 방사포로 추정되는 단거리 발사체 1발
발사

05. 20  동해안에서 KN-02 미사일로 추정되는 발사체 2발 발사

05. 22~24  최룡해 인민군 총정치국장, 김정일 특사로 방중. 시
진핑 주석과 면담

05. 28  "미국의 핵위협이 계속되는 상황에서 우리가 희생하
면서까지 전쟁 억지력을 일방적으로 포기할 생각은 없
다."(로동신문)

06. 10  남북 양측, 판문점 장관급 회담 개최를 위한 실무접촉
'남북당국회담' 12일부터 1박2일간 서울 개최 합의

06. 17~18  주요 8개국(G8) 정상회의
영국, 미국, 독일, 프랑스, 이탈리아, 캐나다, 일본, 러
시아, 탈북자 인권 통합성명 발표, "북한은 핵과 탄도
미사일 프로그램을 완벽하고 검증 가능하며 되돌릴
수 없도록 폐기해야 한다."

06. 21  유엔 주재 북한대표부, 유엔에서 기자회견
신선호 유엔 주재 북한대사 참여, 주제는 '한반도 상황
(Situation on the Korean Peninsula)' 한국 내 유엔군 해체

와 유엔의 대북한 제재 중단 요구

09. 20 IAEA 총회, 북한이 NPT 완전 준수와 IAEA 안전조치 이행에 협조할 것을 요구하는 결의안 채택(군축운동연합)

09. 23 중, 대북 수출 금지 품목 공개 핵무기 등 대량 살상 무기 제조에 사용될 수 있는 군민 양용 기술 및 생화학 무기 생산 가능 품목

09. 26 북한 대표단장이 유엔 고위급회의 연설에서 "전제조건 없는 대화와 협상을 통해 조선반도 핵문제의 평화적 해결을 지향하는 것은 우리의 변함없는 입장" 보도 (평양방송)

10. 08 국정원, 8월 5MWe급 영변 원자로 시설을 재가동하고, 평북 동창리 기지에서 비슷한 시기에 장거리 미사일 엔진 연소실험 실시 확인

10. 09 "대화와 협상을 통해 조선반도의 평화와 안정을 보장하고 비핵화를 실현하려는 우리의 입장에는 변함이 없다."(조선중앙통신)

10. 12 국방위원회, 미 정부에 '대북고립 압살정책' 철회 요구

10. 23 북 외무성, "외부의 핵위협이 가중되는 한 그에 대처할 핵억제력도 강화하지 않을 수 없게 될 것."(조선중앙통신)

10. 30 "우리의 핵억제력은 그 무엇과 바꾸기 위한 흥정물이 결코 아니다."

10. 31 북 외무성, "미국이 대북 적대시 정책을 철회하지 않는 한 6자회담 재개를 위해 일방적으로 먼저 움직이는 일은 없을 것" 천명(로동신문)

11. 04~11. 08 우다웨이 중국 한반도문제 특보 방북

11. 11  미국 정부가 6자회담 재개를 위해서는 북한의 비핵화 사전조치가 우선이라는 입장을 재확인한 데 대해 "우리의 대답은 미국이 우리에게서 그 어떤 사전조치가 먼저 취해지기를 기대하지 말라는 것" 주장(로동신문)

11. 19  북, "미국 전제조건 내세운 대화 타령 말아야" 주장 (로동신문)

11. 22  중국, 6자회담 7개항 조정안 제시

미측 수석대표 글린 데이비스, "북한이 핵무기를 포기하겠다는 확실한 징후가 없는 상태에서 6자회담에 복귀하는 데 관심이 없다."

11. 25  북 외무성, "우리는 대화와 협상을 통한 문제 해결을 바라지만 미국이 고집하는 부당한 전제조건은 절대로 용납하지 않을 것."

"미국의 '핵무기 없는 세계' 타령은 본질에 있어서 미국의 핵만이 남아 있는 세계" 주장(로동신문)

12. 03  "미국과 남조선 괴뢰들의 북침 핵전쟁 도발 책동이 계속되는 한 핵억제력을 중추로 하는 나라의 군력을 백방으로 강화할 것" 천명(로동신문)

12. 14  북, 조 바이든 미 부통령 방한 언급. "북한이 핵무기를 추구하는 한 안보와 번영을 이룩할 수 없다"에 자주권 수호 주장(조선중앙통신)

12. 24  북, 미국의 '북한위협론'은 "아시아태평양 지배전략 실행을 합리화하기 위한 불순한 기도"라고 비난(조선중앙통신)

# 김정은 개인 리더십 과시를 위한 지도활동

## 지배계급 재정비

김정은은 고위급 엘리트를 대대적으로 재정비하는 작업에 돌입하였다. 집권 이후 2년간 친정체제 구축을 위한 대규모 인사 개편을 단행한 것이다. 1차 인사(2012년 4월 당 대표자회)에서는 최룡해, 김경희, 장성택을 중용하였으며, 2차 인사에서는(2013년 4월 최고인민회의) 박봉주 총리 임명 등 경제 분야를 집중적으로 개편하였다. 군사부문의 경우 총참모장 리영호를 경질(2012년 7월)하고 당 고위관료인 최룡해를 군 총정치국장으로 임명한 이후 여타 교체인사가 빈번하게 단행되었다.

김정은은 군 고위관료들의 강등과 복권을 빈번하게 실행함으로써 자신의 군대를 만들어 나가고자 하였다. 또 장성택과 그의 당 행정부 측근을 공개처형하고 김정일 운구차를 호위하였던 군부 인물 전부를 교체함으로써 명실상부한 김정은 '유일영도'호를 띄워 올렸다.

## 현지지도 활동

김정은의 유일권력이 안정적으로 착근하기 위해서는 그의 개인 리더십에 달려 있다. 김정은 자신이 아버지 김정일과 같이 군·당·정 주요 권력기관과 엘리트들을 직할통치할 수 있는 리더십을 발휘할 수 있어야 한다. 스톡딜(R. Stogdill)은, 리더십은 신체적 특성(Physical Characteristics), 사회적 배경, 지능과 능력, 개성,

책무 관련 특성, 사회적 특성 등으로 설명될 수 있다고 하였다.

김정은 리더십의 경우 유일독재 유형이기 때문에 김정은 개인의 신체적 특성이 리더십을 크게 좌우한다. 스톡딜은 신체적 특성으로 나이, 키, 몸무게, 외모 등을 들고 있다. 김정은은 북한 주민들이 좋아하는 할아버지 김일성의 외모, 차림, 행동을 모방하는 처세술을 보여 김일성 리더십을 활용하고자 하였다.

그러나 문제는 개인의 건강이다. 건강을 잃으면 리더의 자격을 상실한다. 나이, 키, 몸무게, 외모는 리더의 부차적인 요소에 불과하다. 2008년 김정일의 건강이상설이 불거지면서 김정일 리더십은 불안정해졌다. 독재자 한 사람에게 모든 권력이 집중되어 있는 북한 체제의 특성상 최고지도자의 건강 문제는 곧 개인 리더십의 물리적 실체다.

2008년부터 2011년까지 김정일의 건강문제가 초미의 관심사로 떠오른 것도 2008년 8월 뇌출혈과 뇌졸중으로 병세가 악화되어 쓰러진 적이 있어서다. 김정은의 경우 아직까지 젊은 육체를 과시하고 있기는 하다. 하지만 그 역시 비만과 이와 연관된 질병이 염려된다는 추정적 판단이 나오고 있다.

김정은의 몸무게가 140kg에 달할 정도로 비만이 문제가 되는 것으로 추정되고 있다. 미국의 북한 전문매체인 NK뉴스가 "평소 고도비만으로 당뇨나 심장질환 등 성인병을 앓아온 김정은의 살이 갑자기 빠진 것과 관련해 한·미·일 정보 당국이 건강 이상 가능성을 주시하고 있다"는 식의 보도가 나올 정도였다.

그러나 김정은의 건강문제가 그의 리더십 발휘에 지장을 초래할 가능성을 높게 보는 것은 아직까지 무리다. 따라서 김정은이 건강 상태로 인해 그의 리더십에 이상이 생길 가능성은 아직까지 높지 않다.[47]

이를 증명이라도 하듯 김정은은 집권 이후 활발한 현지지도를 강행하였다. 김정은은 군사와 경제를 우선적으로 중요시하는 태도를 보였다. 선군정치체제 하의 선군영도를 위해서는 군대가 권력 유지의 핵심으로 이에 대한 충성 유도를 위한 공식행보가 강조되었다. 따라서 군대에 대한 영도력 강화와 군대의 충성을 유도하기 위한 군대 현지지도를 가장 활발하게 전개하였던 것이다. 김정은은 주민들의 신뢰를 확보하기 위해 인민 생활 향상을 위한 경제발전에 초점을 둔 현지지도의 빈도도 높았다.

세 차례 핵실험에 따른 핵미사일과 같은 전략적 역량의 자신감에서 출발하여 이제는 세습 '군주'가 된 김정은에게는 인민 경제 회생이 가장 큰 과제로 부각하였다. 세습적 전통에 의해 정치적 정당성(legitimacy)은 확보했다 치더라도 경제적 성과(performance)가 이를 뒷받침하지 못하면 정치적 권위가 크게 손상될 수 있다. 이를 의식한 김정은은 2013년 들어 꾸준히 경제분야 현지지도를 전개하였고, 2013년 3월 31일에는 정치국 회의에서

---

**47** 2014년 들어 9월 4일 모란봉악단 신작음악회 공연 관람 이후 40여 일간 잠적 행태를 보임으로써 김정은의 건강문제가 제기된 바 있으나 치료 후 별 문제가 없는 것으로 알려졌다. 최근에도 김정은의 체중이 20kg 정도 빠진 것으로 보여 또다시 그의 건강문제가 도마에 올랐다. 김정은의 건강문제는 여전히 취약성을 갖고 있는 것이 사실인 만큼 지속적인 주시를 필요로 하는 상황이다.

'경제발전과 핵무력 발전 병진로선'을 발표하여 경제력 건설에도 집중하는 모습을 보임으로써 체제 장악력을 높이고자 하였다.

김정은의 활발한 현지지도 활동은 그의 체제 장악력의 표현이라기보다 체제 장악력을 높이고자 하는 과정적 특징으로 보인다. 짧은 시간 내에 김정은 체제의 정통성을 확보하기 위한 고육책의 하나라 할 수 있다. 김정일 사망으로 갑자기 등장한 김정은이 대내외적으로 최고통치자로서의 인식이 크게 결핍되어 있는 만큼 이를 충족시키기 위한 방편으로 현지지도 활동을 크게 강화한 것으로 판단된다. 김정은의 현지지도 활동은 초창기 그의 정권 리더십 과시의 표현으로 받아들여진다.

북한의 최고지도자는 현지지도를 통해 현장 실태와 민심의 동향을 파악하고 정치사업을 앞세워 인민대중에게 당 정책을 관철하는 의식과 각오를 가지도록 하여 체제 장악력을 높여 왔다. 김일성에 이어 김정일, 김정은은 현지지도를 통해 '어버이 수령'이라는 이미지를 강화하고 수령의 절대적 능력을 정당화하고자 했다. 즉 정치, 경제, 사회, 군사, 문화 등 모든 분야에 걸친 당의 노선과 정책을 작성하고 당과 국가의 대내외 활동 전반의 영도를 과시함으로써 체제 전반에 대한 수령의 장악력을 높이려는 것이다. 따라서 북한의 최고지도자가 어느 정도 왕성하게 현지지도를 벌이고 있느냐에 따라 그의 체제 장악력의 실체가 드러난다고 할 수 있다.

과거 김정일의 월별 현지지도 활동은 그 횟수와 수준이 점점 증대되는 추세를 보였던 것이 특징이다. 2007년과 2008년에 소폭

줄어들었다가 2009년부터 다시 활발해지는 양상을 보였다.

2007년과 2008년의 경우는 김정일의 건강상태가 이상을 보이다가 2008년 8월에 결국 쓰러지게 되면서 현지지도 활동을 통한 지도가 불가했기 때문에 횟수가 줄어들었다가 2009년 이후에 현지활동 빈도가 또다시 활발해지는 양상을 보였다. 김정일은 사망 전 3년간 총 465회 공개활동을 실시하였다.(2009년 159회, 2010년 161회, 2011년 145회)

:: 김정일 · 김정은 공개활동 빈도

| 구분 | 집권 후 3년간 김정은<br>(총 535회) | 사망 전 3년간 김정일<br>(총 465회) | 비 고 |
|---|---|---|---|
| 분야 | 경제 173회(32.3%) 〉 군 167회(31.2%) 〉 사회 · 문화 108회(20.2%) 〉 정치 79회(14.8%) 〉 대외 6회(1.1%) 順 | 경제 189회(40.6%) 〉 군 121회(26.0%) 〉 사회 · 문화 68회(14.6%) 〉 대외 41회(8.8%) 〉 정치 19회(4.1%) 順 | 기타<br>제외 |
| 지역 | 평양 306회(57.5%) 〉 강원도 54회(10.2%) 〉 평남 26회 (4.9%) 〉 평북 21회(3.9%) 〉 황남 17회(3.2%) 順 | 평양 157회(33.8%) 〉 함남 54회(11.6%) 〉 평북 36회(7.7%) 〉 함북 25회(5.4%) 〉 평남 23회 (4.9%) 〉 강원도 22회(4.7%) 順 | 미상<br>제외 |

출처 : 통일부, 2015년

김정은은 집권 이후 3년간(2012~2014년) 총 535회 공개활동을 실시함으로써 아버지 김정일 때보다 더 왕성한 행보를 과시하였다. 김정은은 2012년 151회, 2013년 212회, 2014년 172회로 상당히 왕성한 공개활동을 실시하였다.

김정일 사망 전후 3년간 공개활동의 특징에서도 김정일과 김정은은 약간 다른 측면을 보였다. 경제부문의 경우 김정일은 공업 등 주요 기간시설을 강조했던 것과는 달리 김정은은 대규모 주민생활이나 위락시설 건설현장을 중심으로 공개활동을 실시하였다.

특히 김정은은 건설물 완공 전 건설현장을 수차례 방문함으로써 이러한 건설사업들이 자신이 직접 진두지휘하여 만든 노력의 결과물이라는 업적을 부각하고자 하였다. 문수물놀이장 7회, 미림승마구락부 6회, 마식령스키장 5회, 국제소년단야영소 4회, 평양육아원·애육원, 김책공업대살림집, 과학자휴양소 각각 3회씩 김정은의 집중 방문이 이루어졌다.

2014년 6월 이후에는 경공업 분야 등으로 확대하여 현지지도 대상의 폭을 넓혀 갔다. 그는 대동강 과일종합가공공장, 성천강 그물공장, 원산 구두공장, 천리마 타일공장, 평양 양말공장, 갈마식료공장에 대한 공개활동을 실시하였다.

군사부문에서도 김정은은 아버지 김정일과는 다소 다른 면모의 공개활동 행보를 보였다. 김정일은 군부대 시찰에 더해 군 공연 관람 위주의 공개활동을 한 반면, 김정은의 군사 관련 공개활동은 각종 군사훈련 과정을 상세히 보도하면서 군사훈련지도 중심으로 이루어졌다. 김정은은 최전선지대인 섬 방어대를 12회나 방문하는 모습을 보임으로써 김정일과는 또 다른 특성을 보였다.

김정은은 건설물 완공 전 건설현장을 수차례 방문함으로써 이러한 건설사업들이 자신이 직접 진두지휘하여 만든 노력의 결과물이라는 업적을 부각시켰다. ©연합뉴스

그는 장재도·무도 3회, 월래도 2회 등 서해 전방지역을, 그리고 여도 2회, 화도 1회, 웅도 1회 등 동해 전방지역을 각각 시찰한 바 있다. 이는 선군정치를 세습한 김정은이 단순히 정치지도자가 아닌 군사최고지휘관의 능력을 뒷받침하기 위한 인위적인 공개행보 성격이 강하다.

공개활동 때 김정은은 김정일과는 달리 주민과 적극적인 스킨십을 해 보인다든가, 부인 리설주를 대동(55회)하면서 대중 공개연설(20회)도 활발히 벌임으로써 보다 건강하고 왕성한 젊은 지도자로서의 면모를 과시하는 데 치중하였다. 이것은 김정일이 대중연설을 단 1회 실시하는 등 '신비적인 리더십'의 특성을 보인 것과는 크게 대조된다.

:: 김정일·김정은의 군사 관련 공개활동 빈도

| 구분 | 김정일(2009. 1~2011. 12) | | | 김정은(2012. 1~2014. 12) | | |
|---|---|---|---|---|---|---|
| | 09년도 | 10년도 | 11년도 | 12년도 | 13년도 | 14년도 |
| 군 훈련 | 3회 | 5회 | 4회 | 3회 | 11회 | 25회 |
| 군 공연 | 18회 | 18회 | 12회 | 4회 | 2회 | 4회 |

출처 : 통일부, 2015년

김정은은 열차, 승용차 외에 목선, 항공기도 이용하는 등 다양한 이동수단을 활용하는 다양한 모습을 드러내었다. 최전선지대인 월래도 방어대 방문 때는 작은 목선을 타고 이동하거나 양강도 공개활동은 전용기를 이용하는 등 '영웅 남아다운 담력'과 '배짱'을 지닌 최고지도자로서의 '위대성'을 인위적으로 창출하는 데 급급하는 양태를 보였다.

이 같이 북한 당국은 최고지도자의 건강과 공개활동 그리고 체제 장악력을 과시하는 데 초점을 맞춰 김정은의 현지지도 활동을 선전하는 행태를 보였다. 김일성·김정일 시대에는 '현지지도'가 수령의 고유권한이었지만 김정은 시대에는 내각총리, 총정치국장 등이 단독으로 현지지도를 실시하는 파격이 등장하였다. 김정은 이외의 북한 고위간부들의 현지지도를 '현지료해'로 표현하여 최고영수인 김정은의 '현지지도'와 구별하고 있는데, 간부들의 활동은 실무차원에 제한하고 있는 것이 특징이다.

김정은 정권 출범 초기 2년 동안 김정은이 아닌 주요 권력 엘리트들의 독자적인 공식 지도활동 빈도가 635회에 달했다. 그러나 그 대부분이 내각총리 최영림이나 박봉주의 경제부문 현지지도 활동이었다. 이는 김정은이 집권 초부터 강조해 온 경제사업의 내각책임제를 스스로 이행·실천하는 것을 확인해 주는 것이다. 김정은은 집권하자마자 '내각책임제·내각중심제'를 강조하였다. 2012년 4월 '4·6담화'가 대표적이다.

"인민 생활 향상과 경제강국 건설에서 혁명적 전환을 가져오기 위하여서는 경제사업에서 제기되는 모든 문제들을 내각에 집중시키고 내각의 통일적 지휘에 따라 풀어가는 규률과 질서를 철저히 세워야 합니다. 내각은 나라의 경제를 책임진 경제사령부로서 경제발전 목표와 전략을 과학적으로 현실성 있게, 전망성 있게 세우며 경제사업 전반을 통일적으로 장악하고 지도 관리하기 위한 사업을 주동적으로 밀고 나가야 합니다."[48]

## 군사 관련 현지지도 강화

2014년도에도 김정은은 군사 관련 현지지도를 지속했다. 군대를 틀어쥔 정치지도자가 되기 위해 군대를 장악하는 데 머물지 않고 실제 군대를 지휘·통솔하는 최고지휘관이라는 인식을 심기 위해 노력했다.

:: 김정은의 현지 군사지도(2014년)

| 월 | 보도일 | 보도 내용 | 수행자 |
|---|---|---|---|
| 1월 | 2014. 1. 12 | 인민군 제534군부대 지휘부 시찰 | 최룡해, 김경옥, 황병서 |
| | 2014. 1. 20 | 군 항공육전병구분대들 야간훈련 지도 | 최룡해, 리영길, 장정남, 변인선, 김격식, 김수길, 리병철, 박정천, 황병서 |
| | 2014. 1. 23 | 군 제323군부대 전술훈련 지도 | 리영길, 김수길, 리병철, 김영철, 박정천, 황병서 |
| | 2014. 1. 28 | 조선인민군 제323군부대 군인들과 기념사진 촬영 | 리영길, 김수길, 리병철, 황병서 |
| 2월 | 2014. 2. 12 | 경기용총탄공장과 메아리사격관 방문 | 최부일, 마원춘 |
| | 2014. 2. 18 | 군인들 체육경기 관람 | 리설주, 리영길, 장정남, 서홍찬, 김명식, 리병철 |
| | 2014. 2. 20 | 인민군 11월2일공장 현지지도 | 서홍찬, 황병서 |

48  "위대한 김정일 동지를 우리 당의 영원한 총비서로 높이 모시고 주체혁명 위업을 빛나게 완성해 나가자." 조선중앙통신, 2012년 04월 19일.

| | | | |
|---|---|---|---|
| **3월** | 2014.<br>3. 7 | 인민군 항공 및 반항공군<br>제2620군부대 비행훈련 지도 | 최룡해, 장정남, 윤동현, 리병철,<br>박정천, 한광상, 황병서, 홍영칠,<br>마원춘 |
| | 2014.<br>3. 11 | 조선인민군 예술선전대<br>공연관람 | 최룡해, 장정남, 서홍찬, 김수길,<br>조경철, 황병서 |
| | 2014.<br>3. 12 | 군사학교 교직원들의<br>사격경기 지도 | 최룡해, 장정남, 변인선, 서홍찬,<br>김수길, 김영철, 조경철, 황병서 |
| | 2014.<br>3. 17 | 인민군 지휘성원들의<br>사격경기 지도 | |
| | 2014.<br>3. 17 | 제188군부대 비행훈련 지도 | 최룡해, 리영길, 장정남, 김원홍,<br>최부일, 한광상, 김경옥, 황병서,<br>홍영칠, 마원춘 |
| **4월** | 2014.<br>4. 2 | 백두산 전적지 답사행군에<br>참가한 군연합부대 지휘관들과<br>담화 | 최룡해, 장정남, 변인선, 서홍찬,<br>윤동현, 리병철, 김영철, 박정천 |
| | 2014.<br>4. 20 | 조선인민군 제1차 비행사대회<br>진행 | 리영길, 장정남, 서홍찬,<br>황병서, 리병철, 장동운 |
| | 2014.<br>4. 22 | 항공 및 반항공군 제188군부대<br>비행훈련지도 | 장정남, 서홍찬, 한광상, 황병서,<br>리재일, 김병호, 마원춘 |
| | 2014.<br>4. 24 | 제851군부대 산하 여성방사포병<br>구분대 포사격훈련 지도 | |
| | 2014.<br>4. 26 | 제681군부대 관하 포병구분대<br>포사격훈련 지도 | 윤동현 |
| | 2014.<br>4. 27 | 장거리 포병구분대 포사격훈련<br>지도 | 황병서, 리영길, 장정남 |
| **5월** | 2014.<br>5. 3 | 인민군 제267부대 군인건설자들<br>과 기념사진 촬영 | 황병서, 로경준, 김진근 |
| | 2014.<br>5. 6 | 군인건설자들과 기념사진 촬영 | 황병서, 장정남, 김정관 |

| | | | |
|---|---|---|---|
| 5월 | 2014. 5. 10 | 전투비행술경기대회 지도 | 리설주, 황병서, 변인선, 서홍찬, 조경철, 윤동현, 리병철, 김영철, 오금철, 박정천, 장동운 |
| | 2014. 5. 14 | 항공 및 반항공군 제447군부대 시찰 | 황병서, 렴철성, 조경철, 윤동현, 홍영칠, 마원춘 |
| 6월 | 2014. 6. 13 | 여도방어대 시찰 | 황병서, 변인선, 최룡해, 한광상 |
| | 2014. 6. 14 | 인민군 제863군부대 시찰 | 황병서 |
| | 2014. 6. 16 | 해군 제 167군부대 시찰 | 황병서, 변인선 |
| | 2014. 6. 27 | 초정밀화된 전술유도탄 시험발사지도 | 황병서, 변인선, 박정천, 홍영칠 |
| | 2014. 6. 30 | 전술로켓발사훈련 지도 | 황병서 |
| 7월 | 2014. 7. 01 | 화도방어대 시찰 | 황병서, 박정천 |
| | 2014. 7. 2 | 해군 지휘관들 수영 능력 판정 훈련 지도 | 황병서, 변인선, 박정천 |
| | 2014. 7. 5 | 섬 상륙전투훈련 지도 | 황병서, 리영길, 변인선 |
| | 2014. 7. 7 | 동해안 웅도방어대 시찰 | 황병서, 박정천 |
| | 2014. 7. 10 | 전술로켓발사훈련 현지지도 | 황병서, 박정천, 윤동현, 홍영칠 |
| | 2014. 7. 11 | 평양 국제비행장 항공역사 건설장 현지지도 | 황병서, 마원춘 |
| | 2014. 7. 15 | 민경초소 등 시찰 | 황병서, 리영길, 서홍찬, 박정천 |

| 월 | 날짜 | 내용 | 수행 |
|---|---|---|---|
| 7월 | 2014.<br>7. 15 | 포실탄사격훈련 지도 | 황병서, 리영길, 서홍찬, 박정천 |
| | 2014.<br>7. 18 | 군 예술선전대 공연 지도 | |
| | 2014.<br>7. 26 | 인민군 전략군의 로켓<br>발사시험 또다시 현지지도 | 황병서, 리영길, 윤동현,<br>리병철, 오금철, 박정천 |
| 8월 | 2014.<br>8. 15 | 전술로켓탄 시험발사지도 | 황병서, 리영길, 변인선,<br>박정천, 홍영칠 |
| | 2014.<br>8. 20 | 완공된 조선인민군 제621호 육종<br>장 현지지도 | 황병서, 김정관 |
| | 2014.<br>8. 24 | 인민군 11월2일공장 현지지도 | 황병서, 서홍찬, 한광상 |
| | 2014.<br>8. 28 | 강하 및 대상물 타격훈련<br>지도 | 황병서, 리영길, 변인선, 오금철,<br>리병철, 방관복, 장동운 |
| | 2014.<br>8. 30 | 군인들과 기념촬영 | 황병서, 리영길, 변인선, 오금철,<br>리병철, 김명식, 방관복, 장동운,<br>박태수 |
| 10월 | 2014.<br>10. 19 | 전투비행사들 훈련 지도 | 황병서, 최룡해, 오일정, 한광상 |
| | 2014.<br>10. 29 | 군인식당 현지지도 | 리설주, 최룡해, 박봉주, 김기남,<br>김양건, 한광상, 리재일, 박명철,<br>마원춘 |
| | 2014.<br>10. 30 | 항공 및 반항공군 전투비행사들<br>의 검열비행훈련 지도 | 최룡해, 황병서, 오일정, 한광상 |
| 11월 | 2014.<br>11. 15 | 조선인민군 2월20일 공장<br>현지지도 | 최룡해, 황병서, 서홍찬,<br>한광상, 리재일 |
| | 2014.<br>11. 17 | 인민군 제534군부대 산하<br>종합식료 가공공장 현지지도 | 황병서, 서홍찬 |

| | | | |
|---|---|---|---|
| **11월** | 2014.<br>11. 19 | 제567군부대 산하 18호<br>수산사업소 현지지도 | 황병서, 서홍찬, 윤동현, 리병철,<br>박정천, 김양건, 오일정, 한광상,<br>박명철, 리재일, 김여정 |
| | 2014.<br>11. 21 | 조선인민군 항공 및 반항공군<br>제991군부대 시찰 | 황병서, 리병철, 서홍찬, 박정천 |
| | 2014.<br>11. 23 | 인민군 연합합동훈련 지도 | 황병서, 리영길, 오일정, 한광상 |
| | 2014.<br>11. 28 | 항공 및 반항공군 여성추격기<br>비행사 비행훈련 지도 | 황병서, 조경철, 오금철,<br>오일정, 한광상 |
| **12월** | 2014.<br>2. 2 | 인민군 제963군부대직속<br>포병중대 시찰 | 황병서, 박정천 |
| | 2014.<br>12. 5 | 인민군 제1313군부대 시찰 | 황병서, 리영길, 김영철, 최귀헌 |
| | 2014.<br>12. 8 | 인민군 항공 및 반항공군<br>제 458군부대 시찰 | 황병서, 오일정, 한광상, 리병철 |
| | 2014.<br>12. 13 | 해군 제189군부대 시찰 | 최룡해, 황병서, 리영길,<br>오일정, 한광상 |

## 대남 군사도발 감행

2014년에도 한반도 군사적 긴장 조성을 위한 북한의 각종 군사적 도발을 감행하였다. 2월 25일 북한 경비정이 서해 북방한계선을 세 차례 침범하여 긴장이 고조되었고, 2월 27일 오후 강원도에서 스커드(사거리 300~1000km) 등 탄도미사일로 추정되는 발사체 4발을 동해상으로 발사하였다.

3월 들어 북한의 군사적 도발은 더욱 심해졌다. 신형 300mm 방사포 4발 발사, 단거리 로켓 25발 동해상에 기습 발사, 46발의

김정은의 군사 관련 공개활동은 각종 군사훈련 과정을 상세히 보도하면서 군사훈련지도 중심
으로 이루어졌다. ⓒ연합뉴스

김정은은 활발한 공개활동을 통해 비교적 안정적인 개인 지도역량을 유지해 오고 있는 것으로
알려져 있다. ⓒ연합뉴스

단거리 로켓 재발사, 노동미사일 2발 기습 발사가 이어졌다. 한미 키 리졸브 군사훈련에 대한 보다 과격한 군사적 '맞불'이었다. 군사적 도발을 이산가족 상봉 행사 및 한·미·일 정상회담 개최 중에 감행하여 한미군사훈련 중단을 강하게 압박하는 듯했다.

6월 들어 또다시 동해상으로 스커드 미사일 2발을 발사하였고, 7월에는 개성 북쪽에서 단거리 미사일 2발을 동해로 발사하였으며, 이어 300mm 방사포로 추정되는 단거리 미사일 4발 발사가 이어졌다. 이 역시 '을지프리덤가디언(UFG)' 합동군사훈련에 대응처럼 보였다.

10월 들어서는 경비정 1척이 서해 NLL을 침범함에 따라 5년 만에 다시 서해교전이 벌어졌다. 북한은 남측 민간단체가 날린 대북전단을 향해 14.5mm 고사기관총(고사총) 발을 발포하여 한반도를 긴장케 했다.

---

:: 2014년 핵미사일 관련 일지

2014. 02. 21 신형 300mm 방사포 4발 동해로 발사(연합뉴스)

02. 27 스커드-B 미사일 4발 동해로 발사(연합뉴스)

03. 03 스커드-ER 추정 탄도미사일 2발 동해로 발사(연합뉴스)

03. 04 신형 300mm 방사포 추정 발사체 4발, 240mm 방사포 추정 발사체 3발 동해로 발사(연합뉴스)

03. 05 북 인민군 '전략군' 대변인 담화

"지난달 21일~이달 4일 '로켓발사훈련'은 우리 혁명무력의 모든 군사행동은 예외 없이 우리의 영공, 우리의 영해, 우리의 영토를 위주로 하여 나라와 인민의 안전을 지키고 지역의 평화를 수호하기 위하여 진행하는 정의의 자위적 행동이다."

03. 14  북 국방위원회 성명 발표

미국의 대북 적대시 정책에 대한 원칙적 입장 천명

1. 미국은 시대착오적인 대북 적대시 정책과 조치를 전면 철회해야 함

2. 미국은 선 핵포기가 대북 적대시 정책의 근간이라고 여기지 말아야 함

3. 미국은 북한 인권 소동을 중지해야 함

03. 16  사거리 70㎞ 정도의 프로그 단거리 로켓으로 추정되는 발사체 총 25발 발사(원산 인근)

03. 17  북, "우리는 다종화된 우리 핵타격 수단의 주되는 과녁이 미국이라는 것을 숨기지 않는다." "반세기 이상에 걸친 미국의 끈질긴 핵위협 공갈에 종지부를 찍고 침략의 본거지들을 무자비하게 징벌하는 것이 우리의 핵보유의 유일무이한 목적"이라고 보도(로동신문)

03. 17  중 6자회담 수석대표 우다웨이(한반도문제 특보) 방북

03. 22  북, 동해로 3회에 걸쳐 프로그 로켓으로 주정되는 사거리 60㎞ 내외의 단거리 로켓 30발 발사(원산 갈마반도 인근)

03. 23  북, 사거리 60㎞ 내외의 프로그 로켓으로 추정되는 단거리 발사체 16발 발사(원산 인근)

03. 26 북, 노동미사일 추정 발사체 2발 동해로 발사(연합뉴스)

03. 27 유엔 안보리, 북의 탄도미사일 발사 규탄 언론 발표문 채택

03. 30 북 외무성 성명, 탄도미사일 발사에 대한 유엔 안보리 의장 성명 배격, '새로운 형태의 핵실험'도 배제하지 않는다고 위협(조선중앙통신)

03. 31 북한의 포사격 훈련 중 포탄 일부 NLL 한국 측 지역에 낙탄, 한국군 대응 사격 실시(경향신문, 연합뉴스)

04. 04 한국군, 3월말 사거리 500km 탄도미사일 시험 발사 성공 발표(MBC, 군축운동연합)

04. 04 북 리동일 유엔 주재 차석 대사, "미국의 압박이 계속될경우 새로운 형태의 핵실험을 할 것"

04. 07 북 국방과학원 성명, 한국군 탄도미사일 시험 발사에 대해 비난, '미사일 위력과 핵억제력을 가일층 강화해 나갈 것'(조선중앙방송)

04. 11 한중 6자회담 수석대표인 황준국 외교부 한반도평화교섭본부장과 우다웨이 한반도문제 특보, 베이징에서 양자회동 통해 6자회담 재개 문제 등 협의

06. 26 북, 원산 일대에서 사거리 190km 단거리 발사체 3발 동해상으로 발사(연합뉴스)

06. 29 북, 사거리 500km 스커드 계열 추정 탄도미사일 2발 동해상으로 발사(연합뉴스)

07. 02 북, 동해상으로 300㎜ 방사포로 추정되는 단거리 발사체 2발 발사

07. 09 스커드 계열 추정 탄도미사일 2발 발사(아시아경제)

07. 13 스커드 계열 추정 탄도미사일 2발 발사(아시아경제)

07. 14 강석주 북 노동당 비서, 북한의 탄도미사일 발사는 "한국과 미국의 군사훈련에 대한 대항수단"

07. 17 유엔 안보리, 북의 단거리 미사일 발사가 안보리 결의 위반임을 규탄하는 성명 만장일치로 채택
"유엔 안보리 이사국은 6월 말과 7월 초 북한의 세 차례 스커드 단거리 미사일 발사에 주목한다."
유엔 안보리 이사국은 이러한 발사가 안보리 1718호(2006년), 1874호(2009년), 2087호(2013년), 2094호(〃) 결의 위반임을 규탄한다."

07. 19 북 외무성, 유엔 안보리 성명서 규탄

07. 20 북 국방위, 미사일 발사와 포사격 훈련은 "자위력 강화를 위한 합법적인 자주권 행사"

07. 23 올리 헤이노넨 전 IAEA 사무처장, 북이 우라늄 농축공정 P-2원심분리기 기술 이란에 이전 우려 표명

07. 26 북, 스커드 계열 추정 탄도미사일 1발 발사(황해도 장산곶 일대, 아시아경제)

07. 28 황병서 군 총정치국장, 자주권 위협하면 미 본토 핵공격 위협
아세안지역안보포럼, 북 미사일 우려 의장 성명 채택
북한이 핵포기를 약속한 2005년의 6자회담 공동성명을 준수할 것을 요구하고 '검증 가능하고 불가역적인 한반도 비핵화'를 위해 6자회담을 조기 재개할 것을 당사국에 촉구

07. 30 북, 300㎜ 방사포 추정 단거리 발사체 4발 발사(묘향산 일대)

08. 15  북, 300㎜ 방사포 추정 단거리 발사체 5발 발사(원산 일대)

08. 16  북 제2자연과학원 로켓탄연구실 실장, "이제 곧 보다 새로운 초정밀화된 최신 로켓탄 시험 발사가 연이어 단행될 것"(조선중앙방송)

08. 20  북 국방위원회 정책국, 존 케리 미 국무장관의 북미관계 개선 의사 표시와 북핵·미사일 비판에 대해 비난 (조선중앙통신)

09. 01  북, 사거리 220km 내외 단거리 발사체 발사(중국 국경 자강도 용림 인근)

09. 05  IAEA, 영변 핵시설에 핵폭탄 제조용 플루토늄을 생산할 수 있다는 평가를 받는 흑연 원자로의 가동을 보여주는 수증기와 냉각수의 배출 확인

09. 06  북, 신형 전술미사일로 추정되는 단거리 발사체 3발 동해상으로 발사

09. 11~12  강석주 북 노동당 국제담당 비서, 유럽 순방 통해 유럽연합(EU)의 스타브로스 람브리니디스 인권특별대표, EU, 벨기에, 스위스 정부 관계자 회동

09. 26  IAEA, 영변 원자로 재가동 징후와 관련, 핵활동 중단 촉구 결의안 채택 "흑연 감속로의 재가동과 우라늄 농축시설 확충 등 북의 모든 핵 활동 강력 규탄"

09. 27  새무얼 라클리어 미 태평양사령관, "북, 미국 본토 위협 대륙간탄도미사일(ICBM) 실전배치 수순"

09. 27  북 국방위원회 정책국, 박근혜 대통령의 유엔 총회 기조연설에서 북한 인권문제 거론에 관해 비난(조선중앙통신)

09. 30~10.3  리수용 북 외무상 방러, 러 외무상과 회담

10. 02 북 국방위원회 정책국, 한국의 대북정책 비난(조선중앙통신)

11. 17~24 최룡해 김정은 특사(당 중앙위 정치국 상무위원회 위원) 방러, 푸틴 대통령과 면담 및 친서 전달(모스크바)

11. 18 유엔 총회에서 북한 인권결의안 통과

11. 20 북 외무성, 유엔의 북한 인권결의안 통과에 반발, 미국이 새로운 핵실험을 자제할 수 없게 만든다고 주장(조선중앙통신)

# 김정은 유일영도체계를 구축하다

김정은은 당 기능 활성화로 전통적인 사회주의 당·국가체제 복원을 도모하기 시작했다. 먼저 그는 당 기능 활성화를 위해 정치국, 비서국, 중앙군사위원회 등 당의 주요 직위 공석을 충원하거나 인원을 확대하는 조치를 취했다. 그리고 정치국회의가 주요 의사결정기구로 등장하였다. 김정은 최고사령관 추대(2011년 12월 30일)라든가 리영호 총참모장 해임(2012년 7월 15일) 등을 정치국회의로 결정하였다든가 국가체육지도위원회 설립(2012년 11월 4일)을 정치국 확대회의로 결정한 것이 대표적인 예다.

김정일 시대와는 다른 당적 행위들이다. 김정일은 당 대회라든가 당 대표자회의, 전원회의, 당 중앙군사위원회 회의와 같은 회의체 조직기능을 거의 사장(死藏)해 버렸다. 대신 그의 획일적인 당적 통제를 가능하게 해 주는 비서국의 조직지도부, 선전선동부와 같은 당 집행기구의 기능과 역할을 확대하였다. 그러나 김정은은 당 회의체 조직을 복원하여 활성화하기 시작했다.

왜일까? 이는 김정은 권력승계를 정당화하기 위한 형식적 차원에서 필요한 조치일 수 있다. 김정은의 권력승계는 갑자기 이루어졌다. 물론 부자 권력승계 관련 정당성은 이미 고착해 있었다고 할 수는 있지만, 그것만으로 김정은 승계권력의 정통성을 뒷받침하기에는 부족하다. 당을 통해서 김정은 자신의 승계정권을 정치적으로 정당화하는 절차를 밟아야 한다. 형식적이라도 당의 권력승계를 인정하는 절차를 거치게 되면 비로소 김정은 자신의 권력의 정통성이 자리잡아 가기 쉽다.

또한 권력이 개인 독단적으로 휘두르는 형식이 아닌 공적인 조직을 통해서 발휘될 때 그 정당성은 높아질 수 있다는 판단도 당 활성화에 한몫한 것으로 이해된다. 국가의 주요 정책 또는 전략이나 간부들의 인사나 처벌행위들을 김정은 개인권력 차원이 아닌 당과 같은 공적인 조직에서 집행하는 형식을 취하는 이유도 여기에 있다. 실제로 북한은 김정은이 새 권자에 오른 2012년부터 정치국회의, 당 중앙전원회의, 당 중앙군사위원회를 정기적으로 개최해 오고 있다.

실제로 김정은 집권 들어 김정은을 정점으로 하는 당 중심 체제를 더욱 강화하는 추세를 보였다. 2013년에 들어와서는 당 공식협의체를 통해 국가적 주요 정책 방향을 결정하는 등 당 조직의 활성화를 통한 권력기반 강화를 위해 노력하였다. 당 중앙위원회(전원회의)에서 당 노선을, 당 중앙군사위원회에서는 안보·군사문제를, 정치국회의에서는 국가적 중대 과업 및 행사 등을 결정토록 함으로써 당 기구의 활성화를 도모하였다.

그리고 경제 · 핵 병진노선이 당 중앙위 전원회의에서, 7 · 27, 9 · 9절의 성대한 개최 결정은 정치국회의에서, 안전· 자주권 관련 중대 결정은 당 중앙군사위 확대회의에서 각각 결정되었다. 6년 만의 당 세포비서회의, 20년 만의 3대혁명소조대회, 5년 만의 전군선전간부대회를 각각 개최하는 등 대규모 당 기층조직 행사를 개최하여 당 기반 다지기에 매진하였다.

김정은 정권에 가장 위해가 될 수 있는 집단이 군대가 될 수 있다. 김정은이 가장 먼저 신경을 써야 할 내용이 바로 군대를 어떻게 효율적으로 통제해 자신에 대한 충성군대로 만들어 나가느냐는 것이었다. 선군정치 논리에 따라 김정은 자신이 군사 최고 지휘관, 즉 최고사령관이 되어 군대를 직접 지휘함으로써 군대를 통제하고자 했다. 이에 더해 군대를 정치적으로 지도통제함으로써 북한 군대를 자신의 충성군대로 만들 필요성에도 직면하였다.

이에 따라 김정은은 가장 먼저, 그리고 핵심적으로 북한 군대를 당적 통제로 완전 장악하고자 하였다. 김정은은 김정일 시대 그와 함께 대장 칭호를 받을 정도로 신임을 가진 비군사 당 관료인 최룡해를 총정치국장에 임명하여 군을 당적으로 지도통제하는 모습을 보였다.

선군정치의 기치로 당적으로 군대를 장악하여 그의 체제를 공고화하고자 했다. 2012년 8월 26일 김정은은 "선군 총대를 억세게 틀어쥐고 통일 강성국가를 세워야"[49] 한다고 강조하였다. 이에 따라 북한 당국은 핵 · 미사일 개발을 절대 중단하지 않을 것이라 공언하면서 개정헌법에 '핵보유국'임을 명기함과 동시에 선군노선을 고수한다는 입장을 지속적으로 천명하였다.

이와 같이 김정은 정권은 핵·미사일 개발, 선군노선 고수를 체제 생존의 기본토대로 삼는 모습을 보였다. 김정은이 "선군총대를 억세게 틀어쥐고 통일 강성국가를 세워야 한다"고 한 말은 이를 반영한다.

김정은은 그의 개인 군사 리더십 제고를 위한 군사지도 활동도 벌였다. 각군 실전훈련 지도 및 작전회의를 소집한다든가 접경 군사지역 방문(장재도·무도 방문, 동부전선 오성산 초소 방문) 등으로 자신의 과감하고 대담한 최고 군사지도자상을 부각하고자 하였다. 그리고 군 총참모장인 리영호를 전격 해임함으로써 그의 직접적인 친위군대 만들기에 나서기도 했다.

## 노동당 유일독재에 의존하다

### 김정일, 수령의 노동당 장악 구조를 완성하다

사회주의·공산주의 국가는 일당독재를 정당화한다. 일당독재로 국가를 이끌어 간다. 이것은 일당의 국가 영도성을 의미하는 것이다. 북한에서도 당을 '향도적 역량'으로 하여 일당 영도체계

---

49    김정은, "선군령장의 손길따라 밝아오는 통일조국의 아침," 「우리민족끼리 인터넷판」, 2014년 8월 31일.

를 강화하였다.

북한 노동당은 군대를 포함한 국가 및 사회 모든 대중조직들을 '통일적으로 지도하는 최고 형태'의 조직이 되었다. 각종 청년 단체들을 비롯하여 각계각층의 군중을 망라한 대중단체들과 군사조직뿐만 아니라 국가조직을 영도해 나가는 것이 노동당이다. 북한의 노동당은 다른 모든 조직들을 튼튼하게 유지하고 활동원칙과 활동방향, 투쟁목표와 실현방도를 제시하며 모든 조직들의 활동 전반을 획일적으로 장악 통제하고 지도하는 기능과 역할을 수행한다.[50]

그러나 북한 노동당은 여타 사회주의·공산주의 국가들과는 달리 '수령의 유일적 영도'를 위한 수단으로 활용되고 있다. 북한 노동당의 기능과 역할은 수령의 사상과 구상을 실현하기 위한 모든 사업을 직접 작전하고 조직하는 것이다. 노동당이 모든 사업을 조직하고 영도해 나가는 것을 수령 영도의 실현 과정으로 치부하였다. 수령이 당을 수단으로 하여 그의 영도를 진행한다.

노동당의 모든 기능과 역할을 수령에 대한 충성을 유지하고 확대하는 활동에 집중되도록 하였다. 북한의 최고지도자인 수령은 첫째, 당내에 수령의 '혁명사상'만이 존재하도록 하고, 둘째, 전당·전국·전민이 수령 자신의 명령과 지시에 따라 하나와 같이 움직이고 그것을 무조건 철저히 끝까지 관철하도록 한다.

---

50  통일연구원, 『북한의 당·군·민 관계와 체제안정성 평가』 (서울 : 통일연구원, 2006), p. 20.

북한 당국은 "전당이 수령을 중심으로 하여 통일 단결될 뿐만 아니라 당의 모든 조직들이 수령의 유일적 령도 밑에 하나의 유기체와 같이 움직일 수"[51] 있도록 하고 있다.

김정일은 이 같은 유일지배적 통치기반을 강화하기 위해 당 내부 사업지도서와 당 조직, 부서, 직능조직 등 당 사업체계를 대폭 수정하여 오늘날의 유일지배적 당 중앙조직을 만들어 놓았다. 여기에 기초하여 중앙당 비서국 조직지도부와 선전선동부를 통해 정권지도부에 대한 유일적 지도통제가 이루어지도록 하였다.

정권지도부에 대한 통제는 당 생활지도를 통해 수행된다. 당 생활지도는 조직생활지도와 사상생활지도로 나누어지는데, 조직생활지도 임무를 수행하고 있는 곳이 당 조직지도부이며 사상생활지도는 당 선전선동부가 담당하고 있다.[52]

당 조직생활지도는 기본적으로 당 중앙위원회 조직지도부의 직접적인 지도 아래 하부 당 위원회들의 조직부가 총괄한다. 반면 각종 학습이나 강연, 강습 같은 선전선동 형태의 활동을 통한 당 사상생활지도는 당 선전선동부가 맡고 있다. 그렇지만 의사가 지시를 내리고 약사가 약을 처방해 주듯이[53] 선전선동부는 당 조직부의 지시에 따라 당내 모든 활동을 진행할 의무가 있다.

이 같은 당 조직체계는 북한 사회에서 당의 영도 밑에 모든

---

**51**   김민 · 한봉서, 앞의 책 (평양 : 사회과학출판사, 1985), pp. 140~141.

**52**   현성일, 앞의 책, pp. 119~120.

것을 진행한다는 원리에 의거한 것으로, 당 조직부의 활동을 통하여 정권지도부 통제를 포함한 북한 사회의 모든 활동에 대한 보고 및 지시가 이루어지도록 되어 있다.

당 조직부 활동은 크게 당 생활지도, 검열, 통보, 인사 등으로 대별되는데 이를 담당하는 조직이 당 생활지도과, 검열과, 통보과, 간부과 등이다. 당 생활지도과는 간부와 당원들이 업무와 사생활에서 제기되는 문제들에 대해서 지도하는 활동을 담당하고 있다. 검열과는 북한 사회 각 분야에서의 유일사상체계와 유일지도체제 확립 현황 및 검열할 수 있는 전권을 지니고 있다. 현재 조직지도부 검열과는 본래 당 기관을 제외한 국가기관들과 사회 모든 분야를 대상으로 한 검열활동을 펴도록 되어 있지만, 김정일의 당권 장악 강화 과정에서 검열과의 활동이 당내까지 확대되었다고 전해진다.

통보과는 유일지배체제 확립과 관련하여 제기되는 모든 상황을 최고지도자에게 직보하여 처리될 수 있도록 하는 조직이다. 최고지도자는 통보과의 직보체계와 당 생활지도과에 의한 당원들과 주민들의 일상을 정기적으로 보고받도록 되어 있는 이중 보고 라인을 구축해 놓았다.[54]

---

**53** 김정일은 조직지도부와 선전선동부와의 관계를 의사와 약사에 비유한 바 있다. 김정일 "당 사업을 근본적으로 개선 강화하여 온 사회의 김일성주의화를 힘있게 다그치자(전국당 조직일군강습회에서 한 결론, 1974년 8월 2일)," 『주체혁명위업의 완성을 위하여 3』 (평양 : 조선로동당출판사, 1988), p. 220.

**54** 현성일, 앞의 책, pp. 120~121.

조직지도부는 간부과를 통해서 인사권을 장악함으로써 효율적인 지도부 통제를 수행할 수 있도록 하였다. 김정일 시대 조직지도부가 당·정·군 등 전반적인 간부문제(인사권)을 장악 전담할 수 있도록 간부과가 신설되었다. 이후 조직지도부의 간부과를 통해 모든 간부문제가 조직지도부에 집중되도록 하였다.

## 김정일 시대 '유일사상체계 확립 10대 원칙'

김정일은 '당의 유일사상체계 확립 10대 원칙'을 제시하는 등 당 중앙의 유일적 지도체제 확립을 통해서 자신의 유일지배체제를 구축하였다. '당의 유일사상체계 확립 10대 원칙'은 1974년 4월 14일 당 중앙위원회 정치국회의에서 토의·결정돼 공식발표된 것이다.[55] 김정일은 '당의 유일사상체계 확립 10대 원칙'에서 다음과 같이 유일적 지도체계 확립 문제를 포함시켜 자신의 유일 지배체계를 구축하였다.

먼저 "위대한 수령 김일성 동지의 혁명사상으로 온 사회를 일색화"해야 한다고 하면서 이를 "당의 최고 강령"으로 못박았다. (1조) 이에 따라 "위대한 수령 김일성 동지를 충성으로 높이

---

[55]  김정일, "전당과 온 사회에 유일사상체계를 더욱 튼튼히 세우자"(중앙당 및 국가, 경제기관, 근로단체, 인민무력, 사회안전, 과학·문화예술, 출판보도문 일군들 앞에서 한 연설, 1974년 4월 14일) 『주체혁명위업의 완성을 위하여 3』 (평양 : 조선로동당출판사, 1987), pp. 1~24.

우러러 모셔야"(2조) 하며, 김일성의 "권위를 절대화"(3조)하고, "위대한 수령 김일성 동지의 혁명사상을 신념으로 삼고 수령님의 교시를 신조화"(4조)하여야 한다고 강조함으로써 김일성의 절대 우상화를 당에 요구하였다.

이를 위하여 당은 "김일성 동지의 교시 집행에서 무조건성의 원칙을 철저히"(5조) 지키도록 하고, "김일성 동지를 중심으로 하는 전당의 사상의지적 통일과 혁명적 단결을 강화"(6조)하며, "김일성 동지를 따라 배워 공산주의 풍모와 혁명적 사업방법, 인민적 사업작풍"(7조)까지도 갖도록 하였다.

또한 "위대한 수령 김일성 동지의 유일적령도 밑에 전당·전국·전군이 한결같이 움직이는 강한 조직 규률"(9조)을 세워야 함을 강조하고, 마지막에는 "위대한 수령 김일성 동지께서 개척하신 혁명위업을 대를 이어 끝까지 계승하며 완성하여 나가야 한다"(10조)고 하여 대를 잇는 권력승계의 이념을 정당화하였다.

이에 더하여 북한은 당의 유일적 지도체제를 수립·이행·사수하는 데 대해서 다음과 같이 밝혔다.

"전당과 온 사회에 유일사상체계를 철저히 세우며 수령님께서 개척하신 혁명적 위업을 대를 이어 빛나게 완수하기 위하여 수령님의 령도 밑에 당 중앙의 유일적 지도체제를 확고히"(10조 1항) 세울 것을 강조하고, "당 중앙의 유일적 지도체제와 어긋나는 사소한 현상과 요소에 대해서도 묵과하지 말고 비타협적으로 투쟁"(10조 3항)하도록 하고, "자신뿐 아니라 온 가족과 후대들도 위대한 수령님을 우러러 모시고 수령님께 충성 다하며 당 중앙의 유일적 지도"(10조 4항)를 끝없이 사수하여야 하며 "당 중앙의 권위를 백방으로 보장하며 당 중앙을 목숨으로 사수"할 것을 요구하고 있다.

여기에서 말하는 '당 중앙'은 수령, 즉 김일성을 지칭한다. 김정일은 그의 결론과 비준은 곧 수령의 것이기 때문에 자신에게 모든 것을 집중시키는 것이 수령(김일성)에게 집중시키는 것이라는 논리를 세웠다. 이로써 그는 '당 중앙'의 유일적 지도체계를 자신의 유일지도체계로 만들었던 것이다. 이렇게 볼 때, 당의 유일사상체계 확립이 김정일의 유일지도체제 확립을 의미[56]한다.

## 김정은 시대 개정된 '유일영도체계 확립 10대 원칙'

김정은 시대 들어와서도 10대 원칙을 새롭게[57] 작성하고 공표하여 북한 사회의 이념 해석권 장악에 나섰다. 이는 반당적인가 반혁명적인가에 대해서 김정은 자신이 독점적으로 판단할 권한을 가졌다는 뜻이다.

김정은의 새 10대 원칙은 자신의 새 권력을 정당화하고 체제를 강화하고자 하는 내용을 담았다. 김일성을 김일성·김정일로 바꿈으로써 김일성에서 김정일, 그리고 김정은으로 이어지는

---

**56** 현성일, 『북한의 국가전략과 파워 엘리트』(서울 : 선인, 2007), p. 118.

**57** 오경섭, "10대 원칙 개정안의 주요 내용과 정치적 의미", 『정세와 정책』 2013년 9월호 (2013), p. 74.

권력에 정통성을 부여하고자 하였다.

또한 '김일성 혁명사상'을 '김일성·김정일주의'로 확대하기도 하였다. 제3조 4항에 "백두산 절세위인들"이라는 표현을 추가하고 제10조 1항을 "김일성·김정일의 위업을 대를 이어 끝까지 계승 완성해야 한다"고 수정하여 김정은의 '백두혈통'으로서의 권력 승계를 정당화하고자 하였다.

제4조 8항에는 "위대한 수령 김일성 동지의 교시" 대신 "당의 방침과 지시"로, 9조 7항 "위대한 수령 김일성에 대한 충실성"을 "당에 대한 충실성"으로 각각 바꾼 것은 김정은을 의미하는 당 중심의 권력체계를 강조하기 위한 것으로 판단된다.

제6조 4항에는 "개별적 간부들의 직권에 눌리어 맹종맹동하거나 비원칙적으로 행동하는 현상을 철저히 없애야 한다"는 내용을 추가하고, 5항에 '동상이몽', '양봉음위'를 더하여 단결을 파괴하는 현상을 차단하고자 하였다. 제7조에서는 '세도(勢道)'를 배척해야 할 대상으로 가장 앞에 내세워 김정은의 세습권력 공고화에 위협이 되고 있는 권력 엘리트들의 일탈을 저지하고자 하였다.

김정은 시대 개정된 10대 원칙에는 '프롤레타리아 독재정권'과 '공산주의'라는 표현을 삭제함으로써 북한 고유의 유일지배세습체제를 당연시하는 의도를 드러내었다.

특히 개정 원칙 서문에 "핵무력을 중추로 하는 군사력과 자립경제를 가진 위력을 떨치게 됐다"고 적시하여 김정은이 명실상부한 '핵보유국'의 유일지도자라는 사실을 과시하고자 하였다. 김정은은 당원을 포함한 모든 사람들이 10대 원칙에 따라 살고 일하도록, 그리고 이를 위반할 경우 곧바로 반당적·반혁명적 행위로 단호하게 처벌받도록 하는 지도체계를 구축함으로써 당을 중심으로 한 자신의 유일영도체계를 표방하고 나선 것이다.

## 김정은의 군사지도통제권 강화

김정은은 최고사령부나 국방위원회가 아닌 당에서 군사 분야 보직을 맡아 후계자 승계작업을 시작하였다. 이는 북한 사회에서 당이 갖는 위상과 혁명의 주력군으로서 군사부문의 중요성을 고려한 조치라 할 수 있다. 그리고 2009년 헌법 개정과 2010년 당 규약 개정을 통해 국방위원장의 권한을 강화시켰다. 북한이 말하는 소위 '혁명'과 '혁명의 연속성'을 보장하는 것으로 체제 존립의 이유와 방향성을 제시하며 후대 수령의 절대적인 역할과 그에 걸맞는 힘을 법제적으로 명문화시켰다.[58] 김정은 시대에 이루어진 당의 기능 복원과 군에 의한 당적 통제 강화는 군의 위상 및 역할이 변화하고 있음을 반증한다.

군사부문에서의 권력 강화는 인사권에서도 명백히 드러났다. '김정일 운구차 7인방'은 권력의 핵심에서 이미 물러났으며, '김정은의 사람들'이 그 자리를 메웠다. 운구차 왼쪽에서 호위했던 군부 4인방인 리영호와 우동측은 숙청되었고, 김영춘과 김정각도

---

**58**　조영서, "김정은 체제의 특성과 변화 전망," 『수은북한경제』 2013년 봄호, p. 4.

군사부문에서의 권력 강화는 인사권에서도 명백히 드러났다. '김정일 운구차 7인방'은 권력의 핵심에서 이미 물러났으며, '김정은의 사람들'이 그 자리를 메웠다. ⓒ연합뉴스

권력에서 물러났다. 운구차 오른쪽에 있던 장성택은 처형되었고, 김기남과 최태복은 90세가 넘은 고령이다.

김정은은 2012년에 권력층의 31%(68명)를 교체한 데 이어 2013년에는 13%(29명)를 교체했다. 제도에 의한 우선적인 군권 장악과 핵심 군부인사의 세대교체와 권력서열의 하향 조정이 엿보인다. 당의 경우 부부장급 이상 간부 40여 명, 내각에서는 30여 명, 군에서는 군단장급 이상 20여 명을 새로 충원했다.[59]

또한 김정은은 김정일 시대의 군부권력 비대화로 인한 군부

---

**59** 김갑식, "김정은 정권의 수령제와 당·정·군," 『한국과 국제정치』 30권 1호, 2014, p. 48.

독자 세력화를 염려하여 최룡해를 총정치국장에 임명해 군부 장악에 나섰다. 이는 군부 상층부의 빈번한 교체로 나타났다. 2012년 최룡해가 총정치국장에 부임한 이후 총참모장은 리영호→현영철→김격식→리영길로, 인민무력부장은 김영춘→김정각→김격식→장정남으로, 작전국장도 김영국→최부일→리영길→변인선으로 교체되었다.

김정은은 또 군 핵심인물의 계급을 강등시켜 최룡해(대장 강등, 차수 복권), 최부일(상장 강등, 대장 복권), 김영철(중장 강등, 대장 복권), 김명식(소장 강등, 중장 복권) 등은 복권시켰지만, 현영철(대장 강등, 상장 강등) 등 일부 인사는 복권시키지 않았다. 인민군 각 군단의 군단장을 대장에서 상장으로 한 등급 격하하는 한편, 40~50대 젊은 세대로 바꿨다.

이를 통해 김정은은 군부에 대한 직할체제를 강화하는 양상을 보였다. 김정은 정권이 인사정책에 있어 변화를 추구하고 있지만, 반면에 북한 체제 변화 유형과 안보적 대비 방향 국방공업을 강조하는 등 과거로 회귀하는 모습도 보이고 있다.

김정은은 2013년 3월 31일 당 중앙위원회 전원회의에서 '경제·핵무력 건설 병진노선'을 채택해 핵 보유를 공식화하는 동시에 경제발전도 추구하겠다는 의지를 표명했다. 이는 당 중심의 군권을 장악하고 군 총정치국을 통해 군부의 불만을 사전에 억제하는 반면, 경제건설 정책에 군을 적극적으로 활용하는 정책으로 해석할 수 있다.

## '종파' 위협 제거를 통한 권력통제

"종파를 주의할 것. 우리 당 력사에서 종파는 항상 있어 왔으며 그 놈들은 언제나 국가가 어려울 때 머리를 쳐들어 당의 분렬을 꾀하곤 하였다. 지금의 종파는 이전과 다른 형태로 나타나고 있다. 이전에 끼리끼리 무리를 지어 당에 정면으로 도전했다면 지금은 교활한 방법으로 뒤에서 동상이몽하면서 때를 기다리고 있다. 자본주의 개혁개방을 반대하는 것처럼 하면서 자기네들끼리는 그 필요성과 정당성을 론하고 있다는 정보가 들어오고 있다."[60]

김정은은 김정일 영결식 날(2011년 12월 28일) 담화에서 경제관리개선 문제를 가장 중점적으로 강조하였다. 인민 생활 향상을 위한 '개혁의제'를 적극적으로 개방하는 태도를 보였다. 그는 먼저 경제관리 방법을 우리식으로 개선해 나가기 위한 연구사업을 자유스럽게 진행하도록 해야 한다고 했다.

"지금 일부 일군들은 해당 부문 일군들이 경제관리방법과 관련하여 무엇을 좀 어떻게 해보자고 의견을 제기하는 데 대하여 색안경을 끼고 보면서 그것을 문제시하고 자본주의적 경제관리방법을 끌어들인

---

**60** 탈북자 이윤걸 박사는 '김정일의 유서와 김정은의 미래'라는 제하의 책자를 내놓았다. 여기에서 그는 '김정일이 김경희와 김정은에게 남긴 유서'를 소개했다. 그 유서에 '종파'와 관련된 내용이 담겨 있어 우리의 비상한 관심을 모았다. 이윤걸, 「김정일의 유서와 김정은의 미래」, (서울 : 비전원, 2012), p.21

다걸각질을 하고 있습니다. 그렇기 때문에 경제부문 일군들과 경제학자들은 경제관리 방법을 개선할 방법에 대하여 생각하고 있는 것도 말하려고 하지 않고 있습니다. 경제관리를 어떤 방법으로 하면 좋겠는가 하는 데 대하여 누구나 머리쓰고 의견을 하나로 모아야 하겠는데 자꾸 걸각질할 내기를 하다 보니 경제사업에서 아무른 대책도 세워지는 것이 없고 걸린 문제들을 풀지 못하고 있습니다."[61]

그러나 김정은은 경제관리개선 문제에 대해서 주저하지 말고 보다 활발하고 자유스럽게 좋은 의견을 많이 개진하고 대책을 내세워 문제를 해결하도록 하는 분위기를 조성해 놓고, 역으로 이에 적극적이었던 높고 낮은 주요 인사들을 척결하는 치밀함을 보였다. 김정은은 방침 전달로 경제개혁개방문제 제기를 비판하고 경고하면서 이에 대한 단속 시동을 걸었다. 2012년 9월, 김정은은 당의 내부 규율 강화와 간부들에 대한 통제를 심화하기 위해 김정일의 6·18 담화를 재확인하는 내용을 담은 방침을 간부들에게 전달하였다.

"우리 당의 정책은 김일성과 김정일이 이미 다 세워 주었다. 그런데 일부 사람들 속에서 당의 경제정책 자체를 시비하는 현상들이 나타나고 있다. 우리의 경제는 김일성과 김정일이 밝혀 주는 대로 우리의

---

**61**  김정은, "경애하는 김정은 동지께서 주체 100(2011)년 12월 28일 당 중앙위원회 책임일군들에게 하신 말씀."

구미에 맞게 조금씩 변경시켜 나가면 되겠는데 허파에 바람이 가득 찬 일부 젊은 사람들은 중국식으로 가야 한다고 허튼소리를 하면서 당의 경제정책을 시비하고 있다."[62]

"일부 사람들 속에서 당의 경제정책 자체를 시비하는 현상들이 나타나고 있다. (…) 일부 젊은 사람들은 중국식으로 나가야 한다고 허튼소리를 하면서 당의 경제정책을 시비하고 있다. 일군들 중에는 설익은 사람들이 적지 않다. 젊은 사람이 문제다, 말이 몹시 거칠고 우리 당의 정책에 대한 불평불만도 표출하고 있다. (…) 당의 노선과 정책을 시비하는 자들은 벌초할 것이 아니라 씨까지 파내어 제거해 버려야 한다. 그런 현상들을 절대로 내버려두거나 용서해서는 안 된다. 사공이 많으면 배가 산으로 올라간다는 말이 있다."[63]

단속은 간부 대상 강습과 '사상총화'로 본격화하였다. 실제로 2012년 11월 노동당 주관으로 경제개혁문제 관련 간부들 대상 학습과 '사상총화'가 시행되었다. 북한의 젊은 간부들이 이 단속에 많이 걸려들었던 것으로 알려졌다. 실제로 북한의 많은 젊은 군·당·정 간부들이 희생되었다. 김정은 정권을 흔들 수 있는 소위 '힘센' 핵심 고위간부들도 주요 숙청 대상이 되었다. 북한군 총참모장 리영호와 고모부 장성택이 대표적이다. 리영호와 장

---

**62**  김정은. "당 중앙위원회 책임일군들에게 언급한 내용." 2012년 9월 29일.
**63**  위와 같음.

성택은 처형되었고, 장성택 처형을 전후하여 많은 젊은 간부들이 제거되었다. 2013년 11, 12월 중 장성택 인맥 30여 명이 처형되었고, 2014년에는 40여 명, 2015년에는 60여 명으로 처형자 숫자는 늘어갔다.[64]

## 김정은식 당 중심의 권력구도 재편

마키아벨리는 "세습군주국은 새로운 국가보다 훨씬 용이하게 보존될 수 있다"고 하였는데, 그것은 "세습군주국의 경우에는 기존의 질서를 바꾸지 않으면서 불의의 사태에 적절히 대처하는 것으로 충분하기 때문"이라고 하였다. 김정은 역시 이 같은 '세습군주국'을 이어받았다고 할 수 있다. 따라서 김정은은 '기존의 질서', 즉 김정일 때의 질서를 크게 바꾸지 않으면서도 적절히 상황에 대처하는 기민함을 보임으로써 그의 체제를 안정되게 보존할 수 있을 것으로 예상되었다.

그러나 김정은은 체제 출범 이후 1년 10개월 동안 노동당과 내각, 군부 주요인사 절반가량을 교체하는 등 급격하게 권력구도를 재편하였다. 2013년 12월 당 행정부 제1부부장 이용하와 부부장 장수길의 공개처형과 장성택의 숙청까지 공개하기도 하였다.

정권 상층부 핵심인물들은 김경희, 장성택, 최룡해 등 후견인

---

64  한기범, 앞의 책, p.460

세력과 김기남, 김국태 등 원로 당 관료, 김원홍, 최부일 등 군·보안세력 등으로 구분할 수 있으나, 이들 간에 집단적 차원의 파벌이 존재한다는 구체적인 증거는 없었다. 다만 당 조직 차원에서 장성택이 이끄는 당 행정부의 기능과 활동이 지나치게 비대해져 도전받을 위험성이 증대하는 상황에 처해 있었다. 결국 장성택을 중심으로 한 당내 파벌세력 형성에 대한 우려가 장성택과 그의 측근들에 대한 처형으로 연결된 것으로 보인다.

:: 공개된 장성택 죄목

| 죄목 | 세부 내용 |
|---|---|
| 최고사령관 권위 도전 | • 양봉음위하다 역사적 전환의 시기에 본색 드러내<br>• 김정은 후계 추대 당시 마지못해 박수치는 등 불손한 태도<br>• 모자이크 영상 작품과 현지지도 사적비 건설 방해<br>• 김정은의 친필서한 새긴 비석을 그늘진 구석에 건립 |
| 반당·반혁명 종파행위 | • (측근) 이용하를 자신의 직무마다 데리고 다니며 종파 행위<br>• 반동무리들을 규합해 당 중앙위원회와 산하기관에 배치<br>• 청년사업 부문에 있으며 청년운동에 엄중한 해독행위 자행 |
| 장성택 우상화 | • '1번동지'라고 불리며 자신을 우상화해 당 방침 무력화<br>• 나라사업 전반에 손을 뻗쳐 자신의 '소왕국' 만들어 |
| 경제기관 역할 방해 | • 국가건설감독기구 관련 문제에 대해 거짓 보고 및 독단 결정<br>• 무역 및 외화벌이 등 내각의 사업을 독점<br>• 수도(평양) 건설 사업 방해, 관련 기술자 및 기능공 약화 |
| 자원·특구 헐값 매각 | • 석탄 등 지하자원 팔아먹고 심복들에게 많은 빚 떠넘겨<br>• 나선경제무역지구 토지를 50년 기한으로 외국에 팔아넘김 |

| 부정부패 | • 비밀기관을 통해 (국가)은행에서 거금 빼돌려 귀금속 구입<br>• 2009년 박남기 주도의 '화폐개혁' 부추겨 경제적 혼란 야기 |
| --- | --- |
| 도박 등<br>개인비리 | • 추잡하고 더러운 사진 유포해 자본주의 날라리풍 선도<br>• 2009년 비밀 돈창고에서 460만 유로(약 67억 원) 탕진<br>• 외국 도박장 출입 |
| 국가전복<br>음모행위 | • 인맥 동원해 군대 장악하고 정변에 동조하도록 책동<br>• 직접 내각총리에 부임해 국가자금 정변에 활용할 의도<br>• 미국과 괴뢰역적패당의 전략에 편승해 '신정권'으로 인정 모의 |

　　장성택의 처형은 북한 엘리트들에게 불안감을 조성하여 그들 사이에 김정은에 대한 충성 경쟁을 유발하였고, 그로 인해 김정은의 권력은 더욱 공고화된 것처럼 보인다. 이는 북한 지도부에서 장성택의 측근으로 간주되는 많은 고위간부들이 숙청 대상이 될 것으로 예상했으나 최고위 엘리트들인 당 중앙위원회 정치국위원과 후보위원 중 장성택 숙청과 관련돼 숙청된 것으로 추정되는 인물은 문경덕(전 당 중앙위원회 비서 겸 평양시당 책임비서)과 리병삼(전 인민내무군 정치국장) 정도인 것에서도 알 수 있다. 이는 핵심 엘리트 중에는 '장성택'의 측근이 당국의 감시와 통제에 의해 그리 많지 않았음을 시사하는 것으로 정성택의 숙청이 북한 지도부에 불안정한 상황을 초래하지는 못했다.

　　또한 김정은은 군부의 정권 영향력 축소를 통해 당의 위상을 높이는 등 당·군 관계의 변화를 활용하여 안정적으로 정권교체를 이루어 체제를 공고화해 나갔다. 김정일의 경우 당(조직지도부)·군(군총정치국)·국가(국방위원회)·보안기구(국가안전보위부)를 직할 통치해 권력을 완전 장악하여 권력투쟁 가능성을 원천적으로 차단하여 권력의 안정성을 확보하였다. 그러나 김정은의 경우 국방위원회를 제외하고 당·군·보안기구에 대해서 다음과 같이 일종의 '위임통치' 체제를 유지하였다.

- 중앙당 조직지도부 : 김경옥, 조연준 제1부부장 등
- 군총정치국 : 최룡해→황병서를 통한 군대 장악
- 국가안전보위부 : 김원홍 부장을 통한 통치

이를 두고 일각에서는 당 조직지도부 중심의 집단지도체제가 유지되고 있는 것으로 판단하기도 하였다. 당 조직지도부는 북한의 상위권력을 집중적으로 장악, 관리하는 부서로 김경옥 당 조직지도부 제1부부장, 조연준 부부장 등이 핵심세력으로 자리잡았다.

장성택의 처형에서 분명하게 드러난 것은 장성택과 그의 측근들이 잡고 있던 자리에 최룡해와 조연준, 김경옥 등으로 대체되었다. 이는 장성택 처형 이후 김정은을 공개적으로 수행한 인물 명단에서 분명히 드러나고 있다. 이들을 중심으로 김정은 정권에 대한 후원체계가 이루어졌다.

그런데 김정은 핵심 후원세력인 조직지도부의 김경옥, 조연준, 그리고 군을 정치적으로 통제하는 책임을 지닌 최룡해(후 황병서), 보위기관의 김원홍 간의 권력 갈등이 초래될 경우 김정은 유일정권은 심각하게 흔들릴 수 있는 취약성을 지녔다.

# 선 핵무력 증강, 후 남북대화로

"조선반도의 안정문제에 있어서 우리의 군사적 위력이 결정적임을 남조선 당국자들에게 인식시키고 그들과 힘을 모아 경제발전을 해나가는 것이 내가 늘 추구해 왔던 전략이었다."[65]

2012년의 경우 대남 차원에서도 북한 당국은 기존의 대결정책을 고수하면서 의도적으로 긴장을 조성하여 대결태세를 되풀이하였다. 한국 정부의 유연화 조치에 불응하면서 수해지원과 이산가족 상봉 제의 등을 거부하기도 하였다. 그리고 특정한 명분을 내세워 군사 위협을 반복하는 등 대결과 긴장 분위기를 지속적으로 조성하였다. 조문문제, 대적관 구호, 보수단체 퍼포먼스, 동까모, 을지훈련, 대북 전단지 살포 등을 명분으로 '조국통일 성전', '특별행동조치', '불벼락', '언론사 좌표 거론 타격', '삐라 살포 지점 조준 격파' 등 극단적인 위협을 가하였다.

또한 북한 선박이 NLL을 침범(19회, 58척)했으며 한국 대통령에 대해 무차별적·원색적 비난을 지속하고 남북 관계 경색에 대해서 우리 측에 책임을 전가하는 행태를 보였다. 다만, 고강도 수사적 위협에도 불구하고 실제 대남 재래식 군사도발은 자제하는 모습을 보였다.

총선과 대선을 계기로 이에 적극 개입하는 활동을 극렬하게

---

**65** 이윤걸, 앞의 책, p.22

전개해 2007년 월평균 52회였으나 2012년에는 월평균 165회(5~12월)로 크게 증가하는 등 2012년 북한의 대선 개입은 2007년에 비해 3배 수준에 달했다. 이와 관해 북한은 관련 기관 및 단체를 적극 활용한다든가 백서, 비망록 등을 종합·정리하는 방식을 활용하였다.

주요 내용으로는 정부 선동으로 정권심판론 주장, 대북정책에 대해 '평화 대 전쟁' 등 이분법적 대립구도 유도, 특정 후보 이미지 훼손 기도 등이 지적된다. 단, 대선이 가까워 오면서 결과에 대한 나름대로의 판단 하에 특정 후보 비난을 자제하고 후보의 대북정책 입장을 타진하는 다소 조심스런 행태도 보였다.

예를 들면 조평통 공개질문장에서[66] ① 6·15, 10·4선언 이행 ② 자유민주주의 질서에 의한 통일 ③ 선핵 포기 ④ 한미동맹 강화 ⑤ 북 인권법 제정 ⑥ 5·24조치 해제 ⑦ 이명박 정부 대북정책 승계 여부 등에 대해 입장을 밝힐 것을 요구하였다. 대선 이후에는 과거에 비해 빠른 대응을 한 것이 특징이다. 당선 사실 익일 보도와 함께 대북정책 관련 입장을 요구하는 순발력을 과시하였다. 실제로 대선 다음 날 당선사실 보도[67] 및 조평통 공개질문장을 인용하여 당선인의 대북정책 입장을 요구하였다.

---

**66** 2013년 12월 1일에 발표한 조평통 공개질문장의 질문 내역은 1. 현 정권의 대북정책이 리명박 정권의 대결정책과 무엇이 다른가. 2. 조선반도의 평화를 파괴하고 긴장을 격화시키는 장본인이 누구인가. 3. 신뢰인가 대결인가. 4. 외세가 우선인가 민족이 우선인가. 5. 누가 도발자인가. 6. 비방중상의 책임은 누구에게 있으며 중지는 누가 해야 하는가. 7. 선택은 누가 바로 해야 하는가 등 총 7개 항목이다.

# '수령유일영도체계' 국가 건설

수령체제의 북한은 수령의 '혁명사상'만이 지배하도록 하고 있으며 '전당·전국·전민'이 수령의 명령과 지시에 따라 획일적으로 움직이고 '무조건 철저히 끝까지 관철'하도록 하는 '수령유일영도체계'의 사회다.

여기에서 유일당인 노동당은 수령의 유일적 영도를 실현하는 '정치적 령도기관'이기 때문에 북한 내의 모든 조직을 "통일적으로 지도하는 최고 형태의 조직"이 되고 있다.

이에 근거해서 당은 북한의 "모든 조직들을 튼튼히 꾸리고 수령의 두리에 굳게 결속하며 그것들의 활동원칙과 활동방향, 투쟁목표와 실현방도를 제시하며 모든 조직들의 활동 전반을 통일적으로 장악 통제하고 지도"하는 지위와 역할을 가지고 있다. 반면, 국가 또는 정부를 의미하는 북한의 '국가정권'은 이 같은 유일당의 노선과 정책 '집행자'로서의 지위와 역할을 갖고 있다.

이에 북한의 국가정권은 "수령의 두리에 굳게 묶어 세우는" 당의 노선과 정책을 집행하는 '무기'와 '수단'이 되고 있는 것이다. 즉 국가정권은 수령의 이익을 침해하는 "적대분자들에 대한 진압 기능, 국가의 법질서를 유지하기 위한 통제적 기능, 경제조직자적 및 문화교양자적 기능, 방위적 기능, 대외적 기능 등을 통하여 정치,

---

**67** "조평통 공개질문장—기만적 대북정책 공약은 누구에게도 통할 수 없다." 조선중앙통신, 2012년 12월 1일; "남조선에서 대통령선거가 있었다," 조선중앙통신, 2012년 12월 20일.

경제, 문화, 군사 등 사회생활 모든 분야에서 당의 로선과 정책을 전면적으로 집행"하도록 되어 있다.

북한은 국가정권이 입법기관, 행정기관, 사회안전기관(치안기관), 재판검찰기관 등 권력기관들을 가지고 있으며 이것을 통해 당이 제시한 방향에 따라 사법정책, 경제정책, 교육정책, 문예정책, 대외정책 등을 비롯한 당의 모든 정책 집행을 조직하고 지도하며 감독하고 통제하도록 하고 있다.

'국가정권'은 인민대중에 대해서는 정치생활 분야에서의 권리와 자유에 더해서 "일할 권리, 먹을 권리, 배울 권리, 치료받을 권리를 비롯하여 경제문화생활 분야의 모든 권리들까지도 전면 보장"하여 주도록 하고 있다. 따라서 "인민 생활을 책임진 호주로서의 역할을 수행한다"고 밝히고 있다.

이에 북한의 '국가정권'은 인민대중의 '호주'로서 "근로자들에게 일자리를 마련해 주고 먹고 쓰고 사는 데 필요한 생활조건들을 보장하는 사업으로부터 교육조건, 문화생활조건에 이르기까지 인민 생활과 관련되는 모든 조건들을 보장하는 사업을 조직하고 책임적으로 풀어나간다"고 한다.

자본주의 국가에서는 정부의 내각이 이러한 임무를 담당하고 있다. 이렇게 볼 때 북한이 사용하고 있는 '국가정권' 개념은 보통 국가들의 정부에 해당한다.

북한에서는 "조선민주주의인민공화국 정부를 대표"(헌법 126조)하고 "내각사업을 조직지도"(제127조)하는 내각총리의 지휘 아래 '국가정권'(이하 정부로 호칭하기로 한다), 즉 정부의 내각은 다음과 같은 임무와 권한(헌법 125조)을 수행하도록 되어 있다.

- 국가의 정책을 집행하기 위한 대책을 세운다.(1항)
- 내각의 위원회, 성, 내각직속기관, 지방인민위원회의 사업을 지도한다.(3항)
- 국가의 인민 경제발전계획을 작성하며 그 실행대책을 세운다(5항).
- 국가예산을 편성하며 그 집행대책을 세운다.(6항)
- 공업, 농업, 건설, 운수, 체신, 상업, 무역, 국토관리, 도시경영, 교육, 과학, 문화, 보건, 체육, 로동행정, 환경보호, 관광, 그 밖의 여러 부문의 사업을 조직 집행한다.(7항)
- 화폐와 은행제도를 공고히 하기 위한 대책을 세운다.(8항)
- 국가관리질서를 세우기 위한 검열, 통제사업을 한다.(9항)
- 사회질서유지, 국가 및 사회협동단체의 소유와 리익의 보호, 공민의 권리보장을 위한 대책을 세운다.(10항)
- 다른 나라와 조약을 맺으며 대외사업을 한다.(11항)
- 내각 결정, 지시에 어긋나는 행정경제기관의 결정, 지시를 폐지한다.(12항)

이와 같이 북한에서는 정부의 내각이 개인이 해결해야 하는 역할까지도 수행하도록 되어 있다. 인민들의 개인사에 해당하는 의식주와 소비재를 해결해 주는 것과 예술, 사회조직, 농업 및 산업 관리가 정부가 책임지는 공공재에 해당한다. 이를 위해 북한은 수령→당→국가정권(정부)→인민대중 순의 수직적 통합국가를 건설하고자 한다.

북한 사회의 모든 단계에서 정부관리가 생산과정과 수령·당의 지침 준수 여부를 감독하기도 한다. 북한 주민들은 생산수단이 사회화되고 사회의 모든 생활이 계획적·조직적으로 실현되는 사회주의제도를 자체의 근본요구로 받아들이면서 중앙통제체제를 따르는 데 익숙해 있다.

그러나 북한 정부는 이 같은 광범위한 임무와 역할을 가지고 수직적인 통제력을 행사해 오다가 점차적으로 어려움을 겪고 있다. 이는 인민 생활과 관련된 모든 조건들을 보장하는 사업을 조직하고 책임성 있게 풀어나가야 하는 정부의 기능이 크게 저하된 데서 기인한다. 정부 기능의 저하는 바로 체제 안정성과 직결된다.

## 고장난 '인민경제계획'

해방 이후 북한은 사회주의 이념과 체제를 도입하여 강력한 중앙집권적 계획경제체제를 고수해 왔다. 이에 따라 정부는 생산, 분배, 소비 등 경제활동의 모든 분야에 걸쳐 일원화·세분화[68]된 '인민 경제계획'을 작성하고 집행해 오고 있다. 다음은 '인민 경제계획'의 구체적인 항목이다.

- 각 부문 (농림, 수산 및 광공업 등) 생산계획
- 기본건설 및 기술발전 계획
- 상품유통계획 및 수매양정계획
- 무역계획, 노동계획, 원가계획, 재정계획, 교육계획,
  문화계획, 보건계획

'인민경제계획'의 계획·관리업무가 방대하여 현실적이고 균형 잡힌 합리적 계획을 세우기가 사실상 불가능한데도 북한 당국은 아직까지 이를 고수하고 있다.

북한 경제는 기본적으로 국가계획에 의해서 움직이는 것으로 되어 있지만 장기화된 경제난으로 인해 국가계획위원회의 기능이 거의 마비되었다. 북한의 계획체계에서는 중앙집중적 물자공급체계를 기반으로 국가계획위원회를 통하여 계획시스템이 작동한다. 그러나 1990년대 핵심산업이 붕괴하면서 중앙집중적 물자공급체계는 사실상 기능을 멈추었으며, 2000년대 들어 부분적으로 산업생산이 약간 회복세를 보이고 난 이후에도 극히 제한적인 영역에서만 기능이 회복되었다.

계획 수행상 필요한 자원의 상당 부문은 당이나 군경제 등 내각경제 외부에서 조달되지 않으면 안 되는 상황이 지속되고

---

68  당 정치사업과 경제사업의 밀접한 결합, 집체적 지도와 유일적 지휘의 옳은 배합, 계획의 일원화와 세부화의 철저한 실현, 독립채산제의 올바른 실시 등을 포함한 경제관리 및 지도원칙을 유지하고 있다. 사회과학원 주체경제학연구소편, 『경제사전 1』(평양 : 사회과학출판사, 1985), p.93.

있어 국가계획위원회가 주요한 역할을 하지 못하였다. 국가경제계획이 제대로 지켜지지 않는 이 같은 상황은 김일성 사후(1994년) 김정일이 최고지도자로 등장하면서부터 계속되었다. 이는 바로 국가계획에 의한 공공부문의 생산력에 영향력을 미쳤다.

### 경제성장률

북한의 경제성장률은 약간의 성장을 보인 2008년을 제외하고 2006년 이래 정체상태에서 벗어나지 못하였다. 2009년, 2010년은 연속 마이너스 성장을 기록하였고, 2011년과 2012년 상반기는 미미한 플러스 성장 추세를 보였다. −2.1%의 경제성장률을 보인 1994년과 비교할 때, 2006년 이래 나타난 경제성장 수준은 미약하나마 북한의 전반적인 성장추세를 반영하였다.

한국은행은 북한 경제가 2012년에 소폭 플러스 성장을 기록한 것으로 추정했다. FAO/WFP 조사단 보고에 의하면, 2013년 북한의 식량 생산량은 5% 정도 증가하였다. 2013년 1~10월 기간 북한의 대중국 수출도 전년 동기 대비 12% 높아졌다. 북한의 주요 언론매체에서도 각종 공장, 기업소, 발전소, 상업시설, 문화체육시설 등의 건설 상황을 계속 활발하게 보도하였다.

### 돌파구를 찾지 못한 경제정책

김정은 정권은 선군정치를 뒷받침하는 군사력 건설의 중요성을 주장하면서도 주민생활 향상을 위한 경제문제 해결에도 중점을 두기 시작하였다. 김정은 정권 초기부터 민생 개선 의지를 강하게 피력했으며 경제발전을 위한 다양한 움직임도 보였다.[69] 김정은은 "인민들이 다시는 허리띠를 조이지 않고, 사회주의 부귀영화를 마음껏 누리게 할 것"[70]임을 공언하기도 하였으며, 스포츠 시설과 주택 및 주민 편의시설 등 건설활동을 전개함으로써 '주민 환심사기' 정책도 강화하였다.

김정은 집권 초기의 경제정책은 김정일 생존시 추진되고 있던 정책기조의 연장선상에 있어 경공업 및 주민생활 향상에 여전히 초점을 맞추었다. 특히 상업·유통부문에서 2000년대 후반 이후 상업·유통망을 복구하고 확장하고자 하며 대외적으로는 대외무역의 다양화·다각화, 지하자원의 2차, 3차 가공을 통해 수출 확대를 도모하고자 하였다.[71]

경제난 타개를 중요 과제로 인식하고 강성국가 건설을 위한 경제성과를 독려하였다. 2012년 초부터 서기실·내각 인원 중심으로 T/F를 구성하였다. 여기에서 과거 사례 및 해외 사례를 참고하여 관련 사안들을 검토하고 시안 수준에서 분야별로 시범사

---

**69** 김정은은 2012년 4월 15일 있었던 김일성 탄생 100주년 기념 열병식 중 "인민 생활 향상과 경제강국 건설에 결정적 전환을 일으켜야 한다"며 식량 및 전력공급의 정상화와 주민생필품 생산을 독려했다. 또 "'함남의 불길'에 따라 인민 경제의 선행부문, 기초공업부문을 빨리 추켜세워 경제발전의 토대를 튼튼히 하며 인민 경제 모든 부문에서 생산적 앙양을 일으켜야 한다"고 강조했다. 조선중앙TV 2012년 4월 15일.

**70** "김정은 동지, 김일성 주석 탄생 100돐 경축 열병식에서 연설," 로동신문 2012년 4월 16일.

**71** 이석기, "김정은 체제 이후 북한 경제정책과 변화 가능성", 『KDI 북한경제리뷰』 10월호(한국개발연구원, 2013), pp. 52~54.

업을 실시하기도 하였다.[72] 그러나 각 산업부문별 활성화 방안 없이 대내 부문은 '내각 중심으로 성과주의 운영', 대외 부문은 '외자유치 및 수출 활성화' 강조 수준에 머물렀다.

2013년도 북한의 경제부문 정책을 김정은의 신년사를 통해 살펴보면 농업, 건설, 과학기술을 핵심사업으로 제시하여 경제사업에서 혁신을 일으키도록 하였다. 또한 건설부문과 과학기술이 강조되었다.[73] 농업과 경공업을 강조한 이후 4대 선행부문(전력, 수송, 금속, 화학)을 거론한 과거의 전례와는 다소 차이가 난다.

먼저 농업을 주타격 방향으로 설정하였다. "농사에 국가적인 힘을 집중하고" "농업생산의 과학화·집약화 수준을 높여 올해 알곡 생산목표를 반드시 점령"할 것을 요구하고 있는 것을 볼 때 북한 주민들의 식량문제 해결을 최우선 과제로 삼고 있는 것으로 판단된다. 특히 "최고사령관 명령을 결사 관철하여 물고기 대풍을 마련한 인민군대 수산부문의 모범"을 치하하고 어선과 어구를 현대화하고 양식사업도 대대적으로 전개하라고 지시[74]함으로써 수산부문의 발전을 추구하는 모습도 새로운 변화다.

최근 수년 동안 북한의 식량사정은 과거에 비해 다소 나아진 것으로 평가되기는 하나 여전히 식량부족 및 영양부족 문제가 심각한 상황에 있는 만큼 이를 보완하기 위해 국내 농수산물 생산 증대를 독려하였다.

---

**72**  조선신보, 2012년 11월 10일.

**73**  '건설'과 '과학' 어휘가 각각 38회, 20회로 가장 많이 사용되었다.

**74**  로동신문, 2014년 1월 1일.

대내개혁(경제관리방법 개선)과 대외개방이 획기적으로 진전될 가능성은 높지 않았다. 김정은의 신년사에서 전반적인 산업정책 방향이 여전히 전통적인 자립경제 노선에 머물러 있는 것으로 볼 때, 경제관리방법 개선 노력 역시 제한적인 수준에 그칠 것으로 판단되었다. 또한 신년사에서 경제특구 및 개발구 등 개방정책에 대한 언급을 거의 찾아볼 수 없는 것은 상당히 이례적이다. 이는 당분간 북한 당국이 대외개방정책에 대해서 미온적임을 시사한 것이다.[75]

김정은 체제 하의 북한은 경제난 해결을 선결과제로 인식하고 있기는 하나 현실적인 해결방안을 내놓지 못하였다. 최영림 총리 등을 중심으로 강성국가 건설을 위한 경제성과를 독려해 나갔다. 이와 관련해 2012년 최영림 현지요해(산업 전반) 64차례, 최룡해 현지요해(군인건설자 동원 현장) 12차례 등이 대표적이다. 그럼에도 식량난 등 구조적·만성적인 경제난은 지속되었다.

식량의 경우 FAO/WFP는 2012년도에 전년 대비 10.5% 증산되었다고 발표(2002년 이후 가장 양호)한 바 있다. 그러나 장마당의 환율, 쌀값 상승세가 지속되는 등 실제 수급 개선 징후를 찾아볼 수 없었다. 오히려 지역별·계층별로는 식량난이 심화되기도 했지만, 2014년 초부터 농업생산량 증대를 강조하면서 다양한 노력을 집중했다.

건설부문에서는 괄목할 만한 대규모 건축물의 완공 실적 발표

---

[75]  박형중·정영태 외, 『2014년 북한 신년사 분석』(서울 : 통일연구원, 2014), p. 12.

없이 평양시 고층아파트와 국가기관 건물 붕괴사고 소식이 연이어 전해졌다. 평천구역 23층 아파트 붕괴사고는 공개 사과 및 책임자 처벌 등의 조치가 내려졌다. 김정은의 신축기관 방문 행사 보도도 없었다.

다만 북한 당국은 2014년 계획된 생산량을 초과달성했다는 선전에 집중했다. 원산 영예군인수지일용품공장 13.8% 초과달성(조선중앙방송), 화학공업성 소금생산 전년 대비 2.3배(조선중앙통신), 차가평시멘트공장 생산 전년 대비 1.3배(로동신문), 북청군 신창수산협동조합 연간계획 1.5배(로동신문), 함흥청년전기기구공장 연간계획 초과(로동신문), 혜산강철공장 연간계획 초과(로동신문), 림업성 산하 각지 사업소 중에서 20개 단위가 연간계획 완수(로동신문), 개천탄광 연간 석탄생산계획 조기 완수(로동신문), 1,300여 개 대상에 대한 CNC화·현대화 실현(로동신문), 례성강청년발전소 준공(조선중앙통신), 나선제지공장, 원산영예군인수지가공공장, 유선탄광 연간계획 완수(로동신문), 나진신발공장, 청단옷공장 연간계획 완수(로동신문), 원산통풍기공장 연간계획 초과(로동신문), 평양시 장천지구건설 마감단계(로동신문), 금야강2호발전소건설 마감단계(로동신문) 등이다.

### 답보상태의 대외투자협력

대외투자협력도 본격적인 진전이 없었다. 그럼에도 불구하고 장성택 방중 시 나진·황금평 개발 의지를 공식적으로 재확인하였고 합영투자위 활동도 활성화하였다. 황금평·나선관리위 청사

착공식, 합영투자위 중국어 홈페이지 개설, 중국 현지 설명회도 개최된 바 있으나, 중국 측의 본격적인 기반시설 건설은 이루어지지 않았고 대북 투자 리스크도 그대로 부각하였다.

중국 시안그룹이 북 옹진철광에 425억 원을 투자한 후 북한에 의한 일방적 퇴출을 주장한 바 있다. 다만 북·러 간 구소련 채무협상 타결을 보았으며, 110억 불 중 90% 탕감, 10% 경제공동 프로젝트 투자 등이 이루어졌다.

한편 중·러지역(동북3성 및 극동) 북한 노동력 파견 논의도 활성화하였다. 중국 동북지역 내 약 2만여 명이 진출해 있었던 것으로 추정되었다. 아무르주·연해주 등지에서 북한 노동력 고용이 추진되기도 하였다.

2014년도 북한은 국가급 경제특구 5개와 2013년 지방급 경제개발구 19곳을 지정하고 추진에 적극적인 행보를 보였다. 나선국제상품전시회와 나선경제무역지대토론회를 개최하였으며, 중국 단둥에서 북중 경제무역포럼을 개최하고 출입국 수속의 간소화와 '원스톱 서비스' 등 투자환경 개선에 주력하겠다는 의지 표명이 있었다.

2014년 중국과의 경제관계는 정체상태를 보였다. KOTRA의 발표에 따르면 2014년 1~8월의 교역실적은 40억 5,500만 달러로 전년 동기 대비 1% 감소하였다. 중국의 대북한 수출은 1.3% 감소하였고, 수입은 0.8% 감소했다. 중국이 원유를 포함하여 무연탄 제품(HS27) 수출이 감소(동기 대비 72% 감소)했으며, 차량 및 부품 수출도 25.9% 감소하였다.

중국과 북한 사이의 의류임가공사업은 확대되었다. 중국의 의류제품 수입이 전년 동기 대비 42.1% 증가하였다. 중국은 휘발유, 비행기 원료 등 기타 가공유제품의 수출을 늘인 것(7월까지 전년 동기 대비 47% 증가)으로 알려졌다.

이에 비해 북한과 러시아의 관계는 활기를 보였다. 북한과 러시아의 철도부분 협력이 가장 두드러졌다. 북한 내륙의 중요한 산업철도인 재동역－강동역－남포역 노선의 현대화에 착수한 것으로 알려졌다.(조선중앙통신) 러시아가 사업에 필요한 자금과 기술을 제공하고 북한은 석탄을 비롯해 비철금속 등을 대가로 지불하는 것으로 전해졌다.

양국 사이의 농업 협력도 확대되었다. 북한이 아무르주의 농지 1만~1만5천ha를 임대해 농작물을 재배하는 사업을 추진하였으며(연합뉴스), 2014년 10월부터 북한과 러시아가 무역 대금의 루블화 결제를 시행하여 2014년 양국 경제관계는 빠르게 발전한 것으로 평가되었다.

### 턱없이 부족한 전력생산량

북한의 전력생산량은 최악의 1998년 이후 점진적으로 개선되는 추세를 보였다. 이는 6자회담을 통한 핵문제 해결 보상 차원에서 제공된 중유와 발전시설의 개보수에 필요한 설비지원에서 비롯된 것이다. 특히 2000년대 중반 이후 2008년까지는 북한 전력생산량이 지속적인 증가세를 보였다. 1998년 최악의 상황에서 점차 완화되는 모습을 보이면서 2001년까지 회복세를 보였으나

2002년 악화 이후 다시 2008년까지 꾸준히 증가추세를 보였다. 이후에는 상황이 다시 악화되었다.

중유, 석탄, 천연가스를 연료로 하는 화력발전은 2009~2010년에는 110억kWh에서 103억kWh로 감소하였으며, 수력발전은 125억kWh에서 134억kWh로 증가하여 총 발전량은 235억kWh에서 237억kWh로 다소 증가한 것으로 알려졌다.

그러나 2010~2011년에는 화력 및 수력 각각의 통계치를 통계청의 국가통계포털(KOSIS)에서 공개하고 있지 않은 상황에서 한국은행 경제통계시스템(ECOS)에서는 총 발전량이 237억kWh에서 209억kWh로 감소한 것으로 추정하였다.

김정은 정권 들어서 전력 사정이 일부 개선되기는 하였으나 전반적으로는 여전히 어려운 상황에 처하였다. 희천발전소 완공(연간 최대 발전량 6억kWh) 및 평양지역 집중 송전으로 평양의 전력 사정은 다소 완화되었다. 희천발전소 외의 신규 수력발전소는 규모가 크지 않다. 화력발전의 경우 주요 연료인 무연탄의 대중국 수출물량이 2013년에도 크게 증가 추세를 보인 것으로 보아 연료 공급이 원활하지 않았을 가능성이 있었다. 수력발전량은 소폭 증가한 반면 화력발전량은 소폭 감소함으로써 전체 발전량에 크게 변화가 없었다.

### 공장 가동률

일급·특급 기업소를 제외한 대다수 공장과 기업소들은 전력·원자재 부족으로 정상적인 가동이 곤란한 상태다. 무역 증가

2012년 청천강 상류에 건설된 희천1호·2호 발전소 ⓒ연합뉴스

세는 둔화하고 외자유치 실적도 미미하였다. 2012년 북한 대외무역 총액 65억 불 중 대중무역 총액은 58억 불(예상)로 전체에서 약 89%를 차지했다.

북한의 대중무역 편중은 남북경협의 축소와 중국의 경제성장에 기인한다. 중국의 경제성장으로 주변국과의 무역규모도 급속히 증가하였는데, 2005~2011년간 북중무역 증가율은 주변국의 대중무역 증가율과 비교해 보면 최하위다.[76] 다만 2012년에는 대중무역 증가율이 둔화하고 하반기에는 감소세를 보였다. 주요 대중 수출품목인 무연탄·철광석 등의 가격하락과 북한의 채굴·수출능력 한계 때문이다.

---

**76**  북한 23.6%, 캄보디아 28.2%, 베트남 30.4%, 미얀마 32.4%, 몽골 39.8%, 라오스 46.1%

## 붕괴된 배급제

1990년대 초·중반의 경제위기를 거치면서 북한의 경제작동체계는 크게 달라졌다. 배급체계의 붕괴로 주민들이 시장활동에 의존하는 경향이 확대되는 등 북한의 국가경제계획화 체계가 크게 약화하였다. 국가계획체계는 오로지 전력, 지하자원 채취, 금속, 기계와 같은 전략적 물자의 생산부문에만 국한되었고, 소비재의 생산과 유통 등에서는 시장의 영향력이 크게 확대되는 현상을 보였다.

경제난의 장기화는 북한 경제의 산업구조를 크게 변화시키는 결과를 가져왔다. 1980년대까지만 하더라도 북한 경제는 자체생산 자원에 기초하여 재생산이 이루어지는 '자력갱생' 구조가 기본이었다. 북한은 국가계획체계 하에서 자체적으로 생산되는 석탄, 수력 등 에너지 자원과 철광석 등 기초 원자재에 노동력을 결합해 금속, 기계, 화학 등 자본재 부분을 가동하였으며, 여기서 생산된 자본재는 군수 부문과 소비재 부문에 공급되고 중화학공업에서 공급된 비료, 섬유, 산업용 기계를 사용하여 생산된 식량과 소비재는 가계에 공급되는 완결된 산업구조를 지니고 있었다. 이에 북한은 단지 원유 등 내부에서 생산되지 않는 원자재나 일부 기계류만 사회주의 무역을 통하여 외부에서 수입될 뿐이었다.

그러나 1990년대의 경제위기는 모든 것을 바꾸어 놓았다. 산업구조도 예외가 아니어서 전력, 석탄, 금속 등 군수 관련 산업은 어느 정도 복구가 이루어졌지만 화학 등 소비재 부문에 자본재를 공급하는 부문은 회복이 느리게 나타났다. 특히 자본재

부문에서 농업 및 소비재 부문에 기계 및 원부자재 공급이 제대로 이루어지지 않는 산업구조의 불균형화가 극복되지 않고 이에 공식 경제부문의 기능이 전략 부문을 중심으로 제한적으로 작동함에 따라 주민들에 대한 정부의 식량 및 생필품 공급이 매우 제한적으로 이루어졌다.

북한과 같은 국가계획체계 하에서는 공식경제의 생산능력 향상도 중요하지만 이것이 주민들의 기초생활 수준 개선으로 연결되지 않으면 안 된다. 공식경제 능력 향상으로 주민들에 대한 국가배급능력을 늘임으로써 기초생활 향상을 도모하도록 되어 있기 때문이다. 이에 국가의 생산능력이 향상되더라도 주민들에게 돌아가는 혜택이 없다면 기초생활 저하로 인한 주민들의 불만은 커질 수밖에 없다. 주민들에 대한 국가의 기초물자 배급능력 개선 여부가 북한 체제 또는 정권의 안정성에 민감하게 영향을 미친다고 할 수 있다.

한 탈북자 설문조사(1998~2012)를 보면 '식량을 지급받은 적이 있다'고 한 응답자가 72.3%, '지급받은 적이 없다'고 답한 사람은 26.9%로 나타났다. 600여 명의 탈북자 중 3분의 2에 해당하는 사람들이 부분적이나마 기존의 국가배급시스템의 혜택을 받아왔다는 사실은 의미 있는 부분이다. 이것은 북한의 식량배급시스템의 기능이 1998년 이후 식량부족이 지속되는 상황에서도 최소한의 명맥은 유지되어 온 것을 시사하기 때문이다.

'식량공급 비율'은 김일성 사후 일 년이 지난 시점부터 급격하게 악화되었다. 기본적으로 북한의 공식경제관리체계가 김일성 사망을 계기로 거의 붕괴되었다. 이후 오랫동안 식량배급이 원활하게 이루어지지 않았으며, 2002년 이후 한동안 주민들을 대상으로 하는 식량배급시스템의 중단을 시도하기도 하였다. 2005년 이후 식량배급을 복원하겠다는 발표를 했음에도 불구하고 실질적으로 식량배급이 제대로 이루어지지 않았으며, 2010년 이후 미세한 수준에서 호전되었다.

특히 1994년 제네바 핵협상 타결과 2000년대 이후 남북정상회담 이후 한국을 비롯한 국제사회의 원조, 북중무역을 중심으로 한 대외무역과 남북경협이 북한 경제를 약간이나마 향상시키는 데 기여한 것으로 보인다. 국제사회의 원조와 대외무역으로 획득한 외화를 통해 수입되는 소비재 및 자본재가 북한 경제의 유지에 매우 중요한 역할을 하였던 것이다.

이후 남북 관계의 경색과 북핵문제 등으로 인하여 남북경협이 위축되어 북한에 대한 경제지원이 감소함에 따라 경제적 취약성이 가중되었지만 중국의 지원과 협력을 확대하여 이 같은 경제적 문제를 해결하고자 노력하였다.


## 국가권력의 정통성


정권의 정통성이라 함은 "어떤 사회에 있어서 그 사회의 정치체제와 정치권력을 정당한 것이라고 여기는 일반적인 관념"을 의미한다. 국가권력은 정통성 확보를 통해서 국민을 자발적으로 복종하게 하고 권위를 가지게 됨으로써 안정된 지배체제를 유지할 수 있게 된다.

독일의 사회학자 베버(M. Weber)는 전통적 권위, 카리스마적 권위, 합법적 권위의 세 가지 유형에서 정통성의 근거를 찾는다. 그러나 독재정권들은 사상과 정보통제를 통하여 권위를 인위적으로 도출해 냄으로써 그들의 통치를 정당화하는 과정을 걷는다.[77] 독재정권들은 사회주의·공산주의·민족주의 등과 같은 사상 제공으로 권력을 정당화하고자 한다. 독재정권 지도자들은 국민에게 사상을 효율적으로 주입하여 그들의 우선순위를 정당화한다든가 실수를 합리화하며 맹목적 추종을 이끌어 낸다. 이는 결국 반대측의 저항을 억누르게 하여 독재정권의 획일적 지배를 가능하도록 하는 것이다.


## 세습정권의 뿌리, 김일성 '혁명전통'

북한의 세습체제 역시 예외는 아니다. 김일성·김정일·김정은으로 이어지는 3대 세습체제는 다른 독재국가와 마찬가지로 사상과 정보통제 방식을 적극 활용함으로써 세습적 유일지배 정통성을 유지하고자 노력해 오고 있다. 북한은 다른 사회주의국가들과

---

**77** 막스 베버는 권력은 자신을 정당화할 수 있어야 한다고 주장했다. Max Weber, Economy and Society (Berkeley : University of California Press, 1978), p.953.

마찬가지로 사회주의·공산주의를 강조하면서도 김일성 혁명사상을 내세워 그들의 독창적인 사상으로 부각·선전해 왔다.

그들은 최고통치자, 즉 수령의 혁명전통에 대하여 특별한 의미를 부여하면서 과장하고 신비화하여 대대적인 선전을 전개하였다. 김일성의 항일 빨치산 투쟁을 과장 선전해 온 것이 그것이다. 황장엽에 의하면, 김일성 자신이 혁명투쟁역사를 자기 개인과 가족들의 투쟁역사로 바꾸어 놓았고, 혁명전통을 자기 개인과 가계의 투쟁전통으로 만들었다. 김일성이 만주에서 싸운 것이 아니라 백두산을 근거지로 하여 국내에서 싸웠고, 중국 공산당의 영도 밑에 중국혁명을 위해 싸운 것이 아니라 조선혁명을 위하여 싸웠다는 것을 정당화하기 위하여 "백두산 밀영에서 김정일을 낳았다"고 꾸며냈다.

이를 뒷받침하기 위하여 북한 당국은 다양한 후속작업들을 추진하였다. '백두산 밀영 고향집'이라는 것을 건설하고 이 집에서 김일성과 김정숙이 살면서 사령부를 표시하는 붉은 깃발을 띄워놓고 빨치산 투쟁을 지도하였으며 여기서 김정일도 낳았다고 선전활동을 펼쳐왔던 것이다. 이로써 김일성은 "혁명전통을 대를 이어 계승 발전시켜야 한다"는 논리로 '김씨 부자' 세습을 위한 기초를 닦아 놓았던 셈이다.

### 항일무장투쟁에 근거한 주체사상을 내놓다

김일성은 자주노선을 의미하는 '주체'라는 개념을 만들고 이를 자신의 고유사상으로 만들기 위해 항일무장투쟁 역사를 주체사상의 중심에 놓았다. 이는 "간고하고 복잡한 항일혁명투쟁을 승리에로 이끌어 나가는 데서 우리 앞에 나선 가장 중대한 문제는 우리 혁명의 주체를 튼튼히 세우는 것이었습니다"라고 한 김일성의 발언에서 항일무장투쟁이 주체사상의 근원이 되고 있다는 사실을 발견할 수 있다.

이에 북한은 주체사상이 김일성의 항일무장투쟁 역사에 근거한 것임을 부각하면서 맑스레닌주의를 대체한 김일성의 고유사상으로 자리매김하도록 했다. 또한 북한은 사회주의 개념을 그대로 사용하면서도 맑스레닌주의식이 아닌 주체사상으로 재해석하여 유지해 오고 있다.

그들은 사회주의제도의 본질이 "근로대중이 모든 것의 주인으로 되고 있으며, 사회의 모든 것이 근로대중을 위하여 복무하는 데 있다"는 주체사상 관점의 사회주의 개념을 사용해 오고 있다. 따라서 북한이 주체사상을 강조한다고 해서 사회주의·공산주의를 포기한 것이 아니라 오히려 독창적 이념으로서의 사회주의(우리식 사회주의)를 구현해 나가고 있다는 것이다.

> "주체사상의 기치를 높이 들고 투쟁해 나가야 그 어떤 난관과 시련도 이겨내고 조국의 통일을 앞당길 수 있으며 사회주의·공산주의 위업의 종국적 승리를 이룩할 수 있습니다."[78]

## 주체사상은 곧 '김일성 사상' 또는 '김일성주의'

북한은 주체사상을 김일성의 독창적인 사상으로 부각하고 이를 '김일성 사상 또는 김일성주의'로까지 고양해 놓았다.[79] 그리고 김일성주의를 주체시대의 새로운 요구를 반영하여 나온 새롭고 독창적인 위대한 혁명사상으로 선언하고 주체의 사상, 이론, 방법 체계의 반열에 올려놓았다.

이에 기초하여 김일성, 즉 수령의 '혁명사상'으로 북한의 전체 사회를 '일색화'하기 위한 '유일사상체계'를 만들어 김일성 정권의 항구적 정통성을 수립하고자 하였다. 북한의 전 사회를 '김일성주의화'하여 주민들을 수령(김일성)에게 충직한 '김일성주의자'로 만들고 김일성주의의 요구대로 전 사회를 철저히 개조하여 김일성에 대한 유일적 충성구조를 구축하였다.

이를 위해 첫째, 주민들이 김일성을 충성으로 모시도록 하고, 둘째, 김일성의 권위를 절대화하며, 셋째, 김일성의 혁명사상을 신념으로 삼도록 하고 김일성의 교시를 신조화하도록 했으며,

---

**78** 김정일, 「주체사상에 대하여」(위대한 수령 김일성 동지 탄생 70돌 기념 전국주체 사상토론회에 보낸 논문, 1982년 3월 31일), 『김정일선집 7』(평양 : 조선로동당출 판사, 1996), p. 213. '당의 유일사상 확립의 10대 원칙'에서도 "주체사상의 위대한 혁명적 기치를 높이 들고 조국통일과 혁명의 전국적 승리를 위하여, 우리나라에서의 사회주의·공산주의의 위업의 완성을 위하여 모든 것을 다 바쳐 투쟁하여야 한다"(1장 4절)고 명시하고 있다.

**79** 1966년까지만 하더라도 주체사상을 조선노동당의 지도사상으로 불러오다가 1967년 이후 주체사상은 '김일성 동지의 주체사상'이라는 표현이 주로 사용되었다. 정성장, "주체사상의 형성·변화와 논리체계", 『북한의 정치 2』(서울 : 경인문화사, 2006), p. 14.

'김일성과 김정일 조선'의 뒤를 이어 완성해 나가는 정치가로 김정은을 내세움으로써 김정은 정권의 세습적 정통성을 찾아나갔다. ©리버티헤럴드

넷째, 무조건성의 원칙으로 김일성의 교시를 집행하고, 다섯째, 김일성을 중심으로 하는 사상적 통일과 혁명적 단결을 강화하며, 여섯째, 김일성을 따라 배우고, 일곱째, 김일성에게 충성을 다하도록 하며, 김일성의 유일적 영도체계 하에 한결같이 움직일 수 있는 조직규율을 세우고, 마지막으로 김일성의 혁명위업을 대를 이어 끝까지 계승·완성하도록 하고 있다.[80]

이와 같이 '김일성 혁명'과 같은 이념의 깃발 아래 주민들을 결집시켜 김정일에서 김정은으로 세습되는 '김일성 왕조'의 정통성을 도출해 내고자 하였다. 이에 대해 황장엽은 "김일성의 빨치산

---

[80] 노동당 유일사상 10대 원칙은 조선민주주의인민공화국 조선노동당의 강령이다. 정식 명칭은 '당의 유일사상체계확립의 10대 원칙'이다. 서문을 제외하고 모두 10조 65항으로 구성되어 있다. 오경섭, "10대 원칙 개정안의 주요 내용과 정치적 의미", 『정세와 정책』 2013년 9월호 참조.

투쟁을 지나치게 과장하여 선전하는 목적이 '혁명전통을 대를 이어 계승 발전시켜야 한다'는 구실 밑에 결국 권력을 자기 아들에게 세습적으로 넘겨주기 위한 기초를 마련하는 데 있었다"고 증언한 바 있다.

김정은 시대에 와서 국가 '시조'가 김일성이라는 것을 의미하는 '김일성 민족'과 '김일성 민족국가'의 건설자가 김정일임을 나타내는 '김정일 조선'에 '대를 이어 완성'해 나가는 정치가로 김정은을 내세움으로써 김정은 정권의 세습적 정통성을 찾아나갔다. 그리고 김정은을 "위대한 대원수님들(김일성, 김정일)께서 열어 놓으신 자주의 길, 선군의 길, 사회주의의 길을 따라 끝까지 전진시키고 대를 이어 완성해 나가시는 위대한 정치가, 위대한 선군령장"으로 추켜세웠다.

북한은 혁명의 궁극적 목표를 사회주의·공산주의 실현에 두고 이를 위해서는 자주적 방법(주체성)과 군사적 수단(선군)을 선택해 왔다고 주장한다. 이에 기초해서 김정은 시대 북한은 "자주, 선군, 사회주의 길"이 그들의 "혁명의 영원한 진리"라고 강조하였다.

## '자주, 선군, 사회주의 길'을 '혁명의 영원한 진리'로

### 자주의 길

자주, 즉 민족주의를 고취시키는 것은 정권의 정통성을 구축하는 데 활용되는 중요한 방식 중 하나다. 정권지도자들은 '민중'

이 자주권을 가져야 한다는 사상과 민족주의가 정치적 충성심과 정체성의 근거가 되어야 한다고 강조한다. 북한은 김일성이 일찍부터 주체사상에 기초해서 "민족대단결에 관한 사상과 리론"을 내놓았다고 하면서 "민족대단결 사상은 민족의 자주성을 옹호하고 실현하기 위한 것"이라 하여 자주와 민족주의를 연결하였다.

그들은 자주성을 '민족의 생명'으로 강조한다. 김일성은 "자주성을 민족의 생명으로 보고 온 민족이 단결하여 민족의 자주성을 옹호하고 실현"해야 한다고 말함으로써 강한 민족주의적 의지를 표출한 바 있다. 그리고 전 민족이 단결하여 민족의 자주성을 옹호하고 실현하여야 한다는 실천적 의지를 강조하였다. 민족주의를 의미하는 자주성을 강조하여 주민들을 유일정권에 결집할 수 있도록 하는 데 일차적 목적을 둔 것으로 보인다.

북한 당국은 민족통합이라는 긍정적 측면과 외세배격이라는 부정적 측면 등 자주성을 두 가지 관점으로 발전시켜 왔다. 전자의 경우 민족통합, 즉 민족대단결을 조국통일로 연계하여 조국통일을 위한 대결집이 이루어지도록 해 오고 있다. 이것은 조국통일의 기치 아래 북한 주민들의 결집뿐만 아니라 남한과 해외에 흩어져 있는 '한민족'을 결집하고자 하는 노력으로 나타났다. 김일성은 이렇게 주장하였다.

> "민족의 대단결을 이룩하기 위하여서는 조국통일을 위하여 투쟁하는 북과 남, 해외의 모든 정당, 단체와 조직들, 각계각층 동포들의 조직적인 련합을 실현하여야 합니다."[81]

다른 한편으로 외세배격 차원의 논리를 내세워 외부 단절전략을 통한 유일지배정권을 유지해 나가고자 했으며, 외부의 적을 강조함으로써 정권의 민족주의적 정통성을 구축하고자 했다. 이는 민족주의가 외국 공포주의적인(xenophobic) 사상을 갖도록 하여 주민들이 정권에 결집하도록 하는 효과를 가져오도록 한 것이다. 다른 국가들의 교묘한 책략을 과장하고, 이 같은 외부의 적을 핑계로 높은 국방비 투여를 정당화하면서 정권 자체의 제반 문제점들을 회피했으며, 적을 과장함으로써 정권통제를 위한 보안기관의 활동도 합리화했다. 그리고 대외의존적인 배신자들을 타도한다는 명목으로 내부적 반체제 활동을 감시하며 와해하고자 했다.

북한의 경우도 세계 '제국주의' 적을 인위적으로 과장하여 그 위험성을 강조함으로써 정권의 정통성을 유지하고 강화하는 조치들을 합리화했다. "세계 정치구도와 력량관계가 변화되고 반제 군사전선이 혁명의 기본전선"[82]이 되고 있다고 전제하고 나섰다.

1990년대 이전에는 미국을 비롯한 '제국주의'가 명분을 잃어가고 있었지만 사회주의체제 붕괴에 따라 다시 기승을 부리며 도전적으로 나서게 됨으로써 세계 힘의 역학구조가 변하였다.

81   김일성, 『김일성 저작집 43』 (평양 : 조선로동당출판사, 1996), p. 181.

82   조선인민군출판사 편, "선군사상은 시대와 혁명의 요구를 가장 정확히 반영한 과학적인 혁명사상이라는 데 대하여", 『학습제강 : 군관, 장령용』 (평양 : 조선인민군출판사, 2004) 정영태, 『북한 군대의 대내외 정세 인식 형성과 군대 변화』 (서울 : 통일연구원, 2007), p. 31에서 재인용.

냉전 종식으로 초강대국들의 대결구도가 허물어지고 미국이 '유일 초대국'으로 등장하여 미국 주도의 시대가 열렸다. '유일 초대국'으로 우뚝 선 미국은 그들의 지휘봉에 따라 움직이는 것이 곧 '세계 질서'라는 논리를 내세워 세계를 약육강식으로 만들었다.

그 결과 북한은 "반대하여 싸워야 하는 적이 바로 미제국주의자"들이며 "대미의식, 계급의식을 높여야 한다"는 전제 하에 미국을 대하도록 선전하고 있다. 미국은 곧 '철천지 원쑤'이고 '백년숙적'으로 치부되는 것이다. 따라서 북한 당국은 '미제'를 끝없이 증오하고 반대하여 끝까지 싸우겠다는 각오를 가지도록 의식화해오고 있다.

다른 한편으로 북한은 남한을 미국의 총알받이가 되어 동족의 가슴에 총을 겨눈 "남조선 괴뢰군놈들이 앞장서서 입에 피를 물고 날뛰고 있다"고 강조함으로써 적으로서의 남한을 부각시켰다. 예를 들면, 그들은 "남조선 괴뢰군놈들은 아침체조나 '기합'을 받을 때, 서로 인사를 할 때에도 미친놈들처럼 '멸공통일'과 '북진통일'을 부르짖고 부대의 별호들을 우리 공화국의 지명들과 '멸공', '필승', '북진' 등으로 달아놓고 있다." "동서의 전연지대에 새로 개설된 철길과 도로를 따라 주변에 155mm 자행곡사포를 비롯한 수많은 중무기들을 끌어들였다"면서 "남조선 괴뢰군놈들은 앞으로 남녘 해방의 길에서 우리가 제일 먼저 맞서 싸워야 할 주되는 적"이라고 쇠뇌시켜 왔다.

## 선군의 길

북한은 김일성을 시조로 하는 정권의 시작을 김일성의 만주 항일투쟁활동에 근원을 두고 있다. 북한에서는 김일성의 만주에서의 항일 빨치산 경험들을 영웅적인 반제국주의 투쟁으로 포장하여 선전했다.

이 같은 신화가 김일성 정권의 수령 위치를 합리화하고, 빨치산 지도자들이 아니었으면 제국주의자들을 몰아내지 못하고 해방을 얻을 수 없었을 것이라 하며 김일성을 정점으로 한 빨치산 엘리트들의 권위를 정당화시켰다. 특히 만주항일투쟁 신화는 북한 사회에서 김일성 수령 일가에 대한 강력한 충성세력으로 군부의 높은 위상을 정당화하며, 북한 조선인민군을 '항일무장투쟁의 계승자'로 칭송받도록 하고 있다.[83]

기본적으로 만주신화의 핵심과 북한의 민족주의 저변에는 앞서 지적한 바와 같이 외국 공포증이 자리잡고 있다. 따라서 북한 당국은 김일성 유일지배정권의 정당성을 높이기 위해 주민들에게 이러한 외국인 혐오증과 외부 위협과 포위에 관한 두려움을 부추기고 있는 것이다. 예를 들면 김정일의 아래와 같은 발언이 대표적이다.

---

83  김일성이 '조선인민군은 항일무장투쟁의 계승자이다'라는 제하의 연설에서 "조선 인민군은 항일유격대의 애국전통을 계승한 혁명군대로서 오직 조선로동당에 충실하고 오직 조선로동당의 령도 밑에 혁명의 한 길로 전진하는 우리 당의 혁명 무장력"이라고 밝혔다고 한다. 『우리 당의 선군정치』 (평양 : 조선로동당출판사, 2006), p. 47.

"20세기 90년대에 들어와 이전 쏘련과 동유럽 여러 나라들에서는 사회주의가 무너지고 세계 정치구도와 력량관계에서는 커다란 변화가 일어났습니다. …제국주의 반동세력은 세계 사회주의체계의 붕괴를 기화로 하여 반제자주력량에 대한 공세를 강화하였으며, 특히 세계 유일 초대국으로 대두한 미제국주의가 국제무대에서 강권과 전횡을 부리고 다른 나라들의 자주권을 유린하면서 세계 제패의 야망을 실현해 보려고 침략과 전쟁정책을 더욱 악랄하게 추구하여 왔습니다."

이에 김정일은 주민들에게 심각한 경제난에도 불구하고 군대 강화에 나서지 않을 수 없었다고 선전하고 선군정치의 채택을 정당화하였다.

"내가 수령님께서 서거하신 이후 인민군대를 강화하는 데 선차적인 힘을 넣은 것은 인민 생활이 곤란하다는 것을 몰라서가 아니라 우리 앞에 자주적인 인민, 자주적인 근위병이 되느냐, 또다시 제국주의 식민지 노예가 되느냐 하는 심각한 문제가 나서고 있었기 때문입니다. 이 심각한 문제를 풀 수 있는 열쇠가 바로 총대를 강화하는 데 있었습니다."[84]

북한 당국은 '반제군사전선', 특히 '반미제국주의군사전선'을 선군혁명의 기본전선으로 상정하고 선군정치를 추진하는 명분으로 내세웠다. 유럽에서의 사회주의 붕괴, 동서 냉전구도의 파괴, 그와 관련하여 세계 '유일 초대국'으로 등장한 미국은 일극 세계의 확립을 중요한 전략적 과업으로 내세우고 자주성이 강하고 혁명적인 나라들을 없애기 위한 '강도적'인 침략전쟁의 길에 나서고 있으며, 여기에서 '미제'는 북한을 그 첫째가는 침략 대상으로 삼고 있다는 점을 보다 더 강조하고 나섰다.

이와 같이 그들의 외국인 혐오증을 강조하여 심각한 경제난에도 불구하고 군사력을 강화하고 군사를 우선하는 '선군정치'를 합리화하였다. 김정일은 군사력을 강화하고 군사를 '국사 중의 국사'로 하면서 군대를 모든 부문에서 앞세우는 군사선행이론 개념을 전개하였다.

김정일의 선군정치는 "정치를 군사와 결합시키고 정치의 중심에 군사를 놓고 군사문제를 해결하는 것을 통하여 혁명과 건설에서 제기되는 모든 문제를 풀어나가는 독특한 방식"이라고 설명하였다. 선군정치는 "군사문제, 군대문제를 정치 안에서 용해시켜 고찰한 것이 아니라 군사문제, 군대문제를 정치의 중심에 놓고 군사제일, 군사중심의 관점과 립장의 정치방식을 확립"하는 것이

---

**84** 김정일은 경제를 뒤로하고 군사를 우선해야 한다는 다음과 같은 논리를 밝힌 바 있기도 하다. "지금까지 정세가 복잡한 때에 내가 경제실무사업까지 맡아 보면서 걸린 문제들을 다 풀어 줄 수는 없습니다. 내가 혼자서 당과 군대를 비롯한 중요 부문을 틀어쥐어야지 경제실무사업까지 맡아 보면 혁명과 건설에 돌이킬 수 없는 후과를 미칠 수 있습니다. 수령님께서는 생전에 나에게 절대로 경제사업에 말려들어가서는 안 된다고 하시면서 경제사업에 말려들면 당 사업도 못하고 군대사업도 할 수 없다고 여러 번 당부하시었습니다." 『우리 당의 선군정치』, pp.8~9 ; "친애하는 지도자 김정일 동지께서 1996년 12월 7일 당 중앙위원회 책임일군들에게 하신 말씀", 『월간조선』, 1997년 4월호에 게재된 '김정일 연설문 전문', p. 8.

라고 한다. 즉 모든 정치적 문제를 군사를 중심으로 하고 군사적 관점에서 해결해 나가야 한다는 것이다.

이에 따라 군대와 군사가 "조국을 보위하기 위한 투쟁에서 리용되는 하나의 수단", 즉 국가방위를 위한 수단 이상의 기능과 역할을 요구하고 있는 것이 곧 선군정치의 핵심이다. 이에 김정일은 군사사업을 "그 어느 다른 분야의 사업보다 제일 선차적이고 중요한 사업으로 내세우고 국방력 강화에 최우선적인 힘을 넣도록 해야 한다"고 설명했다.

특히 국방력 강화는 군대 강화와 국방공업의 발전을 포함해 선군정치에서 군대를 정치적으로, 군사기술적으로 강화하는 것을 의미한다. 이에 북한에서의 정치개념이 '수령에 대한 충성활동'이라는 사실을 고려할 때 정치적으로 군대를 강화한다는 것은 곧 "군대를 수령에게 충직한 혁명군대로 만드는 것"이 된다. 결국 선군정치는 '수령결사옹위'를 위한 충성활동에 군대를 앞세운다는 의미로 집약되는 것이다.

이로써 김정일은 선군이라는 구호 하에 군대를 효율적으로 장악하고 정권을 공고화하는 데 군대를 적극 활용해 온 측면을 간과할 수 없다. "총대를 틀어쥐지 못한 정치가는 허수아비와 같다"고 한 김정일의 발언은 이와 무관하지 않다.

김정일은 선군정치를 통해 "군대를 령도자의 사상과 령도에 충실하며 령도자의 명령과 지시에 절대 복종하며 그 길에서 목숨도 서슴없이 바치는 군대"로 만들어 군대를 틀어쥐고자 하였던 것으로 이해된다. 충성혁명의 기둥으로서의 군대 역할을 강조하는 선군정치의 필요성을 체제 보위 차원으로 연결해 김정일 정권 보위를 위한 인위적인 군대 활용을 당연시하는 통치행태를 보였다.

북한은 점차적으로 선군혁명사상을 혁명이론으로 구체화하면서 혁명주력군으로 노동계급 대신 군대를 내세움으로써 군대의 정치·사회적 역할(수령에 대한 충성 역할)의 확대를 공식화하였다. 이와 같이 김정일의 선군정치는 북한 사회의 전 분야에 걸쳐서 충성혁명이라는 이름 하에 인민군대가 김정일 개인군대로서 정치사회적으로 개입하는 것을 정당화하는 사상으로 발전하였다고 할 수 있다.

이 같은 김정일의 선군사상은 김정은 시대에 와서도 그대로 견지하였다. 김정은은 "김정일 동지의 위대한 선군혁명사상과 업적을 길이 빛내여 나가자" 함으로써 선군혁명의 답습을 확인하였다. 그는 "김정일 동지의 위대한 사상인 선군혁명사상에 의하여 우리의 힘, 우리의 총대로 조국의 존엄과 인민의 자주성, 사회주의 전취물을 믿음직하게 지키고 조국의 부강번영과 민족의 밝은 미래를 열어갈 수 있게 되었다"고 밝혔다.


## 김정은 개인숭배 활동 본격화

베버는 리더의 카리스마가 받아들여지기만 하면 카리스마를 가진 지도자는 모든 규칙과 규범을 어길 수 있는 힘을 갖게 된다고 주장하였다. 그래서 독재자들은 카리스마를 갖추기 위해 여러 가지 수단과 방법을 동원하게 된다. 그래서 독재자들이 흔히 개인숭배(cult of personality) 창출 활동에 매달린다.

실제로 카리스마가 존재하지 않는 곳에서나 지도자의 기반이 약화될 위험성이 있는 곳에서 카리스마를 만들기 위해 독재자들에 대한 개인숭배 현상이 나타난다.

북한의 개인숭배[85] 현상은 수령체제에서 잘 드러난다. 수령을 정점으로 피라미드 구조의 지배를 하고 있는 것이 수령체제다. 북한의 수령체제 하에서는 첫째, 전체사회 내에 '수령의 혁명사상'만이 지배하도록 하고 있으며, 둘째, "전당·전국·전민이 수령의 명령과 지시에 따라 하나같이 움직이고 그것을 무조건 관철"하도록 하고 있다. 수령이 "혁명과 건설에서 절대적 지위를 차지하고 결정적 역할을 수행하는 당과 혁명의 탁월한 령도자"이기 때문에 이러한 수령의 혁명적 유일성과 수령의 명령과 지시의 '무조건 관철' 원칙이 지켜져야 한다는 것이다. 북한 인민들을 절대성, 신성성을 보유한 수령을 무비판적으로 복종하고 따르도록 하고 있다.

---

**85**　서재진은 개인숭배를 위한 북한의 정치적 담론으로 첫째, 항일무장투쟁의 지도자상 형상화, 둘째, 무오류의 지도자상 형상화, 셋째, 사회주의제도 및 주체사상의 우월성을 선동에 제시하였고, 북한 사회에 이를 확산하기 위해서 다양한 제도적 자원을 동원하였다고 한다. 예를 들면, 김일성혁명사상연구실 운영, 회사실기 교양, 극장국가화, '수령 형상 창조'를 위한 문예정책 활용 등이 그것이다. 서재진, 『북한의 개인숭배 및 정치사회화의 효과에 대한 평가 연구』(서울 : 통일연구원, 2004), pp.42~98 참조.

북한의 수령은 첫째, 그 누구도 가질 수 없는 비범한 예지와 과학적 통찰력을 지니고 지칠 줄 모르는 사상이론 활동과 실천 활동을 벌일 수 있는 능력을 겸비하고 있고, 둘째, 백과전서적인 지식과 끝없이 풍부한 혁명투쟁 경험을 가지고 인민들과 함께 혁명의 장애를 극복해 나갈 수 있는 능력을 가진 인간의 경지를 넘는 인물로 숭배하도록 했다. 제1대 수령으로 김일성을 '조선민주주의인민공화국의 창건자'이며 '시조'로, '민족의 태양'으로서 '사상리론과 령도예술의 천재', '백전백승의 강철의 령장', '위대한 혁명가'로 숭배해 왔다.

김정일 역시 아버지 김일성과 같이 수령으로서의 지위를 누렸다. 북한 당국은 "우리의 수령님은 친애하는 지도자 동지이시며 친애하는 김정일 동지는 위대한 수령이시라고 생각한다"고 밝혔다. 김정일은 '민족의 앞길을 밝혀 주는 향도의 별'(1976), '공산주의 미래의 태양'(1977), '인류가 낳은 걸출한 영웅'(1978~79), '은혜로운 햇빛'(1980), '또 하나의 수령'(1991), '우리 당과 인민의 영명한 수령'(1994) 등으로 호칭하면서 숭배하였다. 김일성 수령에 대한 절대적 숭배를 대를 이어 지속하였다. '유일사상체계 확립의 10대 원칙'에서 "위대한 수령 김일성 동지께서 개척하신 혁명위업을 대를 이어 끝까지 계승하여 완성하여 나가야 한다"고 밝힘으로써 대를 이은 충성구조를 확인하였다.

개인숭배는 김정은에게도 그대로 적용되었다. 김정은 후계 사실이 공개되기 이전인 2009년에 이미 "존경하는 김정은 대장 동지의 위대성 교양자료"를 만들어 김정은에 대한 개인숭배가 이어

김정은 4~5세 때 모습. 조선중앙TV가 2014년 모란봉악단 공연 영상에서 공개했다.

지도록 하였다. 이 교양자료에서 김정은을 김일성·김정일과 똑같은 "선군령장"이며 "천재적 예지와 전략을 지니신 군사의 영재", "다재다능하시고 현대 군사과학과 기술에 정통하신 천재"로 호칭하여 숭배하도록 하였다.

김정은 집권에 들어와서도 김정은에 대한 개인숭배 활동은 여전히 지속되었다. 교과 과정을 통해서 김정은의 위대성을 의식화하는 노력을 강화하였다. 2014년 1월에 발행된 고급 중학교용 『경애하는 김정은 원수님 혁명활동 교수 참고서』를 살펴보자.

김정은이 '비범한 천품'을 지녔다고 했다. 어린 시절부터 남다른 천품을 지니고 '위대한 혁명가'로 성장하였고, '영웅 남아다운 담력과 배짱' 강한 의지를 소유하고, '한없이 뜨거운 인간애'와 '소탈하고 검박한 품성'을 천품으로 지니고, 어린 시절부터 '비범한 예지와 예리한 통찰력'을 가진 인물로 김정은을 추켜세웠다. 아버지 김정일의 입을 통해 김정은이 어린 시절부터 '만경대 가문의 혈통'을 이어 '비범한 사격술'을 지니고 있었고, 세 살 때부터 총을 쏘고 어린 시절에 세상 사람들을 놀라게 하는 사격술을 가졌다는 말을 전한다.

"김정은 대장은 군사적 기질을 타고난 천재라고 하시면서 그는 총쏘기를 좋아하는데 3초 내에 10발의 총탄을 쏘아 다 정확히 명중시킨다고, 나는 그가 총을 쏘아 목표를 100% 통구멍을 내는 것을 보고 깜짝 놀랐다고, 그는 아홉 살 때 총을 쏘면서 나타나는 목표를 다 소멸하곤 하였다고 감회 깊이 말씀하시었다."

"원수님(김정은)의 배짱과 의지, 령도 방식과 풍모는 년대와 년대를 이어 자주, 선군, 사회주의 위업을 백승의 한길로 이끌어 오신 위대한 대원수님들의 위인상 그대로이다" 하면서 김일성·김정일 수준에 걸맞은 위대성을 지닌 인물로 김정은을 부각시켰다. 김정은을 "혁명의 령도자, 인민의 지도자로서의 자질과 품격을 완벽하게 갖추고 계시는 또 한 분의 백두산형 위인"으로 떠받들었다.

재미학자 박한식 교수는 북한 당국이 김정은을 절대시하는 최근의 개인숭배 상황을 다음과 같이 전하고 있다.

"북한 고위 당국자부터 실무자까지 내가 만난 대부분의 북한 사람들은 김정은을 수령이라고 부르며 절대시하더라. 장성택 처형 이후 김정은의 입지가 확고해졌고 그를 절대화하는 작업이 진행 중인 것 같다. …북한에선 2인자를 인정하지 않는다. 북한에서 수령은 모든 체제와 법 위에 있는 신이다. 1인자 이상의 의미다. 최고지도자를 신과 같은 존재로 만드는 수령화 과정에서 도전하면 어떻게 된다는 본보기가 장성택 사건이다."[86]

## 정권 정통성 유지를 위한 정치사회화 교육

정권의 정통성을 위한 모든 관념적인 도구들은 정보환경의 통제를 필요로 한다. 독재정권들은 사상과 정보를 통제함으로써 피지배층으로부터 그들의 정당성을 증대하고 반대세력 형성을 억제한다. 북한의 유일지배정권도 이데올로기와 개인숭배를 주입하면서 강력한 정보 통제체제를 유지해 오고 있다.

북한은 '정치사업', '정치사상사업', 정치사상교양', '사상교양', '사상사업', '주체사상교양' 등 각종 형태의 정치사회화 교육을 통해 피지배층에 대한 통제를 시행해 오고 있다. 북한의 각급 학교에서는 주민들에게 주체사상과 김씨 우상화 교육이 중점적으로 실시되고 있다. 예를 들면, 소학교에서 전체 교육시간의 44%가 사상교육으로 채워져 있으며, 국어교과서의 67%가 정치사상을 강조하는 단원으로 구성되어 있다.

한 조사에 따르면 초등교육의 35%, 대학교육의 40%가 정치적 교육으로 채워져 있다. 초등학생과 어른은 동일하게 매일 정치적 스터디 그룹에 참여하여 주체사상과 역사 관련 퀴즈문제

---

**86** 2014년 2월 4일부터 8일까지 평양을 방문하고 돌아온 재미학자 박한식 교수와의 인터뷰 내용. 중앙일보, 2014년 2월 11일.

를 풀어야 하며, 김일성의 중요한 기념일과 긴 연설문들을 외우게 한다. 당에서 임명한 동네 책임자가 참석률과 과업수행 결과를 감시한다.

성인들에 대한 정치사상교육은 토요일 오전부터 하루 종일 하며 일반노동자, 농민은 월요일 일과시간이 끝난 후 저녁에 2~4시간씩 '월요학습 침투'라는 이름으로 이루어지고 있다. 이러한 학습은 반복을 통하여 이루어진다. 반복학습은 정치이념을 효과적으로 주민들에게 주입시키며 반체제적인 정치정향이 발생되는 것을 억제하는 데 효과적이다.

## 정보통제로 정권 정통성의 순수성 유지

북한 당국은 외부 정보 유입을 통제하는 데 주력하고 있다. 모든 언론매체는 국영이며 라디오와 텔레비전은 국영방송만 들을 수 있게 고정되어 있다. 북한 언론은 철저하게 북한 정권의 신임과 통제 하에서만 조직이 가동된다. 북한 방송의 경우 조선중앙방송위원회 산하에 여러 개의 라디오, 텔레비전 방송이 있으나 최고권력자에 대한 선전과 체제 선전에 집중되는 기능과 역할을 하고 있다.

이 같은 북한 방송매체들은 김정일이 추진한 '유일사상체계 확립의 10대 원칙'에 따라 김일성·김정일 선전에 방송 목표를 두고 '김일성 혁명사상' 선전, 노동당과 정권의 입장을 대변하는 역할을 하고 있다. 따라서 이러한 방송매체를 통해서 체제에 부정적인 다양한 외국 사조를 접하기는 어렵다.

북한 주민들은 외국 채널을 듣기 위해 임시변통으로 텔레비전이나 라디오를 조작하기도 하지만, 검열관의 기습적인 조사로 이러한 배신행위가 적발되면 엄격하게 처벌받게 되므로 이 또한 쉬운 일이 아니다. 컴퓨터도 극소수 엘리트를 제외하고는 거의 인터넷 접속을 할 수 없다.

또한 북한 당국은 주민들과 외국인들의 직접적인 접촉을 금한다. 일반 주민들은 해외여행을 할 수 없으며, 북한을 방문한 자들도 안내자가 없는 상태에서 주민들과의 즉흥적인 접촉이 금지되어 있다. 아울러 북한 정권은 주민들이 외국인을 접할 수 있는 소수 지역을 엄격하게 제한해 특수경제구역과 러시아의 목재와 광산업에 종사하는 북한인들은 외국인과의 접촉을 회피하도록 교육받았으며, 밀고자들로부터 끊임없이 감시를 받고 있다.

그러나 1996년부터 1997년의 기근 이후 북한의 정보통제체제가 상당히 약화되었다. 북한 주민 약 1,200만 명이 남한 텔레비전 방송 시청권에 있으며, 남한 텔레비전 수신은 주로 평북 신의주와 강원도 원산 이남 지역에서 가능하다고 한다.

탈북자들의 증언에 따르면, 방송을 통해 외부 소식을 접하는 북한 주민들이 늘어나고 있다고 한다. 일반 라디오로도 쉽게 남한 방송을 들었다는 탈북자도 있다. 나진특구에서 서비스직에 종사했던 한 탈북자는 평양에 있는 언니네 집에서 몇 달 동안 방송을 계속 청취했다고 한다. 탈북자 중 북한에서 남한의 영상 등 콘텐츠를 접촉한 경험이 있는 사람은 70.5%, 남한 콘텐츠를 보고 '친숙감을 느꼈다'는 사람이 90.5% 정도에 달한다는 사실은 남한에 대한 정보가 탈북에도 많은 영향을 끼쳤음을 말해 준다.

물론 일부지역에 한정적이긴 하지만 북한 주민들은 몰래 휴대전화로 외부와 연락을 주고받을 정도로 북한의 정보통제체제가 매우 이완된 것만은 분명하다. 현재 한국에 정착해 있는 상당수의 탈북자들이 북한에 있는 사람들과 은밀하게 전화를 하고 송금까지 가능한 상황이다. "휴대전화로 북한의 가족과 통화하고 서울에서 평양과 직접 통화도 가능하다"는 탈북자들의 증언이 있을 정도로 휴대전화를 통한 남한 및 외부 정보의 북한 유입이 상당히 심화되었다.

북한 당국이 외부 사조에 대한 경계를 부쩍 강조하는 이유도 여기에 있다. 이와 관련해 간부들을 위한 학습자료(학습제강)를 살펴보자.

첫째, 외부로부터의 "사상문화적 침투가 보다 악랄해지고" 있다는 사실을 강조하였다. "국경연선지대의 우리 세관들에서 단속하고 압수한 불순선전물만 해도 전 해의 두 배에 달하고 있다"고 말할 정도로 외부 사조 침투의 심각성을 표출하였다. 둘째, 북한 주민들 속에서 '부르죠아 바람에 휩말려드는 현상'이 확산하고 있는 실태에 대해서 구체적으로 열거하였다.

"미국 영화와 추잡한 화면들을 록화한 테프, 이색적인 기록테프와 사진첩, 화보, 소설책, 성경책을 들여왔다"라든가 "집안 식구들이 심심풀이 삼아 때 없이 보고 듣고 했을 뿐만 아니라 가족들이 제각각 친척이나 가까운 사람들한테 돌리기까지 류포시켰다"고 했다.

이에 더해 "그것을 복사해서 외화나 물건을 받고 팔거나 빌려주는 행동을 상습적으로 하고 있다"고 했으며, "최근에 와서는 출처가 없는 노래들이 들어 있는 록음 카세트와 이색적인 록화물이 농민시장과 수매상점에까지 나돌고 있다"고 함으로써 이 같은 물품들이 시장화하고 있다는 점을 지적했다.

"예전에는 록화물들을 숨어서 보다시피 했다면 지금은 내놓고 그것도 한두 사람이 아니라 여러 명씩 한데 모여 보는 데까지 이르렀다"면서 "이런 현상은 일부 중앙기관 일군들 속에서도 찾아볼 수 있다"고 함으로써 "부르죠아 바람에 휘말려드는 현상"이 집단화하고 계층 불문하고 확산되고 있다는 점을 예시하였다.

국경경비대와 기차 여객전무 같은 공무원들이 필사적으로 자금과 식량을 구하려 하는 가운데 뇌물 공여가 공공연해지고 정권의 통제 노력은 점차 느슨해지고 있다. 그 결과 더 많은 북한 주민들이 밀수를 하느라 국경을 드나들면서 또는 방송 등 각종 매체를 통해서 중국의 개혁개방 성공 실태와 남한의 상대적인 번영에 대한 정보에 보다 많이 접근할 수 있는 기회를 갖게 된 것으로 판단된다.

밀수업자들은 주민들에게 다양한 정보를 유입하였고 그 결과 북한 정권의 정보통제에 관한 능력이 줄어들고 있는 추세를 보이기도 했다. USB와 같이 단속에도 쉽게 걸리지 않고 정보를 대량으로 저장할 수 있는 기기의 발달 등도 외부 정보의 접근을 용이하게 만들고 있는 요소다. 특히 북한 내 시장의 확산으로 인해 중국과 남한 제품의 거래 등을 통한 외부 정보의 유통이 더욱 활발해지고 있다.

그러나 김정은 시대 들어서는 '적대분자 색출, 사상문화 침투 분쇄' 등 주민통제 조치가 뒤따르는 주민 대상 이중정책을 표방 하였다. 체제이완 차단 및 주민통제를 위한 노력을 적극 전개하 기 위해 김정은은 국가안전보위부 2회 방문, 전국분주소장회의, 전국사법검찰일꾼열성자대회 등을 통해서 전국적 범위에서 체제 단속 강화 분위기를 만들어 나갔다.

이러한 국경통제 강화로 탈북민 감소세도 이어졌으며(2011년 대비 48%) 탈북민 '재입국자 기자회견'을 통해 북한체제 우월성을 선전하는 행태를 보였다. 재입북자 박인숙 기자회견, 전영철 기자 회견, 김광혁·고정남 부부 기자회견이 그것이다. 남한의 대북전 단 등에 대응하기 위해 2012년 12월 1일부터 내외 동포를 대상으 로 하는 '통일의 메아리' 라디오방송을 실시하였다.

## 김정은 시대, 개인 우상화를 위한 활동

김정은은 체제 전반에 대한 장악력 제고를 위해서 활발한 행 보를 보였다. 원거리 또는 지방 현지지도와 생산현장을 방문함 으로써 김정은의 관여 범위를 크게 확대하였다. 실제로 김정은 의 현지지도 비율이 증대(2012년 15%→2013년 상반기 34%)하였고, 2012년 위락 및 편의시설 위주에서 기업소, 기계공장, 협동농장 등 생산시설 중심으로 변화되었다.

그리고 원로그룹의 점진적인 퇴진을 유도하고 당·정·군에 대 한 김정은 친위세력 심기를 지속하였다. 개인 우상화와 차별적 이미지 선전을 강화하여 김정은 정권의 정통성을 제고하는 노력도 기울였다. 이를 위해 김정은이 김일성 이미지를 모방한다든가, 애민 이미지로 부각하기 위해 민생을 강조한다든가, 유원지 등 문화후생시설 건설에 박차를 가하는 모습을 보였다.

이외에도 부인 이설주를 공개한다든가, 서구풍 공연을 개최하거나 대중연설 및 스킨십 등을 통해 개방적 이미지도 과시하였다. 소년절, 전국노병초청행사, 청년절, 전국어머니대회 등 주민들의 지지와 충성 유도 차원에서 대규모 정치행사를 개최하기도 하였다.

청소년 시설 방문, 체육, 위락시설 건설, 소년단 제7차 대회 개최 등을 통해서 김정은은 '애민' 이미지를 부각하는 데 많은 시간을 할애하였다. 김정은이 직접 군의 부식상태를 점검한다든가 병영시설 개선을 지시하는 '애군' 이미지를 선전해 온 것도 자애로운 최고지도자상 구축과 무관하지 않다.

특히 김정은은 고모부 장성택과 고모 김경희의 도움 없이 독자적인 리더십 구축단계에 진입하고자 노력하였다. 장성택과 김경희를 대동하는 빈도를 줄이면서 직접 해당분야 실무진을 대동하여 현지지도 하는 빈도를 높였다. 따라서 고모부 장성택을 전격 처형함으로써 그의 유일지도자상을 굳히기 위해 잔혹성을 보이는 것도 주저하지 않는 강한 지도자상을 과시하였다.

김정은 정권의 차별적 이미지를 부각하고 주민 동원을 통해 우상화와 충성을 유도하는 정책도 적극적으로 펼쳐나갔다. 주민 대상의 대규모 위락시설 및 편의시설을 개관(릉라인민유원지, 류경원 등)하였는가 하면, 공연·방송 등의 제한적 자유화로 주민

환심사기 정책을 지속하였다. 소년절 행사, 12년제 의무교육 도입, 어머니날 행사, 그리고 2013년부터 공휴일을 신설하는 등 다양한 유화정책을 펼쳤다.

또한 북한은 내부적으로도 김정은 영도체계에 대한 주민 지지기반을 확보하고 결속력을 다지려는 노력을 지속하고 있다. 사회복지 인프라 개선과 주민편의시설 확충을 통한 민심 수습 및 사회통합력을 제고하고 있다.

김정은의 통치능력과 업적을 부각하기 위해 교양선전사업을 본격적으로 추진하고, 체육, 관광, 과학기술 등 일부 분야에서 국제교류를 추진하는 모습을 보이기는 하였으나 이에 따른 부정적 여파를 단속하기 위한 사회통제시스템을 더욱 강화하는 이중적인 모습도 노정하였다.[87]

## 2. 공고화(consolidation) 단계 : 2015~2017년

### 2015년

김정일 시대에 군사적 기치(선군정치)를 들어 통치권을 다져온 것과는 달리, 김정은은 당 조직을 통한 정치적 통치에 집중하는 모습을 보였다. 특히 군대는 당 중앙군사위원회와 군 총정치국을 통해 지휘통제하는 정치적 통치권을 강화하고자 했다.

---

[87] 박형중·정영태 외, 앞의 책, p. 14.

# 당적 지도통제 역량 강화

김정은은 당을 통한 정권통치를 본격화하였다. 제4차 당 세포비서대회를 개최(2015년)하여 노동당의 기층조직 재정비를 통해 전당 활성화를 꾀했다. 그리고 당 중앙위 정치국회의와 당 중앙위 정치국 확대회의를 연달아 열었다. 이 확대회의에서는 김정일의 유훈을 지침으로 당의 유일적 영도에 도전하는 현대판 종파분자 분쇄 및 세도, 관료주의, 부정부패와의 강도 높은 투쟁에 대한 결정서가 채택되어 김정은의 유일영도체계 강화에 나섰다.

이와 관련한 당 행사가 줄을 이었다. 4월 11일 '김정은 당 제1비서 · 국방위 제1위원장 추대 3주년 경축 중앙보고대회'를 열고 김정은이 수령위업을 실현하고 당의 유일적 지도체계를 확립하는 등 정치적 기적을 이루었다는 평가를 내놓았다.

10월 9일 당 창건 70돌 경축 중앙보고대회를 열고 변혁의 시대, 주체혁명의 새 시대 요구에 맞게 당의 전투력 강화 과업을 제시하였으며, 당을 김일성 · 김정일의 당으로 강화 발전하여 김정은을 수반으로 하는 당 중앙위원회 두리에 일심단결하여 김일성 · 김정일주의 위업, 강성국가 건설 위업의 최후승리를 위해 억세게 싸워 나갈 것을 강조하였다.

10월 10일 당 창건 70돌 경축 열병식과 군중시위에서는 김정은이 육성 연설을 통해 '인민 중시, 군대 중시, 청년 중시'의 당 3대 전략도 제시하였다. 9월 8~9일 정권수립일 67주년 경축대회와 각종 행사, 9~10월 당 창건 70주년 기념 각 기관의 각종 행사가 개최되었다. 10월 30일 당 중앙위 정치국 결정서를 통해 '2016년 5월 초에 제7차 당 대회 개최'를 발표하였다. 강성국가 건설 및 '김일성 · 김정일의 당' 강화를 향한 당의 영도적 역할을 높이기 위한 혁명임무, 당과 혁명발전 요구를 반영하여 당 대회 소집을 결정하였다고 밝혔다.

김정은은 군사부문에서도 당적 영도강화 노력을 기울였다. 당 중앙군사위는 확대회의를 열어 국가방위산업 전반과 조직문제를 취급하였다. 4월 24~25일 인민군 5차 훈련일꾼대회를 개최해서 훈련혁명을 일으켜 당의 전략적 의도에 맞게 전투준비를 완성할 것을 결의하도록 하였다. 러시아 방문 열흘 만인 4월 30일 현철 인민무력부장의 처형으로 군대 인적 쇄신도 강행되었다.

8월 14일 국방위 정책국 담화를 통해 지뢰도발사건과 무관함을 주장하고 당 중앙군사위 비상확대회의를 긴급 소집하여 전선지대에 준전시상태 선포 명령을 내림으로써 군대에 대한 지휘통제 역량을 과시하였으며, 8월 28일 당 중앙군사위 확대회의에서는 8 · 25합의 이전 전시 상황 시 조치를 평가하고 군과 군사력 강화를 위한 전략적 과업을 토의하고 나섰다.

그리고 김정은은 신년사를 통해 당의 유일적 영군체계를 강조하였다. 인민군대가 당의 홍위군 역할을 수행하도록 독려하는가 하면 대대적 군사훈련과 국지적 대남 도발, 그리고 장단거리 미사일 시험을 감행함으로써 군사적 지도력을 과시했다. 공군과 해군 중심의 군사력 증강과 여타 군사시설 확충도 지속적으로 이루어졌다. 2015년 8월에는 '목함 지뢰 도발'에 이어 준전시상태를 선포하는 과감한 군사적 지도력을 선보였다.

김정은은 노동당 창건 70주년 행사를 군사지도능력을 과시하는 장으로 만들었다. 2015년 당 창건 70주년을 맞아 육·해·공군 2만여 명이 참가한 열병식과 10만 명이 동원된 군중시위를 벌였다. 그리고 소형화 핵탄두 탑재가 가능하다는 신형 KN-08 대륙간탄도미사일과 300mm 신형 방사포를 처음으로 공개했다.


## 핵문제로 외교적 고립에 빠진 김정은


김정은은 극단적인 인권탄압(처형, 숙청 등)과 핵실험 및 각종 미사일을 시험 발사함으로써 국제적 제재를 초래해 스스로 대외관계를 제한하는 결과를 가져왔다. 미국과 일본과의 관계는 악화되었고, 동맹인 중국과의 관계도 고위급이 방문하는 수준에서 머물렀다. 핵문제로 대북제제와 외교적 고립에서 벗어나지 못했던 것이다.

인권문제는 북한에 대한 또 다른 형태의 국제적 압박을 심화시켰다. 북한 인권문제 관련 유엔의 활동이 확대되었다. 6월에 유엔의 북한인권현장사무소가 서울에 설치되었다. 유엔은 여기에서 북한 인권 상황의 관찰과 기록, 국내외 정부·민간과의 협력 등 임무를 수행하고 있다. 유엔 총회에서 2년 연속 북한 인권결의안이 채택되었으며, 2015년 북한 인권결의안에는 북한 인권 상황을 국제형사재판소(ICC)에 회부할 것을 안전보장이사회에 촉구하고, 김정은에게까지 책임을 물을 수 있는 내용이 담겼다.

## 더 악화된 대미 관계

북한은 대미 관계 개선을 위한 부단한 움직임을 보였으나 핵 문제로 한 발짝도 앞으로 나가지 못했다. 그들은 미국이 한반도와 주변에서 연합군사훈련을 임시중지하면 핵실험을 임시중지할 수 있다며 미북 대화를 제의했다. 미국의 대답은 '노'였다. 북핵 협상을 재개하기 위해서는 2·29 미북 합의에서 규정한 핵·미사일 실험 모라토리엄, 우라늄농축프로그램을 포함한 핵개발 중단, 국제원자력기구 사찰 허용 등을 먼저 북한이 이행해야 한다는 미국의 입장은 확고했다.

엎친 데 덮친 격으로 북한의 소니픽쳐스 해킹사건으로 미북 관계는 더욱 악화되었다. 이와 관련해 미국은 대북제재 행정명령 13687호를 발표했다. 이것은 북한 정부와 노동당 관리들, 산하단체와 기관들을 포괄적 제재 대상으로 삼은 내용을 담았다. 이에 대해 북한 당국은 미국에 대한 압박과 대화 요구를 병행하는 이중적 태세를 취했다.

한편 북한은 키 리졸브, 을지프리덤가디언 등 한미합동군사훈련을 겨냥하여 한반도에 전쟁 위험을 조성하는 무모한 모든 적대행위를 무조건 중지하라고 요구하는가 하면, 소니픽쳐스 해킹에 대응한 대북제재를 철회할 것을 압박했다.

또 다른 한편으로 그들은 2015년 10월 평화협정 회담을 제의하며 대화를 시도했다. 오바마 정부는 이를 묵살하고 전략적 인내를 고수하면서 대북 압박의 끈을 늦추지 않았다.

## 표류하는 북일 관계

북일 관계는 일본인 납치자 문제의 해결책을 찾지 못한 채 표류하였다. 북한은 스톡홀름 합의에 따라 일본인 납치자 문제에 대한 특별조사위원회 활동을 시작했으나 2015년 7월에 제출하기로 한 일본인 납치자 특별조사결과 보고서를 제출하지 않았다. 북한은 특별조사결과 보고서 제출을 연기해 줄 것을 일본에 통보했고, 일본은 유감을 표시하면서 북한의 요구를 수용했다. 내심으로 북한은 일본과의 외교 정상화를 꿈꾸었다. 그러나 일본 역시 핵문제 해결에 진전이 없는 한 북한과 전면적인 외교 정상화를 기대하기는 어려운 상황이다.

## 제한적 대중·대러시아 관계

핵문제로 인한 제재 상황에서 김정은의 유일한 탈출구는 중국과의 관계를 활용하는 것이었다. 2015년 하반기에 접어들어 중국의 대북정책이 약간의 전환을 시도하는 조치가 취해졌다. 류원산 중국 공산당 중앙정치국 상무위원(중국 권력서열 5위)이 북한 노동당 창건 70주년 기념행사에 참석했다. 류원산과 김정은은 양국 간 고위급 대화를 확대하고 모든 수준에서 교류를 증진해 양국 관계에 새로운 미래를 열어 가자는 합의를 도출했다.

북한은 2015년 12월 모란봉악단을 베이징에 보냈지만 공연 내용에 대한 북중 간 이견을 해결하지 못한 채 공연 불과 3시간 전에 진격 철수했다. 북한의 핵미사일을 과시하는 모란봉악단 공연 내용을 불허한 것이 중국 입장이었던 것으로 볼 때, 중국의

모란봉악단이 북한으로 돌아가려고 중국 베이징의 호텔을 나서고 있다. @VOK

대북 관계 개선 역시 북한의 비핵화 설득을 위한 조치의 하나로 이해될 수 있다. 당시 북한은 비핵화 없이 중국과의 관계 개선에도 일정한 제약이 존재한다는 현실에 직면하였다.

북한은 대러시아와의 협력을 위한 노력도 기울였다. 북한 고위급 인사들은 러시아를 방문해서 양국 간 현안에 대해서 협의했다. 북러 관계는 김정은의 러시아 방문 약속에 이르기까지 진전되는 기미를 보였으나 김정은의 방러는 성사되지 않았다. 북한과 러시아는 나진·하산 프로젝트와 같은 경제협력 방안을 모색하기도 했으나 뚜렷한 성과는 없었다.

# 체면 구긴 김정은의 남북 관계 개선전략

김정은은 핵무력을 강화해 나가면서 이를 지렛대로 남북 관계의 주도권을 장악할 수 있는 지도력을 과시하고자 했다. 김정은은 서서히 통일지도자로서의 리더십을 과시할 필요성에 직면했던 것이다. 2015년 김정은의 신년사에 통일강국, 남북교류협력 추진 등 통일문제와 남북 관계 개선과 관련한 의지 표명을 담은 것은 결코 우연이 아니었다.

신년사에서 최고위급회담 개최 가능이라는 낚싯밥을 던지면서 북한 국방위원회는 한미군사훈련을 중단하면 핵실험을 중단할 수 있다는 대화 공세를 펼쳤다. 그러나 3월 이후 북한은 한미군사훈련, 대북전단 살포, 유엔인권사무소 개소 등에 반발하며 대남 비방 강화와 함께 군사적 긴장 고조에 나섰다. 2015년 8월에 발생한 북한의 '목함 지뢰 도발'은 이러한 대남 긴장 조성을 위한 군사적 행동의 일환이었다.

그러나 '목함 지뢰 도발'에 대한 박근혜 정부의 단호한 군사적 대처에 밀려 2015년 8월 북한이 먼저 대화를 제의하여 8·25 남북합의에 이르는 수모를 겪게 되었다. 북한은 8·25 합의로 그들이 원치 않는 남북당국회담과 이산가족상봉 행사를 벌이지 않으면 안되었다. 결국 그들은 제1차 남북당국회담에서는 금강산 관광 재개를 여타 의제의 전제조건으로 주장하면서 회담을 서둘러 결렬시키는 행태를 보였다. 여타 다양한 분야의 교류협력 승인으로 남북노동자축구대회, 겨레말큰사전 편찬, 국회의원 개성 만

월대 방문, 한국종교인평화회의 금강산 방북 등을 남북공동으로 추진하였지만 시늉으로 끝났다.

## 국가 기능의 활성화 재시동

김정은은 인민 생활 향상과 영도체계 강화를 위한 국가 기능 활성화에 치중했다. 당 중앙위 과업 관철을 토의하기 위해 내각 전원회의 확대회의(3월 14일)를 개최하였고, 4월 9일에는 최고인민회의 제13기 3차 회의를 열어 내각 경제사업에 대한 자기비판과 경제건설을 당의 의도에 따라 수행할 것을 토의하였다. 약간의 인사문제도 다루었는데, 박도춘을 국방위 위원에서 소환하고 김춘섭을 국방위 위원으로 보선하기도 하였다.

4월 25일 내각전원회의 확대회의에서는 김정은 신년사 관철 1/4분기 평가와 2/4분기 대책을 토의하였고 두 가지 법령을 채택하였다. 최고인민회의 법령 '2015년 국가예산에 대하여'를 정확히 집행할 데 대하여'와 '2015년 현금 유통계획을 정확히 집행할 데 대하여'가 그것이다. 7월 9일에는 최고인민회의 상임위 정령으로 대사(大赦)를 결정, 해방과 당 창건 70돌을 기념하여 8월 1일에 대사면이 이루어졌다. 도·시·군 지방인민회의 대의원선거는 7월 19일에 있었는데 99.97% 투표 및 후보자에게 100% 찬성투표 결과가 발표되었다.

7월 최고인민회의 상임위에서는 '사회주의노동법'과 여성 근로자들의 산후 휴가 90일을 180일까지로 수정한 '여성권리보장법' 개정이 이루어졌다. 8월 5일 최고인민회의 상임위 조국 해방 70돌을 맞으며 현재보다 30분 늦은 시간을 공화국 표준시간으로 정하고 이를 평양시간으로 명명(2015년 8월 15일부터 적용 공포)하기로 결정하였다.

김정일 시대인 2000년대 초부터 기존 국영기업의 설비 재건 및 현대화 그리고 새 국영기업 신규 설립 등과 같이 공기업 발전에 노력을 기울였으나, 2015년에는 이런 움직임이 거의 보이지 않았다. 전통적인 자립경제 노선을 견지하였으며 국산원료와 연료에 의존하는 이전의 중화학공업의 틀을 벗어나지 못한 산업정책을 펼쳤다. 이로 인해 국영기업들의 생산실적은 자연히 기대치에 미치지 못했다.

북한의 전력난은 국영기업들의 회복을 가로막는 가장 큰 요소 중 하나다. 북한 당국이 2015년에 백두산영웅청년발전소, 청천강계단식발전소 등 대형 수력발전소 건설을 대대적으로 추진한 이유도 여기에 있다. 그러나 이것만 가지고 대폭적인 전력 공급을 기대하기도 어렵다. 그러나 인민 생활 향상 부문에서는 어느 정도 활성화를 보였다. '인민 생활 향상' 목표를 기치로 하여 경공업 부문 생산과 투자 성과를 대대적으로 선전하였으며, 국산품 소비와 원료·연료 국산화도 강조하였다. 경공업 중에서 식품가공업에 대한 국영기업들의 투자와 생산이 다소 활발해졌다.

경제부문에서 김정은 정권이 중점적으로 추진하여 활성화를 보이고 있는 것이 전시성 건설사업이다. 미래과학자거리를 비롯한 대표적 성과들이 대대적으로 선전되었다. 북한의 전시성 건설사업은 인민들과 간부들의 충성을 이끌어 내는 데 이용되고 있어 균형적인 경제발전을 통한 인민 생활 향상을 기하기 위해서는 부정적이었다.

'우리식 경제관리방법'의 국영경제 개혁도 답보상태에 처해 있는 것으로 보인다. 협동농장관리제도 개혁인 '포전담당책임제'에 대해서 노동신문을 비롯한 북한의 공공매체가 추진 현황과 성과를 선전하였지만 획기적인 국영기업 개혁 소식은 찾아볼 수 없었다.


## 체제선전 · 선동활동 확대

5월 13~14일에는 청년조직 강화를 위해 제2차 전국청년미풍선구자대회를 진행하였다. 여기에서는 청년들이 당의 믿음직한 척후대, 강성국가 건설의 돌격대로서 사명과 임무를 다하도록 추동하였다.

8월 28일에는 청년절 기념 각종 행사를 진행하였고, 7월 25일 소위 조국해방전쟁(6 · 25전쟁) 승리 62돌 기념 4차 전국노병대회에서는 당의 선군혁명에 따라 1950년대 시대정신을 후대들이 계승할 것을 강조하였고, 정전협정체결(7월 27일) 경축행사를 통해서는 김정은의 사상과 영도에 따른 충성 및 반제계급투쟁을 독려하였다.

또한 여성조직 활성화를 위해 다양한 행사가 진행되도록 하였다. 11월 11일 제2차 전국여맹초급일꾼열성자대회, 전국보건일꾼정성경험토론회, 11월 16일 어머니날 행사 및 17일 여맹 창립 (1945년 11년 18일) 70주년 중앙보고회 등을 진행하며 강성국가 건설 및 혁명에서 대를 이어나가는 여성들의 역할이 강조되었다.

11월 29일 직맹 중앙위 80차 전원회의 확대회의와 12월 13일 3차 전국재정은행일꾼대회가 있었다. 사상통제 차원에서 11월 19일 사법검찰기관 창립 70주년 중앙보고회를 열고 '비사회주의적 현상과의 투쟁 도수를 높여 우리식 사회주의 고수'를 제기하였다. 11월 20일 4차 3대 혁명 붉은기 쟁취운동선구자대회에서는 모든 단위에서 '김일성·김정일 유훈 및 김정은 서한' 관철을 결의하기도 하였다. 12월 28~29일 김정은 최고사령관 추대 4돌을 기념한 각종 경축 공연과 모임도 진행되었다.

김정은의 리더십 강화를 위해 '사회주의 문명국 건설'론을 내놓고 '사회주의 문명국 건설'을 위한 체육, 건설, 관광부문의 활성화에 집중하였다. 체육정치를 통한 체제 결속으로 김정은 리더십을 강화하고, 애국심 고취를 위해 '체육 강국' 담론과 각종 경기 성과를 선전하였다. 동아시아축구연맹(EAFF) 동아시안컵(2015년)에서 우승한 북한 여자 축구선수를 환영하는 군중집회를 평양에서 개최하여 체제 결속도 다졌다.

2015년 한 해 국제대회에서 금메달 90여 개를 획득하였고, 이 여파 속에서 전국 6개 도(청진, 혜산, 강계, 평성, 해주, 원산)에 체육대학 설립을 추진하였으며, 8월 15일부터 체육 전문 텔레비전

방송을 시작한 것으로 선전되었다.

김정은의 치적과 우상화를 고양하기 위해 전시성 건설부문 활성화를 적극 활용하였다. 각종 건설사업은 곧 김정은의 '인민중시사상' 구현으로 선전하며 2015년 10월 당 창건 70주년에 맞춰 각종 건설 공정을 마무리할 것을 재촉하는 등 사회적 동원을 활발하게 진행하였다.

평양의 대규모 주택단지인 '미래과학자거리' 조성사업, 10월 10일 창 당건일 완공을 목표로 이루어진 평양 대동강 쑥섬의 '과학기술전당' 건설, 대동강 호안사업 등이 김정은의 치적 과시를 위한 대표적인 전시성 건설사업이다. 미래과학자거리의 53층 초고층 아파트는 김정은 시대의 '기념비적 창조물'이자 '과학중시사상'의 성과로 대대적으로 선전되었다. 이밖에도 함흥시 과학자살림집 건설, 개성시 백화점 개건, 원산시 상수도망 공사, 순천시 살림집 건설 등 전국 각지에서 건설사업이 벌어졌다.

한편 전국적으로 김일성·김정일 동상 건립사업이 활발하게 전개되었다. 강계, 평성, 사리원, 혜산, 남포, 평양 등에서 동상 제막식도 진행되었다. 김정은 시대 들어서 4년 동안 전국에 김일성·김정일 기념탑 250개, 동상 35개가 건립된 것으로 알려졌다.

김정은의 정통성 강화를 위해 가장 활성화한 조치 중 하나로 관광부문을 꼽을 수 있다. 북한의 관광사업은 외화벌이 수단임과 동시에 주민들의 자부심 고취 수단으로 활용되고 있다.

중국 동북 3성을 겨냥한 '접경지역 관광 활성화'를 꾀하였다. 북중 접경도시의 다양한 관광상품 개발로 관광객 유치를 위해

평양 미래과학자거리에 있는 초고층아파트 @RedFriday.co.kr

노력하였다. 골프관광, 마라톤관광, 등산관광, 비행기관광, 자전
거관광, 체육관광, 노동생활체험관광, 생태관광, 캠핑관광 등 다
양한 상품들을 선보였다.

김정은은 제7차 당 대회에서 '휘황한 설계도'를 제시할 것이라는 신년사로 2016년 한 해를 시작했다. 1월 6일에는 김정은의 최대 치적으로 내세울 4차 핵실험을 단행하였다. 당시 김정은은 '수소탄 시험'이라는 4차 핵실험 최종명령서 수표 사진을 공개함으로써 '수소탄 시험'이 김정은의 지휘 하에 이루어졌음을 알렸다.

그리고 '70일 전투'의 모범 창출과 김정은에 대한 충성심을 고양하기 위한 조직적 행보가 전개됨으로써 성과적인 7차 당 대회 준비에 박차를 가했다.

2월 들어 김정은은 '당 중앙위원회·당 인민군위원회 연합 확대회의' 등을 진행하였고, 7일에는 광명성 4호 미사일을 발사하였다. 이후 김정은은 직접 인민군대 지도사업에 몰두하였다. 인민군 육군·해군·항공 및 반항공군 장병들의 충정맹세 예식이 진행되었고, 당 중앙위·당 중앙군사위 공동구호 362개가 발표되기도 하였다. 이후 공동구호 과업 관철 및 '70일 전투' 완수를 위한 대중 동원사업이 뒤따랐다.

3월 김정은은 군대 및 군사활동에 치중한 현지지도 행보로 군사지도권 제고에 나섰다. '70일 전투 및 자강력 제일주의'를 기치로 한 대중사업 기치도 높이 들었다.

4월에는 신형 대륙간탄도미사일(ICBM) 엔진 분출시험과 잠수함 발사 탄도미사일(SLBM) 시험 발사 현장을 방문하며 미사일 기술수준 향상을 독려함으로써 전략 군사력과 과학기술력 제고에 대한 업적을 과시하였다. 이를 위해 백두산영웅청년3호발전소 완공식에 참여하는 등 전략적 사업단위도 직접 챙기는 모습을 드러내었다.


## 7차 노동당 대회 및 최고인민회의 개최


2016년 5월 6일 4·25문화회관에서 김정은 당 제1비서(개회사, 당 중앙위 사업총화보고)가 참석한 가운데 제7차 노동당대회가 개막되었다. 김정은은 개회사를 통해 "당 제7차 대회가 열리는 올해에 우리 군대와 인민은 반만년 민족사에 특기할 대사변으로 되는 첫 수소탄 시험과 광명성 4호 발사의 대성공을 이룩하여 주체 조선의 존엄과 국력을 최상의 경지에서 빛내었으며 70일 전투를 힘있게 벌여 사회주의 건설의 전역에서 빛나는 위훈을 창조했다"고 언급하였다.

또한 "이번 당 대회는 김일성·김정일주의 당의 강화 발전과 사회주의 위업의 완성을 위한 투쟁에서 새로운 이정표를 마련하는 역사적인 계기가 될 것"이라고 주장하였다.

당 대회는 김영남, 황병서, 박봉주, 최룡해, 김기남, 최태복, 박영식, 리명수 등 38명을 집행부 성원으로 선거하고 당 중앙위원회 사업총화, 당 중앙검사위원회 사업총화, 당 규약 개정에 대해, 김정은을 당의 최고수위에 높이 모실 데 대해, 당 중앙지도기관 선거 등을 승인하였다.

김정은 당 제1비서는 5월 7일 당 제7차 대회 2일 회의 '사업 총화보고' 및 김기남, 리명수, 조연준, 박봉주 등의 순서로 각 도 당 조직 대표 40명이 제시된 과업 관철을 위한 토론을 진행하였다. 김정은은 사업총화보고에서 10대 전망 목표의 수행 진전, 반제반미 투쟁, 선군정치·병진노선 실시, 조국통일 투쟁, 자주·평화·친선의 대외정책 등 분야별 성과를 피력하였다. 그리고 '2016~2020 국가경제발전5개년전략'을 제시하고 철저한 수행을 강조하였다.

　　당 제7차 대회 2일차 회의에서는 그 어떤 천지풍파가 몰아쳐 오고 세상이 열백번 변한다 해도 당 중앙을 따라 영원히 한 길을 가려는 억척불변의 신념과 의지를 온 세상에 힘있게 과시했다는 주장을 내놓았다. 토론자들은 김정은의 당 중앙위 사업총화 보고를 전폭적으로 지지 찬동하였고, 당과 수령에 대한 충실성을 절대불변의 신명으로 간직하고 김정은만을 굳게 믿고 따르며 제시된 전투적 과업을 철저히 관철해 나갈 결의들을 표명하였다.

　　김정은은 첫째 의정 '조선노동당 중앙위원회 사업총화'에 대한 결론과 제시한 과업을 관철하는 데서 나서는 문제들에 대하여 강조하였고, 당 중앙위 사업총화에 대한 학습 진행과 첫째 의정에 대한 결정서를 전원 찬성으로 채택하였다.

　　대회에서는 둘째 의정 '조선노동당 중앙검사위원회 사업총화'에 대한 보고가 있었으며, 전체 인민군 장병들과 인민들 및 조선소년단 축하단의 축하문이 낭독되고 김일성사회주의청년동맹 축하단이 500만 청년전위들의 마음을 담아 꽃바구니를 전달하였다.

김정은은 경제건설과 핵무력 건설을 병진시킬 데 대한 당의 전략적 노선을 계속 철저히 관철해 나갈 데 대하여 밝히고, 병진 노선은 사회주의 강국 건설을 합법칙적 요구와 나라의 구체적 현실을 반영한 가장 혁명적·과학적 노선이라고 강조한 결론을 내놓았다. 그는 당의 유일영도체계를 세우는 사업을 높은 단계에서 심화시켜 나가야 한다며 김일성·김정일주의로 튼튼히 무장하고 각급 당 조직들이 이 사업을 당 사업과 당 활동의 주선으로 틀어쥐고 나갈 것을 요구하였다.

5월 9일 김정은 당 제1비서를 '노동당 위원장'으로 추대하고 노동당 제7차 대회를 폐막하였다. 최고인민회의 상임위원장 김영남은 추대사를 통해 김정은을 노동당 위원장으로 추대할 것을 본 대회에 제의하였으며, 황병서가 전폭적으로 지지 찬동하였다. 대회에서는 당 중앙지도기관 선거가 진행되었고 정무국이 새로 조직되었다.

김정은은 폐회사에서 "노동당 위원장이라는 무거운 중임을 맡겨 준 대표자 동지들과 전체 당원들, 인민군 장병들과 인민들의 최대의 신임과 기대를 심장으로 받아안고 언제 어디서나 어떤 순간에나 변함없이 사심 없이 우리 인민을 높이 받들어 혁명 앞에 충실할 것을 맹약한다"고 표명하였다. "새로 선거된 당 중앙위원회는 대회가 제시한 노선과 방침들을 철저히 관철하며 역사적사명과 책임을 다함으로써 당원 동지들과 인민들의 높은 신임과기대에 반드시 보답할 것"이라고 강조하였다.

# 7차 노동당대회의 평가

## 당 규약 개정

김일성 당 위원장의 선례에 따른 김정은 당 위원장 체제로 제7차 당 대회가 5월에 개최되었다. 이번 당 대회에서 당 규약 개정이 있었으며, 김정은의 유일영도체계를 제도적으로 뒷받침하는 조치들이 단행되었다.

「조선로동당 규약」에서 노동당을 '김정은의 당'이라 칭하고 김정은 자신의 유일지배정당으로 만들었고, 이를 통해 제도적 통치 기반을 완성해 나갔다.

7차 당 대회에서 개정된 당 규약에서 "당의 최고 직책을 조선로동당 위원장으로 하며 조선로동당 위원장은 당을 대표하고 전 당을 령도하는 당의 최고령도자"로 규정했다. 김정은은 당 제1비서에서 '당의 최고령도자'인 당 위원장으로 직책이 변경되었고 대신 김정일은 '조선로동당의 영원한 수반'으로 칭해졌다.

최고인민회의 상임위원장이었던 김영남은 추대사에서 당 위원장의 '권위는 절대적'이라는 점을 강조함으로써 '김정은 당'의 유일영도체계 의미를 확인하였다. 7차 당 대회에서 새로 내세운 당 위원장 제도는 1949년 6월 30일 북조선노동당과 남조선노동당으로 통합되면서 김일성이 위원장으로 된 선례를 따른 셈이다.

또한 김정은의 유일영도체계적 노동당의 영도를 용이하게 하기 위해 몇몇 직제도 개편하였다. 정무국을 들여오는 대신 당 중앙위원회 비서국을 폐지하였다. 당 중앙군사위 부위원장직을 없앰으로써 당을 통한 김정은의 획일적 군사지도체계를 만들었다.

2016년 5월 제7차 대회에서는 핵심 엘리트들을 새로 선출하였는데, 2012년 대비 64.4%가 새롭게 충원되었다. 당 중앙위원회에서도 정치국 상무위원·위원·후보위원, 중앙위원회 위원·후보위원 여러 명이 교체되었다.

정치국 상무위원은 황병서, 박봉주가 새로 선출돼 3인에서 5인으로 확장되었다. 정치국 위원은 19명 중 8명을, 후보위원은 9명 중 7명이 교체되었다. 당 중앙위원회(위원 129명, 후보위원 106명)는 약 54.9% 정도 신규 충원되었다. 정무국 당 위원장에 김정은을 필두로 당 중앙위 부위원장 9명,[88] 정치국에는 상무위원 5명,[89] 정치국 위원 19명,[90] 정치국 후보위원 9명[91]이 충원되었다. 중앙군사위원회에도 위원장 김정은, 11명의 당 중앙군사위원회 위원[92]이 추대되었다.

---

**88** 최룡해(근로단체), 김기남(선전선동), 최태복(교육과학), 리수용(국제), 김평해(간부), 오수용(계획재정), 곽범기(경제), 김영철(대남), 리만건(군수).

**89** 김정은, 김영남, 황병서, 박봉주 최룡해.

**90** 상무위원(5인)에 더해 김기남, 최태복, 양형섭, 김원홍, 오수용, 곽범기, 리수용, 김평해, 김영철, 리만건, 로두철, 박영식, 최부일, 리명수.

**91** 조연준, 리영길, 김수길, 김능오, 박태성, 리용호, 임철웅, 리병철, 노광철.

**92** 황병서, 박봉주, 박영식, 리만건, 서홍찬, 리영길, 리명수, 김원홍, 김영철, 김경옥, 최부일.

## 국방위원회에서 국무위원회 국가체제로

7차 당 대회의 노동당 규약 개정에 이어 김정은 유일영도체계 구축에 초점을 맞춘 헌법 개정도 이루어졌다. 2016년 6월 29일에 열린 최고인민회의 제13기 제4차 회의에서는 국가주권의 최고정책지도기관을 개편했다. 국방위원회가 폐지되는 대신 그 자리에 국무위원회를 앉혔다. 국무위원장은 국방위원장과 같이 '유일한 최고영도자'로 규정되었고, 김정은을 국무위원장에 추대했다.

이로써 군사적 국가통치체제(국방위원장 체제)를 탈군사화한 국가통치 기반으로 정상화했다. 정무국 위원장은 당 중앙군사위 위원장이 되기 때문에 김정은은 당을 통해 국가기구와 군대를 유일적으로 영도할 수 있는 제도적 통치 입지를 굳혔다.


# 4, 5차 핵실험으로 김정은 군사유일영도체계 재확인

## 4차 핵실험

2016년 1월 김정은은 4차 핵실험을 전격 단행했다. 북한 당국은 이를 '수소폭탄' 핵실험이라고 주장하였다. 수소폭탄은 원자폭탄의 수백 배 위력을 갖는 것이다. 이는 소형화에 성큼 다가섰다는 것을 의미하는 것이어서 미국을 직접 위협할 수 있는 전략무기로서의 가치를 지닌다.

그러나 우리 정보 당국에서는 북한의 이번 핵실험이 수소폭탄 실험이 아닌 기존의 원폭실험 수준이라고 평가하였다. 핵실험 때 생긴 (인공) 지진파의 위력이 수소폭탄보다 훨씬 약한 원자폭탄 수준이었기 때문이다. 3차 핵실험 때 지진파의 위력이 7.9kt이었는데 이번에는 오히려 약간 낮은 수준인 6.0kt이었다는 것이다. 수소폭탄의 위력은 원자폭탄보다 수십, 수백 배 강한 TNT 폭약 100만 톤 위력인 1Mt이다. 그러나 북한은 성명을 통해 "조선로동당의 전략적 결심에 따라 주체 105(2016)년 1월 6일 10시(한국시간 10시 30분) 주체 조선의 첫 수소탄 시험이 성공적으로 진행됐다"고 주장하였다.

북한은 4차 핵실험을 왜 이 시점에 기습적으로 단행하였을까? 물론 북한의 핵실험은 최고지도자의 의지에 따라 임의로 결정되기 이전에 기술개발 과정에서 일어나는 예정된 수순의 하나일 수 있지만 김정은의 '돌출적'인 리더십의 산물일 수도 있다.

김정일 시대 북한의 핵실험은 미국과 중국을 비롯한 주변국을 어느 정도 의식하면서 이루어졌다. 그들이 핵실험을 감행하기 전에 미국과 중국 등 주변국에 핵실험 통보를 한 것이 대표적인 예다. 그런데 4차 핵실험이 아무 통보도 없이 전격적으로 단행된 것은 김정은의 모험적인 지도력을 드러낸 것이라 할 수 있다.

김정은은 미국은 말할 것도 없고 중국도 무시한 채 자신의 의지대로 하겠다는 치기(稚氣)를 보인 것이다. 이전에도 김정은은 러시아 정상 방문을 약속해 놓고 일방적으로 취소하는가 하면, 북중 간 당적 차원의 우의를 다지기 위해 중국을 방문한 모란봉악단에 대해서 갑작스런 철수명령을 내리는 등 심각한 외교적 결례를 저지른 막무가내식 행태를 보였다.

### 5차 핵실험

2016년 9·9절을 맞아 북한은 오전 9시 30분에 5차 핵실험을 감행하였다. 같은 날 오후 북한은 핵무기연구소의 성명을 통해 핵실험 사실을 공식 확인해 주었다. 미사일 장착용 핵탄두의 표준화·규격화에 성공했다고 발표하면서 소형화·경량화·다종화된 각종 핵탄두의 생산능력을 확보했다고 하였다.

5차 핵실험은 이전 핵실험보다 훨씬 강력해진 인공지진파가 약 5.0 내외 규모로 추정되었다. 감지된 폭발력이 약 10kt이지만 정황을 종합해 볼 때 히로시마급 원폭 규모라는 주장이 많다.

| 구분 | 1차<br>('06. 10. 9) | 2차<br>('09. 5. 25) | 3차<br>('13. 2. 12) | 4차<br>('16. 1. 6) | 5차<br>('16. 9. 9) |
|---|---|---|---|---|---|
| 진도 | 3.6 | 4.5 | 4.9 | 4.8 | 5.0 내외 |

북한은 5차 핵실험으로 다종화·소형화·경량화의 진전으로 거의 핵개발 프로그램의 완성단계에 진입한 것으로 평가된다. 핵탄두 다종화와 실전배치 능력과 직결된 소형화·경량화 측면에서도 상당한 수준의 기술적 발전을 이룬 것처럼 보인다.

핵탄두를 미사일에 장착할 수 있는 실전 배치용 핵무기 수준 여부는 아직 불투명하다. 핵실험 주기가 빨라진 것을 보면 북한이 고농축 우라늄 핵물질의 다량 확보 가능성도 있다. 북한은 3차 핵실험까지만 하더라도 약 3~4년 주기로 단행되어 왔으나 5차 핵실험은 4차 핵실험 이후 8개월여 만에 실시된 것이다.

김정은 정권은 정치적으로 핵을 적극 활용해 왔다. 그는 핵실험의 여파로 초래되는 대내외적 충격파를 권력을 공고화하고 유지하는 데 적극 활용한 것이다. 또 핵실험으로 국제적 제재 분위기가 고조되자 미제국주의로부터의 대북 '압살책동'이라고 과장 선전하면서 내부 결집을 도모하고자 하였다. 미국과의 직접적인 대결을 조장하여 이 대결을 승리로 이끈 지도자로 김정은 정권을 높이 띄우려는 술책이었다. 세계 최강국의 압박에도 굴복하지 않고 핵실험과 같은 과감한 승부수를 던져 미국을 굴복시킨 김정은의 지도자적 위대성을 과시하려는 것이었다.

이 같이 북한은 핵실험을 김정은 권력의 강대성을 부각하는 수단과 기회로 활용하였고 4, 5차 핵실험은 김정은의 유일영도체계를 확인하는 신호탄처럼 받아들여졌다.

특히 북한은 9·9절에 5차 핵실험을 감행했는데, 이 9·9절은 김일성·김정일·김정은 가계정권 수립일 그 자체를 의미한다. 5차 핵실험을 9·9절로 선택함으로써 김정은 정권의 강대성과 위대성을 시위하고 기념하고자 했다. 다른 한편으로 핵실험 감행으로 대북제재와 압박에 도전하는 모습을 보여 그의 유일영도역량 과시에 활용하였다.

실제로 그들은 5차 핵실험을 단행하고 난 후 "이번 (핵)시험은 당당한 핵보유국으로서 우리 공화국의 전략적 지위를 한사코 부정하면서 우리 국가의 자위적 권리 행사를 악랄하게 걸고 드는 미국을 비롯한 적대세력들의 위협과 제재 소동에 실제적 대응조치의 일환으로 적들이 우리를 건드린다면 우리도 맞받아칠 준비가 되어 있다는 당과 인민의 초강경 의지의 과시"라고 주장하였다.

화성포병부대의 탄도미사일 발사훈련 3일 후 북한이 5차 핵실험을 단행하였다. 이는 김정은의 과업 지시에 따른 실천적 치적으로 연결하였다. 이로써 북한 김정은의 군사적 지도역량이 자연스럽게 과시되는 통치술을 선보였다. 북한 정권 수립일인 9·9절을 5차 핵실험 일자로 택일한 것 역시 김정은 유일영도력의 정통성을 드러내고자 계획된 정치적 계산이었다.

실제로 그들은 9·9절 당일 조선중앙통신을 통해 "핵탄두 폭발시험이 성과적으로 진행된 것은 우리 조국의 강성번영을 위한 만년토대를 마련해 주신 위대한 수령님들의 불멸의 업적으로 빛내이며 주체 조선의 존엄과 위용을 최상의 경지에 올려 세우는 우리 당의 드팀없는 선군의지가 안아온 결실이다"라는 보고기사를 내보냈다.

핵실험을 9·9절에 감행하고 이를 김일성·김정일·김정은으로 이어지는 세습정권의 정통성을 고양하도록 하였고, 9월 13일 5차 핵실험 평양시 축하행사도 있었다. 인민무력부 부상 윤동현은 "우리 군대는 하늘 땅이 열백번 뒤바뀐다고 해도 최고사령관 동지 한 분만을 굳게 믿고 따르며 김정은 동지를 수반으로 하는 당 중앙위원회와 금수산 태양궁전을 결사옹위하는 억척의 무쇠 방패가 되겠다"고 보고했다.

이후 김정은에 대한 충성다짐은 대대적으로 확산하도록 하였다. 다양한 매체로 핵·미사일 개발 발전 경과를 적극적으로 공개하여 김정은 정권의 '위대한 업적'으로 선전하였고, 국내 경제상

황과 제반문제 등의 책임을 외부의 적에게 돌리면서 내부 결속과
사상 무장으로 혁명과업 수행을 독려하는 것도 잊지 않았다.

### '핵보유국' 명문화

북한은 지대지 탄도미사일의 사거리를 연장하고 고체연료 미사
일 개발도 지속하였다. 2016년 4월, 2017년 3월 대형 엔진 시험에
김정은도 참관했다. 2016~2017년 사이에 화성-10형, 12형, 14형,
15형 미사일을 시험 발사로 미국 본토 타격 능력을 대내외에 과시했
다. 북한 헌법에 '핵보유국'을 명시한 데 이어, 2013년 4월 1일 열
린 최고인민회의 제12기 7차 회의에서는 '자위적 핵보유국의 지
위를 더욱 공고히 할 데 대하여' 법령을 채택했다.

제7차 당 대회 중앙위원회 사업총화보고에서 '국방공업과 국
방과학기술부문 발전'을 성공적으로 이루어 내었다고 자찬하였다.
"정밀화 · 경량화 · 무인화 · 지능화된 우리식의 첨단 무장장비들을
마음먹은 대로 만들어 내고 있으며, 세 차례 지하 핵실험과 수소
탄 시험을 성공적으로 진행"했다고 주장한 것이다.

## 공식경제발전 추구

### 우리식 경제관리방법

2016년도에도 국가경제 차원에서 큰 발전을 보이지 못하였다.
김정은 정권의 '우리식 경제관리방법'이 계속 추진되었으나 성과에

는 별다른 징후를 찾아볼 수 없었다. 제7차 당 대회에서도 '우리식 경제관리방법'에 변화를 보이는 결정은 찾아볼 수 없었다.

2012년 6·28방침, 2014년 5·30담화에서 제시한 '우리식 경제관리방법'과 '사회주의기업 책임관리제'를 되풀이해 언급하는 데 그쳤다. 새로운 대안을 제시하는 경제정책의 변화를 추구하지는 않은 듯했다. 다만 제7차 당 대회 전후 '70일 전투'와 '200일 전투'라는 이름의 동원정책 덕분에 건설사업이 활발히 진행되었으며, 이것이 국가기업 부문의 실적을 증대하는 데 일조했을 가능성이 있다.

### 다소 호전된 국가기업 부문 실적

국가기업 부문의 실적은 전년 대비 다소 호전된 것으로 추정된다. 2015년에는 전년부터 이어진 가뭄으로 인해 수력발전량이 감소하여 전력난이 심각했으나, 2016년에는 전력 사정이 다소 호전되어서다. 2016년 1월 핵실험 실시로 국제적 제재 심화로 인한 북한의 경제적 타격도 예상되었으나 그 여파는 크지 않았던 것으로 보인다.

1월에서 10월 기준으로 수출 측면에서 가장 많은 부분을 차지하는 북한의 대중 수출은 2016년 20억 8,739만 달러로 전년 동기 대비 0.1% 감소하는 수준에 머물렀다. 민생용 예외조항으로 인한 북한의 석탄수출이 크게 타격을 입지 않았고 국제 원자재 가격 하락세도 작용한 듯하다.

유엔 대북제재 결의 2270호는 북한의 해외 노동자 송출을 제재 대상에 포함하지 않았기 때문에 2016년 노동자 송출 규모에 미치는 큰 영향도 찾아볼 수 없다.

2016년 1월에서 10월 대중 수입은 전년 동기 대비 6.4% 증가하였다. 전기기기의 수입은 전년도에 비해 감소하였으나 기계류, 플라스틱, 섬유 등 북한 경제 운영에 필수적인 물자 수입이 증가한 것은 2016년에 북한의 경제활성화가 전년 대비 증대하였을 것으로 짐작된다.

10월 기준으로 전년 동기 대비 94.4% 증가한 중국으로부터의 비료 수입은 농업생산량의 증대를 의미한다. 함북 일부지역에 큰 타격을 입힌 9월의 '큰물' 피해는 전체 식량생산에 어느 정도 영향을 미치기는 했다.

## 체제선전 · 선동활동 및 사회기강 다지기

### 친인민적 행보 지속

2016년 5월부터 7차 당 대회 과업 관철을 위한 당·국가·경제·무력기관 일꾼 연석회의를 개최하였고, 국가경제발전5개년전략 수행을 위한 '충정의 200일 전투'도 선포하였다. 6월에 들어서는 김정은의 현지지도는 군대보다 평양지역 인민 경제·생활단위를 중심으로 이루어짐으로써 친인민적 행보에 초점을 두었다.

8월에는 노력 동원의 주부대인 청년동맹 제9차 대회를 진행했으며, 9월 2일부터 함경북도 홍수 피해를 보도한 후 '200일 전투'

돌격대를 수해지역에 급파하는 등 하반기 내 긴급구호활동을 전개하였다. 10~12월에는 수해복구사업을 김정은의 애민정치로 칭송해 나가는 분위기를 창출하였다. 이와 함께 여맹, 직맹, 농근맹 등 각종 사회단체 대회를 개최하며 '200일 전투' 목표 달성을 위한 속도전 작업을 지속하였다.

5월 제7차 당 대회 전 '70일 전투'를, 당 대회 직후에는 '200일 전투'를 선언하여 2016년은 속도전을 통한 동원체제를 유지했다. 당 대회 전의 분위기와 주민들의 긴장도와 결속력을 높이기 위해 '70일 전투'가 발기되었다면, 그것이 '200일 전투'로 당 대회 이후에도 지속될 수 있는 사회적 조치를 취한 것이다. 이를 통해 주민들의 사회적 긴장도를 높여 김정은에 대한 충성도를 강화하고 유지해 나가고자 했다.

### 김정은 치적 선전과 우상화를 위한 각종 건설사업 강조

5월 당 대회, 최고인민회의, 김정일 사망 5주기 등에 맞춰 각종 건설사업을 마무리할 것을 재촉하며 사회적 동원을 활발하게 진행하였다. 이 같이 군과 주민을 동원한 전시성 건설부문 활성화로 사회 결속을 다지면서 이를 김정은의 치적 선전과 우상화에 적극 활용하였다.

각종 건설사업을 김정은의 사회주의 강국, 문명국의 위상을 보여 주는 것으로 선전하였다. 김정은 집권 이후 강조되어 온 도시 건설사업을 통한 건설시장의 활성화가 지속된 것이다. 평양에 대규모 거리 조성 사업을 벌이는 것과 함께 지방 도시에도 공원,

위락시설, 아파트 건설을 재촉하였다. 건설사업은 자재시장, 인력시장, 운송·운수시장의 활성화를 가져와 어느 정도의 경기부양 효과도 가져왔다.

평양의 대규모 주택단지인 미래과학자거리 조성사업, 특히 53층 초고층 아파트는 김정은 시대의 '기념비적 창조물'이자 과학중시 사상의 성과로 대대적으로 띄워 올렸다.

평양시 대성구역에 조성한 여명거리 역시 10월 10일까지 완공 목표로 건설이 진행되어 왔다. 4D 화관을 전국적으로 약 12개 이상 건설하기도 했다. 김정은은 2013년 평양 능라도유원지의 입체율동화관 방문 이후 전국에 걸쳐 12개 입체율동화관을 건설할 것을 지시하기도 하였다. 각 도시의 물놀이장, 스케이트공원, 화관 등 문화오락시설 건설이 2016년에도 지속되었다.

### 각종 정치행사 분위기 창출을 위한 기강 다지기

7차 당 대회를 비롯한 중요한 정치행사 분위기 창출을 위해 사회 기강 다지기 통제조치도 곁들여졌다. 시장화 확산으로 부정적인 주민 일상생활을 통제하는 데 초점을 맞추었다. 약 300만 대 이상의 휴대전화를 주민들에게 보급한 것으로 추정되었다. 이는 북한 주민 약 10% 이상에 해당한다.

8차 당 대회 등 중요한 정치행사 준비와 핵실험에 따른 대북 제재 강화 관련 정세의 불안정성을 사회적으로 통제하기 위해 외부세계와 통화하는 주민들을 단속하는 차원에서 체제단속 활동이 강화되었다. 공식시장 이외에 골목시장 '메뚜기'를 집중적으로 단속하여 도시 미관관리에도 신경을 썼다. 처벌규정 강화, 철조망 공사, 국경지대 불법통화 단속, 보안요원 및 감시시설 증강 등 국경통제조치도 강화했다.

그런데 이 같이 강화된 사회통제 및 국경통제에도 불구하고 위축[93]된 가운데에서도 중국 닝보에 있는 북한식당에서 종업원 13명이 집단 탈북해서 4월 초 한국으로 입국했다. 해외 북한식당에서 10명 이상이 탈북한 것은 이례적이었다.

8월 17일 태영호 영국 주재 북한공사도 가족과 함께 탈북하여 한국에 입국하였다. 김정은 체제의 통제 강화로 탈북 환경은 악화하였으나 양강도 및 함경도 등 국경연선지역 출신들의 탈북 행렬은 꾸준히 이어지고 있다. 2015년에 이어 중국, 태국, 라오스 등 제3국을 거치는 탈북 현상도 지속되었으며 베트남을 거친 탈북민이 늘어났다.

---

**93** 2016년 한국에 유입된 탈북자 숫자는 총 1,335명(2016년 12월 18일 기준)이었다. 2015년 대비 100여 명가량 증가한 수치다. 2016년 한 해 유입된 북한이탈주민 숫자는 각각 남성 281명, 여성 1,054명 등 총 1,335명이다. 유입된 탈북자 숫자는 김정은 체제 등장 이후 지속적으로 감소해 왔다. 2011년 2,706명, 2012년 1,502명, 2013년 1,514명, 2014년 1,397명으로 급감하다가 2015년 1,275명을 기록, 최근 10여 년 사이 최저치를 나타냈다. 그러던 것이 올해 들어 지난해보다 100여 명가 증가함으로써 2014년의 수준을 거의 회복했을 뿐만 아니라, 2011년 이후 4년 연속 감소하던 추세에 마침표를 찍게 되었다. 올해 증가세에 대해서는 다양한 해석이 있지만 잠정적으로는 국경을 넘어 바로 입국하는 경우보다 중국에 오래 거주하던 북한이탈주민들의 비율이 조금씩 늘어난 것에 기인한다는 해석이 일반적이다.

# 집체적 결속 이끌어 내기(1) : 만리마운동

김정은은 신년사에서 4대 정치적 과제를 제시했다. 자력자강 기조의 7차 당 대회 결정 관철, 각 분야에 대한 당권 강화, 당 조직 역할 강화를 위한 대중동원, 사상사업, 간부쇄신 등이 그것이다. 당 대회 결정 관철을 위해 '속도전'을 강조하고 나섰다. 당 대회 이전에 전개된 70일 전투와 200일 전투보다 더 강도 높게 주민들에게 강요했다. 천리마 속도전을 넘어 만리마 속도전으로 나갈 것을 독려하였다.

"지금 우리는 전설에도 없는 만리마를 타고 우리의 사상과 위업의 최후승리를 앞당겨 나가는 격동의 시기에 살고 있다"고 하면서, "현실은 전체 인민이 천리마 대진군 때보다도, 지난해의 70일 전투와 200일 전투 때보다도 더 높은 목표를 내세우고 당 정책 관철을 위한 총결사전을 벌려 나갈 것을 요구하고 있다"(로동신문)고 선전선동에 박차를 가했다.

김일성 시대 천리마운동으로 자체 내부 원천과 인민의 자발적 역량 총동원으로 자본, 물자, 기술 등의 부족을 극복하고자 했으며, 이를 통해 관료와 주민들을 통제하여 일당독재체제를 공고화했다. 김정은 정권은 천리마보다 더 강한 이미지의 '만리마운동'을 내세워 당에 기반을 둔 정권의 공고화를 꾀하였다.

"만리마 선구자는 경애하는 최고령도자 김정은 동지와 사상과 뜻도 발걸음도 함께 해나가는 충정의 인간"이며, "모든 일군들과 당원들과 근로자들은 경애하는 원수님에 대한 절대적인 신뢰심을 지니고 원수님의 뜻으로 가슴 불태우며 원수님의 발걸음에 보폭을 따라 세워야 한다. 경애하는 원수님께서 지니신 수령의 사상과 위업에 대한 무한한 충실성과 열렬한 조국애, 고결한 인생관과 비범한 창도의 세계를 삶과 투쟁의 귀감으로 삼아야 한다"는 주장으로 김정은 정권에 대한 충성심을 도출해 내고자 했다.

그들은 "만리마 선구자는 사회와 집단, 조직과 동지를 위하여 자기의 모든 것을 다 바치는 집단주의 정신의 체현자"라고 정의하고, "우리는 천리마 대고조 시기처럼 '하나는 전체를 위하여, 전체는 하나를 위하여'라는 구호를 높이 들고 서로 돕고 이끌며 만리마 대진군을 다그쳐야 한다"는 주장으로 당의 집체적 지도체제 기반을 다져나가고자 하였다.

당에 의한 만리마운동 추진으로 주민들을 사상교양하고 개조하여 새로운 '수령'이 된 '김정은의 당'에 결속해 나가고자 했다. 그리고 핵실험에 따른 국제적 제재를 대외적 위협으로 인식하도록 하여 주민 결속을 요구하였다. 미국의 대북압살 행위에 대비하여 천리마운동 이상의 만리마운동을 벌여야 한다는 식이다.

"일심단결의 불가항력적 위력과 자력자강의 위대한 동력으로 적대세력들의 최후발악적인 도전과 제재 책동을 짓부시며 전진하고 승리하는 시대, 사회주의 강국 건설의 모든 전선에서 질적인 변혁과 비약을 이룩하며 세계를 앞서나가는 시대라는 데 만리마 시대의 중요한 특징이 있다."

# 집체적 결속 이끌어 내기(2) : 강원도 정신

2월 19일 강원도 원산시에서 '강원도 사상일꾼회의'를 개최하여 강원도 정신을 떨쳐 일으키고자 했다. 2016년 12월 13일 보도된 김정은의 강원도 원산군민발전소 시찰을 계기로 '강원도 정신'이 강조되었다. '고난의 행군'과 같은 고난의 시절이 닥치더라도 자력자강을 통해 이를 돌파하자는 김정은 시대의 정신으로 '강원도 정신'을 부각하였다. 김정일이 '강계 정신'으로 고난의 행군을 벌여 온 것과 같이 김정은은 '강원도 정신'으로 제2의 고난의 행군으로 7차 당 대회 결정을 관철하자는 것이었다.[94]

3월 7일에는 강원도 정신 창조자들의 호소문에 호응하는 '평양시 군중대회'가 김일성광장에서 진행되었다. 평양시 인민위원장 차희림은 강원도 정신을 따라 배워 김정은 동지만을 믿고 따르며 수령님의 유훈 관철전, 당 정책 옹위전을 힘있게 벌여 나가겠다고 다짐한 것으로 전해졌다. 3월 9일에도 강원도 정신 창조자들이 전국 근로자들에게 보내는 호소문에 호응하는 평안남북도, 황해남도, 남포시 군중대회가 진행되었다고 조선중앙통신이 보도했다. 이와 같이 북한 당국은 '강원도 정신' 슬로건이 북한 전역으로 확산해 가도록 노력하였다.

---

**94** "1990년대 후반 고난의 행군이라 불리는 고난 시기에 자강도 인민들이 만난을 이겨내며 강계 정신을 창조하였다면, 강원 땅의 인민들은 당 제7차 대회 결정을 관철하여 문명과 번영의 사회주의 강국을 건설하는 길에서 강원도 정신을 창조하였다." (재일 조선신보, 3월 6일)

# 당 주도 권력기관 검열 및 인적 쇄신

당 주도 핵심 권력기관의 검열과 고위직 엘리트들의 쇄신도 단행했다. 1월 조직지도부의 보위상 검열과정에서 김원홍 보위상이 해임되었다. 약 20년 만에 중앙당의 국가보위성과 총정치국 검열이 이루어진 것이다.

다른 한편으로 '공안통치' 분위기도 확산하였다.[95] 5월 5일 평양과학기술대학 회계학과 교수로 초빙됐던 미국 국적자 김상덕(4월 22일 체포)과 7일 평양과학기술대학 운영관계자인 미국 국적자 김학송(6일 체포)을 억류하였다. 김상덕은 국가를 전복하려는 적대범죄행위로, 김학송은 반공화국 적대행위 혐의로 체포된 것으로 전해졌다.

5월 5일 국가안전보위성의 대변인 성명에서 "최근 미 중앙정보국(CIA)과 괴뢰 국정원이 우리의 최고 수뇌부를 상대로 생화학물질에 의한 국가 테러를 감행할 목적에 암암리에 치밀하게 준비해 우리의 내부에 침투시켰던 극악무도한 테러범죄 일당이 적발되었다"고 밝혔다.

그리고 5월 12일 중앙검찰소 성명을 통해 한미 정보당국의 '김정은 테러'를 주장하고 '조직·가담·추종자들의 인도'를 요구하며 '무자비하게 처형할 것'이라고 엄포를 놓았다.

---

95  이는 2월 김정은 이복형 김정남 피살에 따른 김정은 정권 비난 움직임을 차단하기 위한 것일 수 있다.

노동당 기관지 로동신문은 "태양을 가리워 보려는 어리석은 자들이 살아 숨 쉴 곳은 이 행성 그 어디에도 없다"라는 제하의 1면 기사에서 "우리의 최고 존엄은 천만군민의 생명이고 삶의 전부"이며 "혁명의 수뇌부를 결사옹위하려는 온 나라 천만군민의 철의 신념과 의지는 그 무엇으로도 꺾을 수 없다"고 강조하였다. 공안통치는 체제 결속을 위한 인위적인 조치였다.

## 핵무력 완성 선언과 새로운 준비

### 6차 핵실험

2016년 북한은 36년 만에 개최된 노동당대회를 전후하여 두 차례의 핵실험을 단행한 데 이어 2017년 9월 3일 전격적으로 또 한 차례 핵실험을 단행했다. 일 년여 만에 다시 핵실험을 단행한 셈이다.

북한은 4차 핵실험은 수소폭탄 실험이었고, 5차 핵실험은 '핵탄두의 위력 판정을 위한 핵폭발 시험'이라고 했다. 5차 핵실험에서 그들은 "탄두로켓에 장착할 수 있도록 표준화·규격화한 핵탄두의 성능과 위력을 최종적으로 검토 확인했다"면서 "각종 핵탄두를 마음먹은 대로 생산할 수 있게 됐다"고 주장하였다.

핵탄두의 규격화는 보유한 모든 미사일에 장착 가능하도록 하는 단일규격 개발을 뜻한다. 6차 핵실험 이후 북한 핵무기연구소는 "조선로동당의 전략적 핵무력 건설 구상에 따라 (…) 대륙간탄도로켓 장착용 수소탄 시험을 성공적으로 단행하였다"는 성명을 발표했다. 이에 따르면 이제 북한은 미국(괌 및 미 대륙)을 직접 타격할 수 있는 중장거리 핵탄두 미사일을 실전배치할 수 있는 역량까지도 갖추었다.

북한 정치국 상무위원회에서 "국가 핵무력 완성의 완결단계 목표를 달성하기 위한 일환으로 대륙간탄도로켓 장착용 수소탄 시험을 진행할 데 대하여"라는 결정서를 채택하고 김정은이 명령에 직접 서명했다고 밝힌 것으로 볼 때, 6차 핵실험은 그들의 '핵무력' 완성을 위한 마지막 단계로 받아들여진다.

### 대륙간탄도로켓 '화성-15형' 시험 발사

2017년 들어 북한의 핵미사일 개발 과시 행보는 광범위하게 이루어졌다. 7차 당 대회 결정을 관철하는 차원에서 보다 발빠르게 진행되었으며, 미국에 보란 듯이 각종 미사일을 쏘아올렸다. 미국을 직접 위협할 수 있는 ICBM급 장거리 미사일을 성공적으로 시험 발사하고는 이를 김정은의 중요한 정치·군사적 치적으로 부각시켰다.

5월 화성-12형과 북극성-2형 미사일 시험, 7월 대륙간탄도미사일(ICBM) 화성-14형 시험 발사, 9월 6차 핵실험 성공 이후 관련자 노고 치하와 경축행사를 대대적으로 벌이는 방식으로 김정은의 업적을 과시하였다.

북한의 연이은 핵실험은 자연히 국제적 제재[96]를 불러왔으나 이에 대한 김정은의 단호한 대응을 지지하는 각종 결의대회를 벌여 그에 대한 충성과 지지를 결집해 나가고자 했다.

10~11월 당 중앙위원회 제7기 제2차 전원회의가 개최되고 이를 지지하는 내각, 김일성·김정일주의 청년동맹(청년동맹), 조선농업근로자동맹(농근맹), 조선민주여성동맹(여맹)들의 후속 확대회의 또는 결의대회가 이어졌다.

마침내 북한은 2017년 11월 29일 대륙간탄도로켓 화성-15형 시험 발사와 함께 핵무력 완성을 선언함으로써 김정은의 지도력에 대한 추앙 분위기는 한껏 고양되는 듯했다. 북한은 "대륙간탄도로켓 화성-15형 시험 발사가 성공적으로 진행"되었고, "미국 본토 전역을 타격할 수 있는 초대형 중량급 핵탄두 장착이 가능한 또 하나의 신형 대륙간탄도로켓 무기체계를 보유"하게 되었다고 공식 선언했다.

이로써 그들은 "국가 핵무력 완성의 역사적 대업"과 "로켓 강국 위업"이 실현되어 김정은 정권의 "전략적 지위가 더 높이 올려 세워졌다"고 선전하였다.

북한은 '수소폭탄 실험'이라는 4차 핵실험과 '핵탄두의 위력 판정을 위한 핵폭발 시험'이라는 5차 핵실험, 그리고 '대륙간탄도로켓(ICBM) 장착용 수소탄' 시험이라는 6차 핵실험까지 성공적으로 단행했다고 밝혔다. 이어 북한이 '국가 핵무력 완성'으로 "제국주의의 침략과 핵위협 력사에 종지부를 찍게 되었다"는 판단을

---

96  2017년 9월에 채택된 결의 2375호는 사전에 허가한 경우를 제외한 신규 노동 허가증 발급을 금지했으며, 12월에 채택된 대북결의 2397호는 유엔 회원국에 24개월 안에 모든 북한 노동자를 송환하도록 명시했다.

내놓고 '핵무력'을 수단으로 하는 새로운 단계의 대내외 전략에 돌입할 태세를 갖추었다.

대내적으로는 평양뿐만 아니라 주요 도시별로 '핵무력 완성'을 기념하는 대규모 군민 경축대회 등을 열어 김정은의 지도력을 칭송하는 행사를 이어갔다. 그들은 이렇게 '핵무력 완성' 치적을 김정은에게 돌림으로써 김정은 유일영도의 '위대성'을 만방에 떨치는 경축 분위기를 확산해 나갔다.

대외적으로 북한은 미 대륙 전역을 직접 위협할 수 있는 대륙간탄도미사일을 조기 완성하여 핵강대국인 미국과의 직접적인 안보대화 구도를 구축하고자 하였다. 그리고 핵실험과 미사일 시험 발사를 통해 미국을 압박한 후 서서히 대화를 통한 협상을 이끌어 내는 방향으로 평화정책적 선회를 꾀하고자 하였다.

북한은 대미회담을 그들의 핵을 없애는 비핵화 회의가 아니라 핵을 인정하고 핵보유를 전 세계에 공식화하기 위한 회의로 만들고자 하였다. 북한은 '국가 핵무력 완성' 선언으로 그들의 군사적 위력이 남한의 안보에 결정적임을 과시한 후 그들이 원하는 방향으로 남북 관계를 이끌어 가고자 하는 움직임도 보였다.

05. 22  유엔 안보리, 북극성 2형 발사 규탄 언론 성명

08. 05  유엔 안보리, 북한 탄도미사일 도발에 대응하여 결의
2371호 채택

석탄, 철, 철광석 수출 전면 금지, 납, 납광석, 해산물
수출금지 및 해외노동자 고용 제한 조치, 개인 9명 및
단체 4개를 신규 제재 대상으로 지정, WMD 및 재래식
무기 개발에 전용될 수 있는 이중용도 통제 품목 추가,
제재 위에 금지활동과 연관된 선박 지정 권한 부여 및
동 지정 선박 입항 불허 의무화, 북한과의 합작사업 신
규 및 확대 금지, 인터폴에 제재 대상자 관련 특별공지
발부 요청 등 북한의 WMD 개발 관련 조달 네트워크
를 차단하기 위한 실효적인 조치들도 도입

09. 11  유엔 안보리, 대북제재 결의 2375호 만장일치로 채택
대북 정유제품 공급량에 연간 상한선(2017년 10~12월
50만 배럴/2018년부터 연간 200만 배럴) 부과, 대북 원유 공
급량 현 수준으로 동결, 콘덴세이트 및 액화천연가스
공급 전면 금지, 섬유 수출 금지 및 해외노동자에 대
한 신규 노동허가 발급 금지, 결의상 금지된 물품(석탄,
섬유, 해산물 등)의 공해상 밀수를 막기 위한 공해상 북한
선박과의 선박 간 이전 금지, 공공 인프라 사업 등을
제외한 북한과의 합작사업 전면 금지, 북한의 주요 당·
정 기관 및 개인을 제재 대상으로 추가 지정

09. 26  미, 행정명령 관련 제재 대상으로 북 은행(10개) 및 해외

근무 북한인 지정

10. 27  유엔 총회 제1위원회(군축·국제안보 분야), 북 핵실험 규탄
　　　　결의 3건 채택

　　　　L35호(핵무기 철폐를 향한 공동의 행동), L19호(핵무기 없는 세상
　　　　을 향하여), L42호(포괄적 핵실험 금지조약)

11. 06  정부, 대북 독자제재 대상 추가지정(유엔 안보리 제재 대상
　　　　북 금융기관 관계자 18명)

11. 01~03  국제자금세탁방지기구 총회 '북 확산 금융 위험에
　　　　관한 성명서' 채택

11. 20  미 트럼프 대통령, 북 테러지원국 재지정 발표

11. 21  미 재무부, 추가 독자 대북제재 성명 발표. 북한 선박
　　　　20척, 기관 13곳, 개인 1명

## 제재 여파로 국가 기능 휘청

2017년 한층 더 강화된 대북제재 조치로 북한의 수출은 크게
감소했다. 유엔 안보리 결의 2321호는 2017년 북한의 주력 수출
품인 석탄 수출을 2015년의 38% 수준으로 떨어뜨린 결과를 야기
하였고, 북한의 대중 수출은 3/4분기까지 전년 동기 대비 23.8%
감소하였다. 4/4분기에 보다 강한 제재 조치를 담은 유엔 안보리
결의 2371호와 2375호가 실행됨에 따라 북한 주력 수출품 대부
분의 수출이 전면 금지되었고, 북한의 주요 외화 수입원 중 하나
인 해외노동자 추가 송출까지 금지되었다. 그리고 원유 및 정유
제품의 수입제한 조치가 처음으로 취해졌다.

북한의 10월 대중 수출은 전년 동기 대비 63% 감소하기에 이르렀다. 10월까지 대중 수입이 전년 동기 대비 11% 증가하였으나 이 또한 8월 이후 4개월 연속 전년 대비 감소세를 보였다. 대북제재 여파가 수입 측면에서도 서서히 나타나기 시작하였다.

대내경제 실적도 2016년에 비해 감소되는 기미를 보였다. 새로 추진된 대규모 건설사업도 없었고, 전력과 석탄 등 2016년 경제성장 관련 주요 부문별 성과를 선전하는 북한 관영매체의 보도도 줄었다.

그러나 북한의 시장물가와 환율은 비교적 안정적인 상태를 유지하고 있는 것처럼 보였다. 다소 불안한 모습을 보인 유류가격 외에 쌀가격과 환율 등은 대체로 안정세를 보여 북한 경제에 대한 전반적인 제재 여파는 아직까지 심각한 수준이라 판단하기에는 이른 것 같다.

## 권력 공고화 최종단계

김정은은 집권 5년차인 2017년을 권력 공고화 최종단계로 설정하였다. 그는 2017년 한 해를 '총돌격전'으로 장식하여 그 업적을 자신에게 돌려 정권의 정통성을 제고하고자 하였다.

핵문제로 초래된 대북제재에 효과적으로 대처하기 위해 전 부문에 걸친 '자력자강', '자급자족' 관련 대대적인 주민동원과 각종 대회, 그리고 선전활동으로 내부 결속을 다져 나갔다. 애민 이미지 구축과 군사부문과 건설부문의 치적을 김정은 지도력의 결과로 상징화하는 우상화 작업을 전 사회적으로 전개하였다.

김정은은 2017년 신년사를 통해 대륙간탄도미사일(ICBM)이 '마감단계'에 이르렀음을 주장하며 전민이 나서 모든 부문에서 성과를 내는 총돌격전을 펼칠 것을 지시하였다. 이후 지역과 단위별로 총돌격전 각종 집회가 뒤따랐으며, 김일성 생일(4월 15일)과 인민군 창건일(4월 25일) 맞이 총돌격전 강조에 이어, 청년돌격대 '자력자강' 성과 전시회가 있었고, 7월에는 화성-14형 발사 성공을 선전하며 사회 전부문에서 최후 승리를 향한 돌격전을 심화함으로써 김정은의 총돌격전 명령 이행의 열기를 높여 나갔다.

김정은의 총돌격전은 군사부문과 건설부문에서 두드러졌다. 군사부문에서는 '핵무력' 완성을 위해, 건설부문에서는 각종 도시 건설사업 마무리를 총돌격전의 핵심목표로 설정되었다. 2017년 들어 각종 미사일 시험 발사와 핵실험을 단행하였고, 11월 29일에는 평안남도 평성에서 ICBM급 화성-15형 1발 발사에 성공하고 나서 김정은은 '핵무력 완성'을 선언하기에 이르렀다.

김정은은 '핵무력 완성' 못지않게 도시 건설사업에도 관심을 집중하였다. 그는 매년 대규모 거리 및 도시 건설[97]을 추진하였다. 그리고 2017년 4월 13일 해외 언론을 초청한 가운데 여명거리 준공식에 직접 참석하여 대북제재에 영향을 받지 않고 이 같은 대규모 건설을 완성하게 한 자신의 과감한 리더십을 과시하는 데 앞장섰다.

이와 동시에 김정은은 집권 5년 치적 선전을 강화하여 그에 대한 전사회적인 우상화를 심화하는 노력을 기울였다. 4월 7일 김정은의 '당과 국가의 최고 수위' 추대 5주년과 '공화국 원수' 칭호 수여 5주년을 맞아 7차 당 대회의 성공적 개최, 핵무력 건설, 각종 민생 관련 현지지도, 대규모 건설 및 거리조성 등을 꼽으면서 그의 업적을 선전해 나가도록 하였다.

8월 15일에는 '백두산위인칭송대회'를 개최하여 2017 백두산선언을 발표하고 김정은을 각하로 칭하면서 "인류 자주위업을 빛나는 승리로 향도하시는 21세기의 위대한 태양"으로 칭송하는 우상화가 이루어졌다. 업적 선전을 통한 우상화는 사회 각 하부단위 주민들에 대한 '5대 교양사업(위대성교양, 김정일애국주의교양, 신념교양, 반제계급교양, 도덕교양)'으로 전개되었다.

김정은은 '애민 이미지' 구축으로 친민적인 권력의 정통성을 다지고자 했다. 2017년에 육아원, 애육원, 초등학원, 중등학원, 소년단야영소 등 각종 교육시설에 대한 신축 및 개건이 집중적으로 이루어졌다. 이것이 김정은의 애민 행보를 보여 주는 활동으로 강조되었다.

---

**97** 2012년에는 창전거리, 능라인민유원지, 만경대 유희장, 류경원 인민야외빙상장, 2013년에는 과학자살림집, 은하과학자거리, 김일성종합대학 교육자살림집, 문수물놀이장, 미림승마구락부, 마식령스키장, 2014년에는 위성과학자주택지구, 김책공업대학 교육자살림집, 연풍과학자휴양소, 2015년, 원산시 육아원·애육원·초중등학원, 평양국제비행장 항공 역사, 미래과학자거리, 과학기술전당, 만경대학생소년궁전, 2016년에는 백두산청년영웅3호 발전소, 중앙동물원, 만경대소년단야영소, 류경안과종합병원, 평양자라공장, 2017년에는 여명거리, 평양초등학원, 류원신발공장 건설 등.

또한 양로원, 노동자 합숙소, 강성원, 봉화원 등 전국적으로 주요 복지 관련 시설을 신축·개축하였고 평양초등학원, 황주중등학원, 만경대혁명학원 등에 대한 신축·개축도 김정은 자신이 직접 현지지도를 통해 진두지휘하여 이루어진 것임을 강조하고, 준공식에도 직접 참석하여 관계자들에게 '감사'를 표하는 등 각별한 애정을 쏟는 모습을 부각하도록 한 것은 그의 '애민 이미지' 상징화를 위한 것이다.

김정은은 그의 애민 이미지와 함께 세계 최강국 미국이 주도하는 대북제재에 맞서 핵무력을 완성하고 우월한 사회주의제도를 구축하고 성공적으로 이끌어 가는 모습을 보임으로써 '엄격하면서도 친절하고 관대하면서도 관후'한 이미지로 인민들로부터 미움을 당하지 않는 담대하고 탁월한 천재적인 유일영도자로 자리매김하도록 노력하였다.

---

**:: 핵미사일 관련 일지(2015~2017)**

2015. 02. 07  신형 대함미사일 시험 발사

02. 08  동해상으로 단거리 미사일 5발 발사

02. 11  조평통 특별성명 발표
남한 정부의 1. 미국의 대북 말살정책 2. 국제적인 대북제재 3. 북남관계의 대미 관계 종속화에 가담하는 것을 비난 및 경고(조선중앙통신)

03. 02  단거리 미사일 2발 동해상으로 발사

03. 26 북 외무성, 한국에 사드 배치 관련 비난 및 전쟁 억지력 강화 시사(조선중앙통신)

03. 30 유엔 대북인권결의안 채택 비난 및 북한 인권사무소 서울 개소에 대해 타격 위협(조선중앙통신)

04. 02 단거리 탄도미사일(4.2 1발, 4.3 4발) 발사

04. 16 현영철 인민무력부장, 모스크바안보회의 계기 핵·경제 병진노선 고수 입장 표명

05. 08 국가우주개발국 대변인 담화, 김정은의 '위성 발사 의지'를 강조

05. 08 전략잠수함 탄도미사일(SLBM) 수중 발사, 성공 보도(조선중앙통신), 함대함 미사일 3발

05. 20 국방위원회 정책국 대변인 성명, 핵타격 수단 소형화·다종화, 장거리 미사일 정밀화, SLBM 시험 성과 등을 주장하며 위협하는 한편, 유엔 안보리를 미국의 독단에 따라 움직이는 기구라며 비난

05. 24 국방위원회 정책국 성명, 5·24조치를 6·15와 연계해 부정 및 천안함 사건 소행 부인, 대화에 앞서 5·24조치 해제 요구(조선중앙통신)

05. 31 북 외무성, "미국이 대화를 원하는데 북이 거부하고 있는 것처럼 진실을 왜곡했다"며 북미 관계와 한반도 비핵화를 망쳐 놓은 것은 미국이라고 주장

06. 04 조선인민군전략군 대변인 담화, 한국군 탄도미사일 시험 발사와 박 대통령 참관에 대해 비난(조선중앙통신)

06. 13 미국 상원이 심의 중인 국방수권법에 포함된 "북한은 핵무장국"이라는 표현 언급(로동신문)

06. 14 단거리 미사일 3발 동해상으로 발사

06. 23 북 외무성, 유엔 북한인권사무소 서울 개소에 "초강경 대응" 위협

07. 13 북 국방위원회 정책국, 미국 연구원의 '평양생물기술연구원 탄저균 생산 가능' 발표 반박(조선중앙통신)

08. 04 DMZ에서 지뢰도발사건 발생

08. 20 군사분계선에서 남북간 포격발사사건 발생

08. 22 지뢰도발사건 해결 위한 남북 고위 당국자 접촉(판문점) 개최, 북한의 DMZ 지뢰도발에 대한 유감 표명과 재발 방지 약속을 통해 이번 사태를 평화적으로 수습, 도발의 악순환을 끊어 낼 수 있는 계기 마련

공동보도문 주요 내용 : ① 남북당국회담 개최

② 북측의 지뢰폭발 유감 표명

③ 우리측 확성기 방송 중단

④ 북측 준전시상태 해제

⑤ 추석 계기 이산가족 상봉 행사 개최 및 적십자 실무 접촉 9월 초 개최

⑥ 민간교류 활성화 등 6개 항에 합의

10. 01 리수용 외무상 제70차 유엔 총회 연설, 평화적 우주개발은 국제법에 따라 주어진 주권국가의 자주적 권리, 핵실험은 미국 적대시 정책과 핵 위협에 대처한 자위적 조치라고 주장

10. 07 북 외무성, "미국은 정전체제를 유지하려는 시대착오적인 정책과 결별하고 평화협정을 체결해야 한다"고 주장 (조선중앙통신)

11. 24 조평통 서기국 보도, '북, 핵보유 정당성' 및 '핵억제력 강화' 주장(조선중앙통신)

11. 28 북 잠수함 발사 탄도미사일 시험 발사, 실패(원산 인근)

12. 10 김정은, 새로 개건된 평천혁명사적지 시찰에서 핵보유국 발언 및 수소폭탄 언급

12. 25 잠수함 발사 탄도미사일 시험 발사, 실패(신포항 인근)

2016. 01. 06 제4차 핵실험 실시(함경북도 길주군 풍계리 지역). 북, '수소탄'이라고 주장

01. 06 북 정부 성명, '첫 수소탄 시험 완벽하게 성공' 발표, "우리의 지혜, 기술, 힘에 100% 의거한 이번 시험을 통하여 새롭게 개발된 시험용 수소탄의 기술적 제원들이 정확하다는 것을 완전히 확증하였으며 소형화된 수소탄의 위력을 과학적으로 해명"했으며 이는 "핵무력 발전의 보다 높은 단계"라고 설명(조선중앙통신)

01. 07 유엔 안보리 긴급 회동 및 언론성명 도출
안보리 의장국 우루과이 유엔 주재 대사 성명, "북한 핵실험은 기존에 이뤄진 안보리 결의를 명백하게 위반한 것"이며 "국제 평화와 안보를 위협하는 행위"

01. 12 미 하원, 대북제재 법안(H.R.757) 통과

01. 12 김정은, 4차 핵실험 이후 국제사회의 제재와 관련해 "미국을 핵공격으로 보복할 수 있을 정도로 핵무장력을 강화하라"고 강변(수소탄 실험 성공 핵과학자 표창장 수여식 계기)

01. 15 수소탄 실험은 "병진노선 관철을 위한 정상적인 공정을

거친 것"이며 대북 확성기 방송은 '생뚱같은 도발'이라
고 비난(조선중앙통신)

02. 07 장거리 미사일(광명성 4호) 1발 발사(동창리)

북 국가우주개발국, '지구관측위성' 광명성 4호의 궤도
진입 성공 발표(조선중앙통신)

02. 07 주한미군 사드 배치 관련 한미 공동 발표문 발표

02. 08 유엔 안보리, 북한 로켓 발사 강력 규탄 성명 채택

02. 10 조국평화통일위원회, 한국 정부의 개성공단 전면 중단
조치 관련 박근혜 대통령 실명 거론 맹비난 '5개항의
중대조치'(개성공업지구 폐쇄 및 남측 인원 추방, 지구 내 자산 동
결, 남북통신선 폐쇄, 북측 근로자 철수) 발표(조선중앙통신)

02. 11 정부, 개성공단 전면 중단 관련 정부 성명 발표(통일부장관)
기존방식으로 북한의 핵·미사일 개발계획을 꺾을 수
없음. 정부의 개성공단 유지 노력은 북 핵·미사일 고
도화에 악용됨. 정부는 개성공단 자금이 북 핵·미사일
개발에 이용되는 것을 막고, 우리 기업들이 희생되지
않도록 하기 위해 개성공단 전면중단을 결정함.

02. 12 미 의회, 대북제재법 통과(하원 전체회의), 발효(02. 18)

02. 20 북 외무성, 미 대북제재법 발효 관련 비난

02. 22 우주비행사 구조와 귀환 및 우주 물체 반환에 관한 협
정과 우주 물체로 인한 피해에 대한 국제적 책임에 관
한 협약 가입

03. 02 유엔 안보리, 대북제재 결의안 2270호 만장일치 채택
무기거래 제한, 개인·단체 제재 대상 지정, 확산방지
네트워크 구축, 해운·항공 운송 저지, 대량살상무기

(WMD) 통제, 대외교역 통제, 금융거래 통제, 제재 이행 등을 중점으로 구성

03. 03 강원도 원산 일대에서 동해로 단거리 미사일 6발 발사

03. 04 EU, 북한의 4차 핵실험과 장거리 미사일 발사에 따른 추가 제재 단행(EU 각료이사회 성명 발표)

03. 08 정부, 독자 대북제재 발표(금융제재, 해운통제, 수출입통제 강화) WMD 관련 개인 40명, 단체 30개 금융제재 대상 지정, 북한에 기항한 선박 180일 내 국내 입항 전면 불허, 금융제재 대상에 김영철 대남비서, 박도춘 전 비서 포함

03. 09 김정은, 핵무기 연구부문 과학자와 기술자들 만나 핵무기 병기화 사업 현지지도

03. 10 조평통, 한국 정부의 독자적인 대북제재 발표에 맞서 '북남 사이의 모든 경제협력 및 교류사업 합의 무효' 및 '북측 지역에 있는 남측의 모든 자산 청산' 등 선언

03. 10 전략군, 황해남도 삭간몰 일대에서 원산 동북 동해상으로 단거리 탄도미사일 2발 발사, 김정은 참관

03. 16 미, 새로운 대북제재 행정명령 13722호 발동

03. 18 평남 숙천 일대에서 동해상으로 중거리 탄도미사일 2발 발사

03. 24 김정은, 용성기계연합기업소 2월11일공장 현지지도 및 대출력 고체 로켓 발동기(엔진) 지상분출 및 계단분리 시험 지도

04. 08 김정은, 신형 대륙간탄도미사일 대출력 발동기 지상분출 시험 지도(서해 위성발사장)

04. 14 유엔 안보리, 대북제재 결의 2270호에 따라 4월 초 추가

지정한 대북 금수품목 공개(유엔 안보리 산하 대북제재위원

회) 화학·생물학무기 개발에 사용될 수 있는 민감 품

목으로 대북 교역이 금지되는 신규 품목 목록(핵·미사일

민감품목 12개, 화학물질 14종)을 안보리 공식 문서로 공지

04. 15 동해안 지역에서 무수단 미사일 1발 시험 발사 실패

04. 23 SLBM 1발 발사(동해상). 김정은 참관

04. 23 리수용 북 외무상, 한미합동군사연습을 중단할 경우

핵실험 중지할 준비가 되었다고 주장(AP통신 인터뷰)

04. 24 유엔 안보리 북한의 SLBM 발사 규탄(군축운동연합)

04. 28 원산 지역에서 무수단 미사일 오전·오후 1발씩 발사,

모두 실패

05. 06~09  제7차 노동당대회

김정은 노동당 위원장 추대, 핵·경제 병진노선 고수

및 핵보유국 지위 기정사실화, 핵보유국으로서 주변국

과의 대외관계 재설정 요구, 대남 도발 위협을 지속하

며 통전전략 차원의 평화 공세도 계속

05. 27 EU, 대북 추가제재 발표(EU 각료이사회 성명)

사치품 등 대북 금수품목 대폭 확대 및 송금·금융 서

비스 규제 강화 등 대북제재 방안 발표

05. 31 미사일 1발 발사(원산 일대), 실패

06. 21 정부, 대북제재 조치로 '북한 맞춤형 감시대상 품목' 발표

총 130개 품목(핵 관련 89개, 미사일 관련 41개)

06. 22 무수단 '화성-10' 미사일 발사(원산 일대). 1발 성공, 1발

실패

06. 23 유엔 안보리, 북한의 최근 탄도미사일 발사를 강력히

규탄하는 성명서를 발표하고 회원국들이 유엔 안보리 결의 조치를 완전히 이행할 것을 촉구

06. 24 7.3을 전략군절로 결정(북 최고인민회의 상임위원회 정령)

06. 30 조국평화통일위원회 대변인 성명, 핵 선제공격태세 완성 (핵보유, 무수단 '화성-10' 중장거리 전략탄도로켓 발사 등)은 협상 대상이 아님을 주장, 한미 대북정책 방향 전환 촉구

07. 06 북 정부 대변인 성명, 북한의 핵보유는 '전략적 선택'이 며, 비핵화를 위한 한미의 '북핵 포기' 주장 절대 수용 불가 및 조선반도 전역 비핵화, 미군 철수 등 요구 조건 제시(조선중앙통신)

07. 08 한미, THAAD 체계의 주한미군 배치 결정 공식 발표

07. 09 SLBM 1발 동해상으로 시험 발사(함경남도 신포 해상)

07. 19 동해상으로 단거리 탄도미사일 3발 발사(황해남도 황주 일대)

08. 03 동해로 노동미사일 1발 발사(황해남도 은율 일대)

08. 24 SLBM 1발 동해상으로 시험 발사(함경남도 신포 해상)

08. 26 유엔 안보리, 북한의 SLBM 등 4건의 탄도미사일 발사 에 대해 강력 규탄하는 언론성명 채택

09. 05 북, 동해상으로 탄도미사일 3발 발사(황해북도)

09. 07 유엔 안보리, 북한의 탄도미사일 발사를 규탄하는 언론 성명 채택

09. 09 제5차 핵실험 실시(함경북도 길주군 풍계리)
북 핵무기연구소 성명, 핵탄두가 표준화·규격화됨으로 써 "소형화·경량화·다종화된 보다 타격력이 높은 각 종 핵탄두들을 마음먹은 대로 필요한 만큼 생산할 수 있게" 되었음(조선중앙통신)

오마바 미 대통령 성명, 국제적인 행동규범에 대한 무시이며 북한을 핵보유국으로 인정하지 않을 것, 추가적인 중대조치들을 취하기 위해 국제사회와 협력할 것

09. 20 신형 정지위성 운반용 로켓 엔진 지상분출 시험 대성공 주장

09. 30 IAEA, 북한 핵실험을 규탄하는 결의 만장일치 채택

10. 15 무수단 미사일 1발 발사, 실패(평안북도 구성시 방현 비행장 인근)

10. 20 '국가우주개발5개년계획에 따라 주체 위성들을 더 많이 쏘아올릴 것'이라고 주장(북 국가우주개발국 대변인 담화)

10. 24 미사일 기술통제체제(MTCR), 북한으로의 미사일 기술 및 부품 유입을 극도로 주의한다는 결의 발표(제30차 총회)

11. 30 유엔 안보리, 북한 5차 핵실험에 대한 대북제재 결의 2321호 채택, 분야별 신규 제재 추가 및 기존 제재규정 강화(의무화 및 예외 삭제), 북한의 유엔 회원국 자격 최초 경고, 북한 해외노동자 문제 주의 촉구 등

12. 01 북 외무성, 유엔 안보리 대북제재 결의 2321호에 '보다 강력한 자위적 대응조치' 시사(조선중앙통신)

12. 02 정부, 대북 독자제재 발표
금융 제재 대상 신규 추가(개인 36명과 단체 35곳), 해운통제(북한 기항 외국 선박 국내 입항 금지기간 180일→1년 확장), 수출입 통제(북한산 의류 임가공품 국내 반입 차단 강화, 집중관리 대상 품목 11개 광물 추가, 잠수함 분야 감시대상 품목 목록 작성), 출입국 제한(정부의 독자제재 대상인 외국인 입국 금지, 국내 거주 핵·미사일 관련 전문가 방북 시 국익 위해 행위 때 국내 재입국 금지)

12. 02 미, 북한의 핵·미사일 개발 관련 단체 16개와 개인 7명에 대해 독자제재 단행(미 재무부 해외자산 통제국), 일, 아베 총리 주재 '북한에 의한 일본인 납치문제 관련 관계 각료회의'에서 대북 독자제재 강화안 마련(스가 일 관방장관 정례 브리핑)

12. 04 북 민화협 대변인 담화, 한국의 대북 독자제재 관련 '아무런 실효'도 없으며, '피해를 입고 있는 것은 남측 기업'이라 비난(조선중앙통신)

12. 08 정부, 북한의 SLBM 개발 능력 저지를 위해 잠수함 분야 60개 감시대상 품목(watch list) 지정(외교부)


2017. 02. 12 북, 북극성 2형 탄도미사일 1발 발사. 김정은 위원장 시찰, 고각발사 방식으로 진행(평안북도 방현 일대, 조선중앙통신)

03. 06 스커드 계열 추정 미사일 4발 발사
미 THAAD 한반도에 배치

03. 18 신형 고출력 로켓엔진 지상 분출시험 실시, 김정은 참관 (조선중앙통신)

03. 22 무수단 미사일 발사 실패

04. 05 동해상으로 북극성 2형 발사

04. 15 김일성 탄생 105주년 기념 열병식에서 신형 ICBM급 미사일 다수 공개

04. 16 신포 일대에서 북 탄도미사일 1발 발사, 실패

04. 29 탄도미사일 1발 발사, 실패(북창 일대)

05. 14 화성-12형 탄도미사일 1발 발사(구성 일대). "예정된 비행 궤도를 따라 최대 정점고도 2,111.5km까지 상승비행하여

거리 787km 공해상의 설정된 목표 수역을 정확히 타격"

(조선중앙통신)

05. 21 북극성 2형 발사(북창 일대). 김정은 참관,

"리대식(무한궤도식) 자행 발사대차에서의 랭 발사 체계
탄도탄의 능동구간 비행 시 유도 및 안정화 체계, 계단분
리 특성, 대출력 고체 발동기들의 시동 및 작업 특성들의
믿음성과 정확성이 완전 확증됨"(조선중앙통신)

05. 22 유엔 안보리, 북극성 2형 발사 규탄 언론 성명

05. 29 스커드 ER급 지대함 미사일 1발 발사(원산)

06. 08 지대함 순항미사일 여러 발 발사(원산)

07. 04 ICBM급 화성-14형 1발 1차 발사(구성시 방현 일대)

07. 18 한국 국회, 북한 화성-14형 발사 규탄 결의안

07. 28 ICBM급 화성-14형 1발 2차 발사(자강도 무평리 일대). 김
정은 참관, "최대 정점고도 3,724.9km까지 상승하며 거
리 998km를 47분 12초간 비행하여 공해상의 설정된 수
역에 정확히 탄착"(조선중앙통신)

08. 05 유엔 안보리, 북한 탄도미사일 도발에 대응하여 결의
2371호 채택

석탄, 철, 철광석 수출 전면 금지, 납, 납광석, 해산물
수출 금지 및 해외노동자 고용 제한 조치, 개인 9명 및
단체 4개를 신규 제재 대상으로 지정, WMD 및 재래식
무기 개발에 전용될 수 있는 이중용도 통제 품목 추가,
제재위에 금지활동과 연관된 선박 지정 권한 부여 및
동 지정 선박의 입항 불허 의무화, 북한과의 합작사업
신규 및 확대 금지, 인터폴에 제재 대상자 관련 특별공

지 발부 요청 등 북한의 WMD 개발 관련 조달 네트워크를 차단하기 위한 실효적인 조치들 도입

08. 07 북 정부 성명, 유엔 안보리 결의 2371호 '전면 배격 및 천백배로 결산' 위협(조선중앙통신)

08. 08 미 국방정보국, 북한이 ICBM 등 탄도미사일용 소형 핵탄두를 생산했다고 평가(군축운동연합)

08. 09 북 인민군 총참모부 대변인 성명, 트럼프 대통령 발언(북과 전쟁 불사, 군사적 선택안, 선제타격, 참수작전 등) 비난 및 위협(조선중앙통신)

08. 09 북 전략군 대변인 성명, 중거리 탄도미사일인 화성-12형을 활용한 괌 포위사격을 검토하고 있다고 위협

08. 29 중거리 탄도미사일(IRBM) 발사(강원도 깃대령)

08. 29 동해상으로 단거리 탄도미사일(SRBM) 수발 발사

09. 03 김정은 핵무기연구소에서 탄도미사일용 수소탄 탄두를 현지지도하고 있는 사진 공개(로동신문)

09. 03 북, 6차 핵실험(함경북도 길주군 풍계리), 5.7 규모 인공지진파 감지됨.
북 핵무기연구소 성명, "대륙간탄도로켓 전투부에 장착할 수소탄 제작에 새로 연구 도입한 위력조정 기술과 내부구조 설계방안의 정확성과 믿음성을 검토 확증"
(조선중앙통신)

09. 04 한미 정상 한미미사일협정에서 탄주중량제한 해제 및 사거리 연장 합의

09. 11 유엔 안보리, 대북제재 결의 2375호 만장일치 채택
대북 정유제품 공급량에 연간 상한선 부과, 대북 원유

공급량을 현 수준으로 동결, 콘덴세이트 및 액화천연가스 공급 전면 금지, 섬유 수출 금지 및 해외노동자에 대한 신규 노동허가 발급 금지, 결의상 금지된 물품(석탄, 섬유, 해산물 등)의 공해상 밀수를 막기 위한 공해상 북한 선박과의 선박 간 이전 금지, 공공 인프라 사업 등을 제외한 북한과의 합작 사업 전면 금지, 북한의 주요 당·정 기관 및 개인을 제재 대상으로 추가 지정

09. 11 북 외무성 성명, 유엔 안보리 결의 2375호와 대북재제에 대해 위협

09. 15 화성-12형 탄도미사일 1발 발사, 김정은 참관(평양 순안 공항, 동해상). 일본 홋카이도 상공을 통과하여 태평양 목표 수역에 '정확히 낙탄'(조선중앙통신)

09. 19 미 대통령 트럼프, 유엔 총회 연설에서 "미국과 동맹을 방어해야만 한다면 우리는 북한을 완전히 파괴하는 것 외에 다른 선택이 없을 것"이라고 북에 경고(연합뉴스)

09. 21 김정은 국무위원회 위원장 성명, 트럼프 대통령이 북한의 "'완전파괴'라는…전대미문의 무지막지한 미치광이 나발을 불어댔다"고 비난, "우리 공화국의 절멸을 줴친 미국 통수권자의 망발에 대한 대가를 반드시 받아낼 것"이라 위협(조선중앙통신)

09. 22 리용호 외무상, "태평양 역대급 수소탄 시험일 것" 위협

09. 26 미 행정명령 관련 제재 대상으로 북 은행 및 해외근무 북한인 지정

09. 28 북 외무성, 트럼프 대통령의 웜비어 발언 비난 및 관련 사실 부인(조선중앙통신)

10. 11 북 리용호 외무상, 핵무기 대상 협상 불가, 미와 힘의 균형에 임박, 러시아 제안(로드맵) 불수용 등 입장 표명 (러 타스통신 대표단 면담)

10. 19 "국가우주개발5개년계획에 따라 앞으로 정지 위성을 비롯한 실용 위성들을 더 많이 우주공간으로 쏘아올릴 것"(유엔 총회 제4위원회)

10. 27 유엔 총회 제1위원회(군축·국제안보분야), 북 핵실험 규탄 결의 3건 채택

L35호(핵무기 철폐를 향한 공동의 행동), L19호(핵무기 없는 세상을 향하여), L42호(포괄적 핵실험금지조약)

11. 01~03 국제자금세탁방지기구 총회, 북 확산금융 위험에 관한 성명서 채택

11. 06 정부, 대북 독자제재 대상 추가지정(유엔 안보리 제재 대상 북 금융기관 관계자 18명)

11. 20 미 트럼프 대통령, 북 테러지원국 재지정 발표

11. 21 미 재무부, 추가 독자 대북제재 성명 발표

북한 선박 20척, 기관 13곳, 개인 1명

11. 29 ICBM급 화성-15형 1발 발사(평남 평성), 김정은 참관 "화성-15형 무기체계는 100% 우리의 힘과 기술로 우리 실정에 맞게 개발한 명실공히 조선로동당식 무기체계이며 이로써 우리 국가는 미국 본토 전역을 타격할 수 있는 초대형 중량급 핵탄두 장착이 가능한 또 하나의 신형 대륙간탄도로켓 무기체계를 보유하게 되었"다고 자평 (조선중앙통신)

북 정부 성명, '국가 핵무력 완성'

12. 10 정부, 화성-15형 발사 대응 추가 독자 대북제재

북 금융기관, 선박회사 등 20개 단체, 개인 12명 추가 지정

12. 22 유엔 안보리, 대북제재 결의 2397호 채택

대북 정유제품 공급량 연간 상한선 기존 200만 배럴에서 50만 배럴로 감축, 대북 원유 공급량은 현 수준인 연간 400만 배럴로 제한, 추가 도발 시에는 안보리가 대북 유류 공급을 제한하는 추가 조치 취할 것임 규정, 유엔 회원국 내 소득이 있는 북한 노동자 전원을 24개월 내 북한으로 송환토록 의무화, 수출금지 품목을 식용품 및 농산품, 기계류, 전자기기, 목재류, 선박 등으로 확대, 해상 차단 관련 회원국 항구에 입항한 금지행위 연루 의심 선박을 나포, 검색, 동결(억류)토록 의무화, 자국 영해상에서도 금지행위 연루 의심 선박 나포, 검색, 동결(억류)할 수 있는 권한 부여, 회원국들 간 의심 선박에 대한 신속한 정보교류 의무화, 핵·미사일 프로그램 개발 및 자금조달에 관여한 개인 및 기관 제재 대상으로 추가 지정

## 3) 체제유지(system maintenance) 단계 : 2018년~

### '핵 대결전' 지도력에서 대미협상 지도력으로

이제까지 김정은은 강대국인 미국을 직접 상대하는 '대결전'을 벌이는 군사지도자 명성을 쌓는 데 초점을 두었다. 그는 한반도 군사적 긴장상황을 '반미 대결전'으로 상정하고 '반미 대결전'에서 승리를 쟁취한 군사지도자 신화를 만들고자 했다. 각종 미사일 시험 발사와 핵실험으로 '반미 대결전'이라는 전쟁 상황을 인위적으로 촉발하고 그가 이를 승리로 이끌었다는 명성을 선동하는 전술이 지속되었다.

그러나 2017년 '핵무력 완성' 선언으로 김정은의 군사지도자 명성 쌓기의 대미를 장식하기에 이르렀다. 이듬해 김정은의 신년사가 어느 때보다 자신감에 찬 역동성을 보인 것도 우연이 아니었다. 그는 신년사를 통해 매우 능동적인 대내외 전략을 공표하고 나섰다. 그는 "정권 수립 70돌을 맞이하여 핵무력 건설을 기반으로 사회주의 강국 건설을 위한 총공세"를 펼치자고 주문하고 "혁명적인 총공세로 사회주의 강국 건설의 모든 전선에서 새로운 승리를 쟁취하자"는 구호를 내놨다. 핵무력을 중심에 두고 기타 정치·경제분야에 대한 성과를 독려하였다.

2018년 병진노선의 승리를 선포하고 경제발전에 보다 더 방점을 두는 전략으로 전환하는 전략을 펴고자 했다. 2018년 4월 당 전원회의와 최고인민회의 등 북한의 주요 고위급 회의가 연이어 개최되었다. 그리고 5월 당 중앙군사위원회 확대회의 등이 진행되었다. 이 회의들을 통해 김정은 정권의 정책 변화를 드러내었다. 미국과의 비핵화 협상으로 경제발전을 도모하겠다는 의지를 내보였다.

실제로 북한은 2018년 4월 미국과의 핵협상을 추진했다. 이에 앞서 북한은 2018년 4월 21일부터 핵실험과 대륙간탄도로케트 시험발사를 중지할 것이며, 핵실험 중지를 투명성 있게 담보하기 위하여 공화국 북부 핵실험장을 폐기할 것이라고 천명하고 나섰다. 사회주의 경제건설을 위한 유리한 국제적 환경을 마련하며 한반도와 세계의 평화와 안정을 수호하기 위하여 주변국들과 국제사회와의 긴밀한 연계와 대화를 적극화해 나갈 것이라고 선언하는 등 선제적 조치를 취하였다.(조선중앙통신, 2018년 4월 21일)

이후 6·12 싱가포르 미북 정상회담이 성사되었다. 한국 정부의 '특사외교'와 '중재외교'가 한몫하기도 했다. 여기에서 도출된 미북 공동성명으로 북한 핵문제의 평화적 해결을 위해 한 단계 더 나아가는 계기가 마련된 듯했다. 남북한 차원에서도 북한은 2018년 9월 평양 남북정상회담을 개최하고 '평양공동선언'을 통해 정전협정에서 평화체제 전환 계기를 마련하고자 했다.

2018년부터 미북 비핵화 협상은 기존의 보텀업(bottom-up)이 아닌 톱다운(top-down) 식으로, 6자회담과 같은 다자가 아닌 양자회담으로 진행되는 양태를 보였다. 2019년 신년사에서는 싱가포르 6·12 미북 합의 이행과 '완전한 비핵화' 의지를 표명했다. 김정은은 핵무기 4불(핵무기 생산, 핵실험, 사용, 확산) 정책을 밝힘

2018년 6월 12일 싱가포르에서 열린 미북 정상회담 모습 @BBC뉴스코리아

으로써 과거 핵개발에 따른 국제적 제재에서 탈피하여 경제건설에 더욱 매진하고자 했다. 그러나 북한은 미북 비핵화 협상 과정에서 그들의 전반적인 군비증강은 중단하지 않았다. 재래식 무기와 전략무기 개발을 지속하였다.

2017년 신년사에서 핵무력 고도화를 달성했다고 자평하면서 "위대한 수령님과 위대한 장군님의 염원을 풀어 드렸"다고 언급한 것은 선대의 염원을 함부로 무시할 수 없는 김정은 세습정권의 궁극적인 핵폐기는 있을 수 없다는 의미를 담고 있다.

북한이 약속하는 한반도 비핵화는 우리가 바라는 북핵 폐기 개념과는 동떨어진 의미라 할 수 있다. 궁극적인 핵폐기가 아닌 핵무력 고도화는 절대로 중단할 수 없는 김정은 체제의 결단으

2018년 9월 평양에서 가진 남북정상회담 @연합뉴스

로 판단된다. 김정은은 신년사를 통해 핵무기의 고도화와 더불어 "전략무기와 일반 무장장비 개발 생산 고도화"와 "핵탄두들과 탄두로켓 대량 생산 및 실전 배치"를 독려한 것은 아직도 믿을 곳은 핵무력과 증강된 군사력이라는 사실을 말해 준다.

　국방공업 분야의 발전을 독려하면서 2017년 12월 11일 개최된 제8차 군수공업대회에서 제시된 목표를 수행하도록 했다. 특히 핵무기 및 로켓 부문에서는 대량생산과 실전배치 사업에 박차를 가해야 한다고 말했다. 핵실험과 미사일 시험 발사를 통해 이미 기술수준의 고도화를 달성했고, 이를 기반으로 핵 탑재가 가능한 대륙간탄도미사일을 대량생산하여 각 지역에 배치할 수 있도록 노력하자는 것이다.

# 대미 협상 실패, 또다시 군사 의존으로

미북 간 비핵화 협상 실패로 김정은은 2019년 1월 1일 신년 사에서 '새로운 길' 모색을 주장했다. '노딜'로 종결된 하노이 정상 회담 이후 김정은은 다시 군사지도 활동에 의존하는 양상을 보였다. 김정은은 "강력한 군력에 의해서만 평화가 보장된다는 철리를 항상 명심하고 자위의 원칙을 확고히 견지하며 나라의 방위력을 계속 튼튼히 다져야 한다"(2019년 4월 12일 최고인민회의 제14기 1차 회의 연설)며 "국방공업의 주체화·현대화를 완벽하게 실현하여 국가방위력을 끊임없이 향상시켜 나갈 것이다"라고 강조함으로써 또다시 군사에 의존하는 태세를 보였다.

2019년 4월 16일 항공 및 반항공군 제1017군부대를 찾아 비행훈련과 17일 국방과학원이 진행한 신형 전술유도무기 사격시험을 직접 지도했다는 보도가 나왔다. 조선중앙통신은 김정은이 "신형 전술유도무기 사격시험을 지도하고 국방과학기술의 최첨단화 등을 위한 목표를 제시했다"고 전했다.

북한군 포병훈련이 5월 4일과 5월 9일 동부전선과 서부전선에서 실시되었다. 여기에서 신형 전술유도무기(KN-23 미사일) 시험 발사가 있었다. 300mm 방사포, 240mm 방사포, 152mm 신형 자주포 시험 발사도 포함되었다.

7월 31일과 8월 2일에는 '신형 대구경 조종방사포', 8월 10일에는 함흥 일대에서 동해상으로 '신형 전술 지대지 미사일' 2발을 발사했다. 8월 16일에는 강원도 통천 북방 일대에서 동해상으로

2019년 2월 베트남 하노이에서 열린 미북 정상회담 @한겨레

미상의 단거리 미사일 2발을 발사했다. 2019년 8월 24일과 9월 10일에는 '초대형 방사포'를, 10월 31일에는 순천 일대에서 동해상으로 초대형 방사포 발사시험을 했다.

북한은 5월, "방어하기 쉽지 않을 저고도 활공 도약형 비행궤도의 특성과 위력"을 갖춘 KN-23(일명 북한판 이스칸데르 미사일) 미사일을 시험 발사한 이후 KN-24(일명 북한판 에이태킴스), 신형 대구경 조종 방사포, 초대형 방사포를 15회 이상 발사하는 등 다양한 단거리 타격수단을 개발하는 데 노력을 기울여 왔다.

2020년 신년사를 대신한 '조선노동당 중앙위원회 제7기 5차 전원회의에 관한 보도문'에서 군사 분야에서 '새로운 방위전략'을 강조하면서 국방력을 강화하는 데 집중하는 '정면돌파전'을 강조했다. 이미 2019년 12월에 '정면돌파전'을 선언한 바 있다.

2020년 1월 이후 미사일 시험 발사, 포병 경합식 훈련 등 군사활동 강행으로 이 선언을 실천적으로 확인했다. 당 중앙군사위원회 확대회의를 열고 핵전쟁 억제력, 포병화력 타격능력 등의 강화와 전략무력의 고도의 격동상태 운영 등을 논의하였고, 대미 장기전을 펼치는 모습을 보였다.

2019년 12월 제7기 5차 전원회의에서 "미국과 장기적 대립을 예고하는 현 정세는 적대세력들의 제재 속에 살아가야 한다는 것을 기정사실화"하고 군사력 강화로 미국과의 장기대결전을 준비한다고 밝혔다.

이 회의에서 '정면돌파전'이라는 새로운 노선을 제시하면서 "우리 인민이 당한 고통과 억제된 발전의 대가를 깨끗이 다 받아내기 위한 충격적인 실제 행동에로 넘어갈 것"이라고 위협했다. "무적의 군사력"을 강화하고, "전략무기 개발사업도 더 활기차게" 전개하며, "멀지 않아 새로운 전략무기를 목격하게 될 것"이라고 경고하였다. "미국의 대조선 적대 시가 철회되고 조선반도에 항구적, 공고한 평화체제가 구축될 때까지 전략무기 개발을 중단 없이 진행할 것"이라고 밝힘으로써 핵무력 개발을 대미 협상 수단으로 삼겠다는 북한의 저의를 스스로 확인해 주었다.

북한의 포병훈련은 2020년 들어와서도 지속되었다. 3월 2일, 9일, 29일 등 세 차례에 걸쳐 초대형 방사포를 시험 발사했다. 북한은 이를 두고 '초대형 방사포' 시험 사격을 실시했다고 밝히고 "국방과학원에서는 조선인민군 부대들에 인도되는 초대형 방사포의 전술 기술적 특성을 다시 한 번 확증하는 데 목적을 두고 시험

노동당 창건 75주년 열병식은 다양한 전략무기를 선보이는 장으로 활용되었다. @한국일보

사격을 진행했다"고 주장했다.

3월 21일에는 북한이 '전술유도무기'라고 밝힌 신형 전술 지대지 미사일을 발사하였다. 시범사격이 "인민군 부대들에 인도되는 새 무기체계의 전술적 특성과 위력을 재확증"하기 위한 것이었다고 했다.

노동당 창건 75주년 열병식은 다양한 전략무기를 선보이는 장으로 활용되었다. 화성-15형 9축 18륜보다 큰 11축 22륜 차량으로 운반된 기존 화성-15형보다 3m가량 늘어난 길이에다 직경도 커진 대륙간탄도미사일을 선보였다. '북극성-4A'로 표기된 잠수함탄도미사일도 눈에 띄었다. 초대형 방사포와 신형전술유도탄, 단거리탄도미사일 등으로 단거리 타격수단도 강화되었음을 시사했다.

## '핵무력' 중심의 '전략군' 구축

비핵화 협상 추진과는 달리 북한은 내부적으로 핵무력을 중심으로 전략군대 조직 구축에 초점을 맞춘 정책을 강화하는 변화를 보였다. 2019년 5월 23일 김정은은 노동당 중앙군사위원회 제7기 제4차 확대회의를 개최하고 '핵전쟁 억제력'을 강화할 것을 역설했다. 이 회의에서 "전략무력을 고도의 격동상태에서 운영하기 위한 새로운 방침들"과 북한군 포병의 화력 타격능력을 높이기 위한 중대한 조치들에 대한 결정도 나왔다.

리병철 당 중앙위원회 부위원장 겸 군수공업부장을 당 중앙군사위원회의 2위 직책인 부위원장으로 선출하는 인사가 단행되었다.(로동신문, 2020년 5월 24일) 김정은 집권 전후 시기, 총정치국장과 총참모장이 당 중앙군사위원회 부위원장이었는데, 핵무력 건설에 주도적인 역할을 해온 리병철 당 중앙위 군수공업부장이 북한 최고군사정책기구의 제2인자 자리에 선출되었다. 상장 칭호를 지닌 리병철 군수공업부장이 차수 박정천 총참모장, 대장 김수길 총정치국장과 김정관 인민무력상을 제치고 보다 중요한 당적 지위를 획득했다.

그리고 2019년 8월 13일 노동당 중앙위원회 제7기 제16차 정치국 회의에서는 리병철을 당 중앙위원회 정치국 상무위원으로 선출하였다. 당 정치국에서 핵과 미사일 등의 전략무기 개발 및 실전배치 추진 관련 실무적 정책 결정이 그만큼 중요해졌다는 신호로 보인다. 중앙당 정치국 상무위원 자리까지 오른 리병철의 당적 지위 제고는 곧 김정은의 핵무력 고도화 의지의 표현이다. 김정은 정권의 핵전력 강화 차원에서 내려진 조치였다.

2013년 4월 1일 핵국가 북한은 '핵보유국의 지위를 공고히 할데 대하여'라는 법령을 제정하였다. 이 법령은 핵국가로서 핵능력의 질량적 강화, 비핵국가에 대한 소극적 안전보장, 핵확산 방지, 김정은의 배타적 핵지휘 통제 권한 등과 관련한 규정을 담고 있다. 4월 1일 우주개발법을 제정하고 이에 의거하며 '국가우주개발국'도 신설했다. 우주개발법은 과학기술과 국가경제발전 기여를 위한 우주과학연구용 위성과 실용위성 개발, 우주발사체 활용 및 합법적·평화적 우주개발권리 행사를 내용으로 하고 있다.

2014년 3월 5일에는 핵과 미사일을 담당하는 '전략군'을 신설했다. 육, 해, 항공·반항공군에 더해 제4군종으로 핵과 미사일을 전담하는 전략군이 새로 조직된 것이다. 미사일지도국에서 전략 로켓군에 이어 전략군으로 명칭과 조직이 변화해 왔다. 전략군은 약 1만 명의 병력을 갖춘 9개 미사일여단을 예하에 두고 있는 것으로 추정되고 있다.

# 사회주의체제 정상화를 위한 당 조직활동 강화

그동안 김정은은 당 기능을 복원하기 위해 당 정치국원들을 충원하고 당 실무부서 부장들을 신진인사로 교체함과 동시에 지방당 조직도 강화하였다. 중앙당 인사들이 대거 도당 위원장으로 내려갔다가 다시 중앙당으로 복귀하는 등 지방당·중앙당 교체 인선이 활발하게 진행되었다.

신년사에서도 김정은은 "모든 당 조직은 온갖 잡사상과 이중규율을 허용치 말고 당 중앙위원회를 중심으로 전당의 일심단결"을 독려했다. 김정은은 "전당에서 당 세도와 관료주의 등 낡은 사업방법을 없애고 혁명적 당풍을 확립하여 인민대중과의 혈연적 연계를 다져야 한다"고 하면서 "당 조직들은 당적 지도를 강화하고 사회주의 강국 건설에 나서는 문제를 풀어야 한다"고 말했다.

그리고 상급당의 조직개편에 이어 하급당이나 지방당 조직의 규율을 강조하였다. 또한 당의 가장 큰 기능 가운데 하나인 '인전대' 역할을 강조하는 모습을 보였다. 신년사는 "전체 군대와 인민을 당의 두리에 묶어 세워 사회주의 위업의 승리를 위해 싸워야 한다"면서 "당 근로단체 조직들과 전문기관들은 인민들의 요구와 이익을 기준으로 인민들 속에 들어가 애로를 풀어 줘야 한다"고 지적했다. 동시에 속도전 구호인 '만리마 속도'를 강조하면서 "당 근로단체 조직들은 만리마 속도 대진군을 통해 자력갱생의 혁명정신과 집단적 혁신을 이루어야 하고 만리자 선구자가 되어야 한다"고 했다.

김정은은 "당 근로단체 조직들과 전문기관들은 모든 사업을 일심단결해 강화하는 데 지향시키고 복종시켜 나가야 합니다. 인민들의 요구와 이익을 기준으로 사업을 설계하고 전개하며 인민들 속에 깊이 들어가 고락을 같이하며 인민들의 마음속 고충과 생활상 애로를 풀어 줘야 합니다"라고 상하 당 조직 간의 협력체제 강화를 주문하면서 동시에 "모든 것이 부족한 때일수록 동지들 사이, 이웃들 사이에 서로 돕고 진심으로 위해 주는 미풍이 높이 발양되도록 하여야 합니다" 하면서 국제 제재로 경제상황이 어려운 현실을 반영하여 경제적 부족현상을 당 조직간의 긴밀한 유대관계로 해결하자고 주문했다. 전반적으로 당을 통한 군대·국가 통제체제를 다져나가기 위한 노력으로 일관하였다.

## 군대 통제를 통한 안정적 권력기반 유지

김정은 정권은 선대의 선군정치가 구축한 군사 중심의 정치체제에서 사회주의체제 정상화를 통한 안정적인 권력기반을 구축하고자 했다. 2016년 제7차 당 대회에 이어 개최된 최고인민회의에서 군사 중심의 국가최고기관인 국방위원회를 국무위원회로 변경하고 사회주의 정상국가를 표방했다.

또한 2019년 7월 11일 북한 당국은 최고인민회의 제14기 1차 회의에서 의결한 개정헌법 서문에서 '사회주의 조국'을 '사회주의 국가'로 변경하고 김정은 국무위원장을 '국가수반'으로 명문화함으로써 사회주의 정상국가의 당·국가 체제로 전환하였다. 군부의 당적 지위와 역할도 제한하고 나섰다.

2021년 1월에 개최된 8차 당 대회에서는 선군정치에 기초한 군의 정치권력적 지위와 역할의 제한 조치를 단행하였다. 8차 당 대회에서 개정된 당 규약에는 더 이상 선군정치를 찾아볼 수 없게 되었다. 8차 당 대회 인사에서 군사 엘리트들의 퇴조 분위기가 확연했다. 당 정치국은 상무위원 5명, 위원 14명, 후보위원 11명으로 구성되었다. 이 중에서 군사 엘리트가 차지한 비율은 16.7%인 5명에 불과하였다. 이에 비해 당 엘리트는 60.0%인 18명이 차지했다. 제7차 당 대회 시 군사 엘리트의 당 정치국 참여 비율(28명 중 7명, 약 25%)보다 하락한 것이다.

당 중앙군사위원회도 군사를 결정하는 당 군사 전문조직으로 기능이 축소되었다. 구성도 조용원 비서를 제외하고 대부분 군사, 군수, 공안부서 등 대부분 군사 관련 책임자들로 되었다. 이에 더해 군의 당적통제 강화를 의미하는 군사부를 확대 개편한 군정지도부를 두고 총책인 군정지도부장의 서열을 높이기도 하였다.


## 경제건설을 앞세운 정책 전환

김정은이 2017년 12월 '핵무력 완성'을 선언한 이후 북한의 대내외 전략은 역동적으로 변화하기 시작했다. 2018년 4월 핵무력 개발을 우선하는 '핵·경제 병진'노선에서 '경제건설'을 앞세우는 노선을 강조하는 정책적 전환을 기도하였다. 이를 위해 김정은은 남북 관계 및 미북 관계 개선 가도에 들어서고자 했다.

로동신문(2018년 4월 21일)은 "당의 병진노선 승리로 결속된 것처럼 경제건설에 총력을 집중하여 새로운 전략적 노선도 반드시 승리하리라는 것을 확신"한다고 발표했다. 국가경제발전5개년전략 수행 3차 연도인 2018년에 경제전선 활성화의 돌파구를 열어야 한다고 말하면서 "올해 인민 경제의 자립성과 주체성을 강화하고 인민 생활을 개선 향상시켜야 한다"고 함으로써 김정은의 경제 집중 의지가 표출되었다.

하지만 신년사에서 획기적인 정책 변화를 통한 경제발전 구상은 찾아볼 수 없었다. 예년과 마찬가지로 4대 선행부문(전력, 석탄, 금속, 철도·운수) 향상을 우선하고 농업(알곡 생산)과 수산업(양어사업 활성화), 원산갈마관광, 산림보호, 과학기술 분야에서의 자립경제 강조 등 경제 전반에 걸쳐 다소 구체적으로 언급하였으나 매년 반복되는 지침으로 일관하였다.

특히 2018년은 국가경제발전5개년전략 3차 연도로서 에너지부분을 강화해야 할 필요성에서 화력발전 전력설비 보강, 중소형 발전소를 통한 지방공업을 육성하고자 하였고, 전기절약형으로 내핍을 촉구하는 인민 생활도 요구했다. 국제적 고립의 심화로 '인민 경제 자립성과 주체성'에 모든 것을 기댈 수밖에 없는 현실에서 내부자원을 총동원하는 형태의 에너지 정책 발전 수준에 머물 수밖에 없는 상황이 반영되었다.

인민 경제의 자립성과 주체성을 강화하기 위해 "전력공업에서 화력발전을 늘이고 발전설비 보강, 각 도별로 중소형 수력발전소 전력생산을 정상화"해야 한다고 했다. "금속공업에서 주체적인 제철기술을 완성하고 이를 통해 인민 경제 철강 수요를 보장해야 한다고"도 했다.

다른 공업분야에 대해서도 "화학공업에서 촉매생산기지와 린비료공장 건설을 추진"해야 한다는 점과 "기계공업에서 금성뜨락또르공장과 승리자동차연합기업소 등 기계공장의 현대화", "철도운수분야에서 수송능력을 최대로 끌어올리고 군대와 같은 강한 규율과 질서"를 가질 것을 요구했다.

경공업분야에서는 "질좋은 소비품을 늘리고 지방에서도 특색있는 지방경제를 발전시켜야 한다"고 하였고, "농업과 수산분야에서 알곡 생산 목표를 달성하고 과일, 온실남새, 버섯 생산을 늘릴 것과 배생산 및 수리능력 확충, 양어 및 양식 활성화"에 힘써야 한다고 강조했다.

2016년 5월 제7차 당 대회에서 경제·핵 병진노선은 "항구적으로 틀어쥐고 나가야 할 전략노선"임을 재차 확인했다. 2018년 4월에는 "세계적인 정치사상강국, 군사강국의 지위에 확고히 올라선 현 단계에서 전당과 전국이 사회주의 경제건설에 총력을 집중하는 것, 이것이 우리 당의 전략적 로선"이라고 천명함으로써 경제정책의 변화를 밝혔다.

2019년 2월 하노이 정상회담 결렬 이후 2019년 12월 당 중앙위원회 제5차 전원회의에서 정면돌파전을 선언하면서 경제부문을 기본전선으로 제시했다. 경제강국을 통한 사회주의 강성국가 건설 전략적 노선과 사회주의 경제건설에 총력 집중하도록 했다. 자력갱생, 자급자족을 근본 원칙으로 하면서 국가경제발전5개년전략 수행, 인민 경제의 주체화·현대화·정보화·과학화, 자립적이고 현대적인 사회주의경제, 지식경제 건설 등의 과제가 던져졌다.

## '사회주의 문명왕국 건설'로 정통성 유지

김정일 정권은 '사회주의 강성대국' 건설을 기치로 군대를 앞세운 선군정치를 펼쳤다. 그는 군사사업을 우선하면서 '정치사상강국, 군사강국, 경제강국' 건설을 외쳤다. 군사사업은 주로 그들의 '핵무력' 완성을 위한 노력으로 전개되었다. 6자회담과 같은 다자간 또는 미북 양자 간 비핵화 협상을 벌이면서도 짜여진 계획 하에 중단 없이 핵미사일 개발을 지속하였다. 그 결과 두 차례에 걸친 핵실험과 장거리 미사일 개발을 통한 군사력 강화는 북한이 '정치사상 및 군사강국'에 이어 '경제강국'도 될 수 있다는 자부심을 인민들에게 심어 주게 되었다. 그러나 2011년 12월에 김정일 국방위원장이 사망했다.

공교롭게도 그 해는 1912년 김일성 주석 탄생을 기준으로 한 주체년도 100년이 되는 해였다. 자연히 김정은의 집권 시작은 새로운 주체년도 100년의 시작점과 같이 하게 되었다. 이에 따라 그들은 '주체101(2012)년'을 "위대한 김정일 동지의 강성부흥구상이 빛나는 결실을 맺게 되는 해이며 김일성 조선의 새로운 100년대가 시작되는 장엄한 대진군의 해"로 정의했다. 그리고 김정일의

'강성부흥구상' 결실을 다음과 같이 설명하였다.

> "희천발전소를 비롯하여 2012년의 대축전에 드리는 기념비적 창조물
> 들이 도처에서 일떠서고 새로운 대진군의 기치인 함남의 불길이 세차
> 게 타오르게 되었다. 인민생활 향상을 위한 대고조진군 속에서 수많은
> 경공업 공장들이 개건 완비되고 나라의 방방곡곡에 새 세기 표본으
> 로 되는 현대화된 축산, 양어, 대규모 과일생산기지들이 일떠선 것은
> 우리 당의 강성부흥전략이 낳은 위대한 결실이다."

> "나라의 전반적 면모가 강성대국의 체모에 맞게 일신되게 되었다. 위대
> 한 김정일 동지의 웅대한 구상에 따라 평양시를 세계적인 도시로 웅장
> 화려하게 꾸리기 위한 사업이 본격적으로 진행되었으며 룡림과 대흥,
> 회령을 비롯하여 이르는 곳마다에 사회주의 선경마을이 생겨났다."

김정은 정권은 김정일 정권이 추진해 왔던 정책과 전략 그리
고 비전을 그대로 이어가고자 했다. 그들은 2012년을 "위대한 김
정일 동지의 강성부흥구상이 빛나는 결실을 맺게 되는 해이며 김
일성 조선의 새로운 100년대가 시작되는 장엄한 대진군의 해"로
시기적 의미를 강조했다.

김정일은 민족만대의 번영을 위한 강력한 정치군사적·경제
적 토대를 마련하였고, 그의 노고로 "새 세기 산업혁명의 봉화가
타올라 우리 경제가 지식경제형 강국 건설의 길에 들어서게 되
었다"고 밝혔다. 이를 두고 그들은 "당의 강성부흥전략이 낳은

위대한 결실"로 자리매김하였다.

　이에 따라 김정은 정권은 먼저 산업혁명을 "최첨단 돌파전으로 우리식의 지식경제 강국"을 일으키는 "사회주의 건설의 웅대한 전략적 로선"으로 삼고 군사력 건설을 기반으로 산업혁명을 일으켜 "정치사상강국, 군사강국, 경제강국" 목표를 달성하고자 하였다. 여기에 더해 그는 "우리 조국을 발전된 사회주의 문명국으로 빛내여 나가야 한다"는 "사회주의 문명국 건설" 목표도 강조하였다.

　김정은 정권은 '정치사상강국, 군사강국, 경제강국' 건설 목표에 더해 여타 국가에 버금가는 '사회주의 문명국'을 건설하고자 하였다. "사회주의 길이 가장 정당한 길이라는 투철한 관점, 누가 뭐라고 하든 인민대중 중심의 우리식 사회주의를 끝까지 지키려는 원칙적 립장을 확고히 견지하여야 한다"고 천명하면서 "사회생활의 모든 분야에서 세계 문명을 따라 앞서"는 인민대중 중심의 우리식 사회주의 국가 건설을 지향한 것이다.

　2016년 제7차 당 대회에서 사회주의 문명국 담론이 정점에 올랐다. 문명강국은 당 대회에서 "사회주의 문화가 전면적으로 개화 발전하는 나라, 인민들이 높은 창조력과 문화수준을 지니고 최상의 문명을 최고의 수준에서 창조하며 향유하는 나라"로 규정하고, "유족하고 문명한 생활을 마음껏 누릴 수 있는 조건과 환경" 마련이 필요하다고 역설하였다. '사회주의 문명왕국 건설'에서 특징적인 하나는 도덕 기풍이 법치로 강조되었다는 점이다. 사회주의체제를 유지하고 체제 결속을 위해 내부질서를 단속하고 통제하는 근거로 법치를 내세웠다.

# 8차 노동당대회와 김정은 정권의 변화

## :: 8차 노동당대회 경과 내용(2021년 1월 6∼14일)

| | |
|---|---|
| 1. 6. | • 당 제8차 대회, 5일 평양에서 개막(중앙통신, 중앙방송, 로동신문)<br>−김정은 위원장, 당 제8차 대회에서 개회사(중앙통신, 중앙방송, 로동신문)<br>−김정은 위원장, 당 제8차 대회에서 제7기 사업총화보고(중앙통신, 중앙방송, 로동신문) |
| 1. 7. | • 당 제8차 대회 2일차 회의 보도, 사업총화보고 계속(중앙방송, 중앙통신, 로동신문) |
| 1. 8. | • 당 제8차 대회 3일차 회의 보도, 사업총화보고 계속(중앙방송, 중앙통신, 로동신문) |
| 1. 9. | • 당 제8차 대회 4일 회의 진행(중앙통신, 중앙방송, 로동신문) |
| 1. 10. | • 당 제8차 대회 5일 회의 진행(중앙방송, 중앙통신, 로동신문)<br>• 당 중앙검사위원회 사업총화보고(중앙통신, 중앙방송, 로동신문)<br>• 당 규약 개정에 대한 결정서 채택(중앙통신, 중앙방송, 로동신문)<br>−'위대한 김일성·김정일주의당'으로서의 조선로동당이 혁명적 성격과 투쟁강령을 뚜렷이 명시하고 당 조직·당원들이 준수하여야 할 행동준칙과 활동방식, 규범들을 수정보충한 당 규약 개정안의 내용들을 대표자들은 연구하였다. |
| 1. 11. | • 당 제8차 대회 6일 회의 진행 및 '결정서, 대회 공보, 추대사' 발표(중앙방송, 중앙통신, 로동신문)<br>• 당 제8기 제1차 전원회의 진행(중앙방송, 중앙통신, 로동신문)<br>−회의에서는 당 총비서를 수위로 하는 당 중앙위원회 정치국과 정치국 상무위원회를 선거하였다.<br>−회의에서는 당 안에 새로운 규율감독체계를 내올 데 대한 의제를 연구 토의하였다.<br>• 당 제8차 대회 부문별 협의회 진행(중앙방송, 중앙통신) |

| 1. 12. | • 당 제8차 대회 부문별 협의회 진행(중앙통신, 중앙방송, 로동신문) |
|---|---|
| 1. 13. | • 당 제8차 대회 결론 및 김정은 총비서 폐회사로 폐막(중앙통신, 중앙방송, 로동신문)<br>─전당이 '이민위천', '일심단결', '자력갱생'의 3가지 리념을 깊이 새기고 높이 들고나갈 데 대하여 특별히 강조하였다.<br>─사회주의 위업의 새로운 승리를 쟁취하려면 보다 힘겨운 정면돌파전을 각오하여야 한다면서 당 대회가 제시한 투쟁강령의 실현을 위하여 싸워 나가자고 호소하였다.<br>• 당 제8차 대회 결정서 채택(중앙통신, 중앙방송)<br>• 결정서 '조선노동당 중앙위원회 제7기 사업총화보고에 제시된 과업을 철저히 관철할 데 대하여' |
| 1. 14. | • 당 제8차 대회 참가자 강습 진행(중앙통신, 중앙방송) |

2021년 1월 5일 4·25 평양에서 김정은 당 위원장이 참석한 가운데 제8차 노동당대회가 개막되었다. 김정은은 개회사를 통해 "위대한 수령 김일성 동지와 위대한 령도자 김정일 동지께 가장 숭고한 경의와 최대의 영광"을 표했다. 김재룡이 대회 사회를 맡았다.

이어서 집행부를 선거했다. 집행부는 최룡해, 리병철, 김덕훈, 박봉주를 포함해 38인으로 구성되었고, 주석단을 추천하였다. 주석단에는 박용일 조선사회민주당 중앙위원회 위원장, 리명철 천도교 청우당 중앙위원회 위원장, 박수철 반제민족민주전선 평양지부 대표가 포함되었다.

대회 서기부 선거에서는 신룡만을 포함 7명이었다. 이어 대회는 의정들을 승인하였다. 첫째, 조선노동당 중앙위원회 사업총화, 둘째, 조선노동당 중앙검사위원회 사업총화, 셋째, 조선노동당 규약 개정에 대하여, 넷째, 조선노동당 중앙지도기관 선거 등이다.

김정은은 개회사에서 먼저 "우리 혁명발전에서 매우 중요하고도 책임적인 시기에 소집"되었다고 밝혔다. 7차 당 대회 이후 그들은 "있어 본 적 없는 최악 중의 최악으로 계속된 난국은 우리 혁명의 진전에 커다란 장애를 몰아"왔다고 했다. 8차 대회를 "일하는 대회, 투쟁하는 대회, 전진하는 대회로 되게 할 것"을 천명하였다.

7차 대회 이후 "조국과 인민의 운명을 세세년년 믿음직하게 수호할 수 있는 강력한 담보를 마련하였으며 동시에 경제건설을 촉진하고 인민 생활을 향상시킬 수 있는 일련의 의미 있고 소중한 성과들과 토대들도 마련했다"고 다소 소극적인 자찬을 했다. 7차 대회 때의 자신감에 넘치는 평가와는 비교된다. 국가경제발전5개년전략이 "내세웠던 목표는 거의 모든 부문에서 엄청나게 미달"되었다고 했다.

이를 내외부의 요인으로 돌렸다. 이를 돌파하기 위해 "우리 자체의 힘, 주체적 력량을 백방으로 강화"할 필요성을 제기했다. 특히 그는 "우리 당 규약에서 지난 시기의 낡은 것, 남의 것을 기계적으로 답습하여 현실과 맞지 않았던 문제들을 혁명발전의 요구와 주체적 당 건설원리에 맞게 바로잡기 위한 심도 있는 연구를 진행"했다고 하였다.

다소 의외적인 것은 빨치산(항일혁명투사) 대표자와 비전향

장기수 대표자는 배제된 것이다. 이것이 '지난 시기의 낡은 것'을 기계적으로 답습해 온 현실을 바로잡은 내용인 것으로 추정되어 '혁명가계' 우대조치의 변화 가능성이 제기될 수 있다.

## 체제보위를 위한 김정일의 '선군정치'

### 김일성에서 김정일 정권 이양기 : 군대를 앞세운 선군정치

김정일 정권 이후부터 북한은 선군정치를 "군대를 중시하고 그를 강화하는 데 선차적인 힘을 넣는 정치"라고 하면서 "인민군대를 강화하는 데 최대의 힘을 넣고 인민군대의 위력에 의거하여 혁명과 건설의 전반사업을 힘있게 밀고 나가는 것은 김정일 동지의 특유의 정치방식"이라고 설명해 왔다.[98]

정치방식이란 정치이념을 구현하기 위한 수단과 방법, 체계를 통틀어 이르는 말이며, "정치방식 문제를 어떻게 해결하는가에 따라서 정치위력과 정치제도의 공고성에서 근본적 차이를 가져오게" 된다고 하면서, "사회주의 정치사에서 미해결로 남아 있던 이 중대한 문제가 우리 당의 선군정치 방식에 의해서 빛나게 해결" 되었다고 주장하였다.

동시에 "선군정치 방식은 바로 군사선행의 원칙에서 혁명과

---

**98** 고상진, "위대한 령도자 김정일 동지의 선군정치의 근본특징", 「철학연구」, 1999년 1월호, pp. 17~18

건설에서 나서는 모든 문제를 해결하고 군대를 혁명의 기둥으로 내세워 사회주의 위업 전반을 밀고 나가는 영도방식"이며, "그것은 본질에 있어서 혁명군대의 강화를 통하여 인민대중의 자주적 지위를 보장하고 인민대중의 창조적 역할을 최대한 높이는 정치방식"이기 때문에 "우리 시대의 가장 위력하고 이상적인 정치방식으로 되고 있다"[99]고 밝혔다.

군의 중시와 강화, 그리고 혁명의 기둥으로서의 군대 역할 등이 선군정치의 핵심이다. 북한 당국은 김정일이 "건국과 망국의 악순환으로 엮어진 수천년 인류국가 흥망사를 꿰뚫어 보시고 건국정치의 법칙처럼 되어 오던 선경후군(先經後軍) 정치의 역사적 교훈과 군력의 의의를 부차시하여 사회주의를 잃은 지난 세기 90년대 국제공산주의운동의 피의 교훈을 총결산"하는 선군정치 방식을 내놓았다고 주장했다. 이는 경제에 우선하여 군사를 앞세워야 한다는 김정일의 '선군후경(先軍後經)' 정치방식을 의미했다.[100] 여기에서 군을 무시하고 경제를 우선시할 경우 당장의 경제적 결핍을 채울 수 있을지 몰라도 체제보위를 담보할 수는 없다는 김정일의 신념을 읽을 수 있다.

체제보위 차원에서 '혁명의 기둥'으로서의 군대 역할을 강조하는 선군정치의 필요성이 한층 더 강조되었다. 김일성의 군대에서 김정일 자신의 군대로 만들어 정권 공고화를 위해 군대를 정치적

---

**99** 중앙방송 1999년 7월 22일.

**100** 정성장, "김정일 시대 북한의 '선군정치'와 당·군관계", 「국가전략」 7권 3호 2001년 가을(통권 제17호) 참조.

으로 적극 활용하였다. 북한 당 기관지 로동신문(조선인민군 창건 70주년 기념 사설)에서 "우리 인민군대를 영원히 김정일 동지의 군대로 강화, 발전시켜 나가야 한다"[101]고 강조한 것은 이와 무관하지 않다. 김정일은 점차적으로 선군혁명사상의 성격을 혁명이론으로 구체화하면서 혁명의 주력군으로 노동계급 대신 군대를 내세워 체제보위를 위한 군대의 정치적 역할을 높여 왔다.

북한 사회의 전 분야에 걸쳐서 혁명이라는 이름 하에 군대의 주도적 역할을 정당화하였다. 혁명의 주체를 노동자 농민은 물론 인테리 계층까지 포함하여 포괄적으로 지칭해 왔으나 군대를 포함하지 않았다. 북한은 더 이상 계급관에 기초한 혁명관을 고수하지 않을 것임을 강조하였던 것이다.

이와 관련하여 김일성종합대학 학보(철학 경제학) 2003년 2호에서는 다음과 같이 밝혔다. "어느 때 어디에서나 노동계급이 혁명의 주력군이 된다고 보는 것은 선행이론에 대한 교조주의적 관점이며 원리적으로 맞지 않다"면서, "우리 당은 어떤 기성이론이나 기존공식에 구애되지 않고 선행이론에 대한 온갖 교조주의적 태도와 수정주의적 왜곡을 철저히 배격해 나갈 것"이라 강조하였고, "인민군대는 사회주의 발전을 주도하는 핵심이며 온 사회가 따라 배워야 할 본보기"라고 함으로써 '선군후로(先軍後勞)' 정치를 정당화하였다. 이는 김정일의 '장군형 정치'로 이행되었다.

김일성 사후 북한 주민들의 정치적 불신이 심화되면서 당의

---

**101** 로동신문. 2002년 4월 25일.

가치와 권위체계가 약화되어 감에 따라 김정일 정권은 체제유지 차원에서 당의 정치적 역할과 기능에 전적으로 의존하기 어려웠다. 경제난으로 인해 주민들의 경제적 욕구를 채워 줄 수 없게 됨으로써 점차적으로 주민들의 정치적 불신은 심화하였다. 청년들은 조선노동당 입당을 기피하는가 하면 '당일꾼'보다는 대외 상업, 행정 등 생활과 밀접히 연관된 부문에서 일하려는 실리적 경향을 보였다.

주민들은 일상생활에서 자신과 가족의 생존을 최우선의 가치로 추구할 뿐만 아니라 수단과 방법을 가리지 않고 장사를 해 돈만 많이 벌면 된다는 물질주의가 팽배했다. 노동당이 중심이 되어 정치적으로 주민들을 동원하고 지도통제하는 통치기제가 점차적으로 효율성을 잃게 되었다.

김정일은 경제난에 대한 책임 회피를 위해서도 군을 우선하는 정책을 표방하지 않으면 안 되었다. 경제난은 하루아침에 치유되기 어려운 만큼 이에 대한 책임을 일단 '정부일꾼'들에게 돌려야 했다. 김정일은 군사에 집중하고 군사적 성과를 과시함으로써 정권의 안정성을 확보하고자 하였다. 미제국주의의 위협을 핑계로 군사력 강화가 우선되어야 함을 강조함으로써 심화되고 있는 경제문제 책임을 전가하고자 했다.

김정일은 "군주가 군사보다 사치스러운 일에 더 몰두하면 권력을 잃게 된다"[102]는 니콜로 마키아벨리의 충고를 잘 받아들인

---

102 니콜로 마키아벨리(강정인 옮김), 『군주론』, (서울 : 까치, 1994) p. 101.

듯하였다. 일반적으로 사회주의체제 권력 이양기에는 군대의 지위와 역할이 상향되는 경향을 보였다. 그것은 군부의 독자적인 일탈현상을 차단하기 위한 포용적인 조치다.

김정일은 군사를 우선하는 정치를 내세워 군대를 우대하면서 군사지도력 강화에 나섰다. 이를 통해서 군의 일심단결을 도출하여 안정적 권력기반을 구축하고자 했다. "총대를 잡은 무적 강군이 혁명의 수뇌부를 앞장에서 결사옹위하고 군대를 기둥으로 하여 온 사회가 총폭탄 결사 수호정신의 일치를 이룬 조선의 일심통일체"라고 하면서 "오늘 우리가 말하는 단결은 선군을 신념화하는 단결이고 우리 단결의 기둥은 총대를 잡은 군대이며 우리 단결의 기본정신, 기본구호는 혁명의 수뇌부 결사옹위이다"[103]라는 주장을 이끌어 내어 김정일 자신의 정권을 옹위하는 군대를 만들고자 했다.

김정일은 군대를 권력유지의 중요한 수단으로 인식하였다. 황장엽은 김정일이 언제나 군대놀이를 했고, 군의 병기라든가 기술에 관하여 늘 관심을 보였고, 군대를 장악하려는 의욕도 강했으며, 무엇이든 설득하기보다는 폭력으로 단번에 해결하려 해 왔기 때문에 군대에 의거해서 군대를 존중하고, 그것을 자신의 도구로 삼으려 해 왔다고 증언하였다.[104]

김정일 스스로도 그의 힘이 '군력'에서 나온다는 사실을 솔직

**103** 로동신문, 200년 1월 22일.
**104** 황장엽, 『나는 역사의 진리를 보았다』, (서울 : 한울, 1999), p. 322.

히 밝히기도 하였다. 김정일은 평양을 방문한 남한 언론사 사장단과의 대화에서 "내 힘은 군력에서 나옵니다. 내 힘의 원천으로는 두 가지가 있습니다. 첫째가 모두가 일심단결하는 일이고, 두 번째가 군력입니다. 외국과 잘 되려고 해도 군력이 있어야 하고 외국과의 관계에서 힘도 군력에서 나오고 내 힘도 군력에서 나오고 있습니다. 다른 나라와 친해도 군력을 가져야 합니다"[105]라고 피력하였다고 한다. 김정일은 대내통치를 위해서나 대외관계에 있어서도 군사력이 결정한다는 현실주의적 시각을 지녔던 것이다.

### 김정일의 '장군식 정치 제일론'

김일성 사후 김정일의 공식활동은 군대와 관련된 것이 대부분이었다. 1996년 김정일의 공식행사 참석 43회 중에서 군 관련 행사 참석이 14회, 군부대 현지지도가 17회였다. 2003년도의 경우 군 관련 활동은 63회로 총 공개활동 횟수 92회 중 68%를 차지하였다.

북한 당국도 "경애하는 장군께서는 초인간적인 의지와 정력으로 주체 83(1994)년 8월부터 올해(1999년) 5월까지만도 무려 12만 350여 리의 군 현지지도의 길을 이어 오셨다"[106]고 하면서, "탁월한 선군혁명 영도로 우리 인민군대를 혁명의 기둥 주력군으로 억세게 키워 주시고 혁명적 군인정신에 기초한 군대와 인민의 사상

---

**105** 조선일보, 2000년 8월 14일.
**106** 중앙방송, 1999년 7월 22일.

의 일치, 투쟁기풍의 일치로 만난을 뚫고 강성대국 건설의 전환적 국면을 열어 나가시는 경애하는 장군님은 희세의 걸출한 정치가이시며 위대한 거장"[107]이라고 함으로써 김정일의 '군사지도자로서의 위대성'을 강조하는 데 초점을 맞추었다.

김일성 사후 확인된 여러 차례 대규모 승진인사 중 대부분이 군 관련 인사였다. 당시 북한군의 장성 규모가 1,400여 명(한국 400여 명)에 달할 정도로 군에 대한 비정상적 우대정책이 지속되었다.

김정일은 북한 군부의 권력서열 상승조치를 단행하여 군부로부터의 충성유도 노력을 기울였다. 호위사령관 이을설, 총정치국장 조명록, 총참모장 김영춘, 사회안전상 백학림 등은 1994년 7월 김일성 장의위원 명부에서 각각 77위, 89위, 88위, 53위, 1996년 7월 김일성 사망 2주기 추도회에서 각각 11위, 12위, 13위, 30위로 껑충 뛰어올랐다. 최광 장의위원 명단에서는 이을설, 조명록, 김영춘이 6위, 7위, 8위로, 백학림은 24위로 진입함으로써 권력의 최전면에 부상하였다.

노동당 창건 55돌 기념행사를 통해 밝혀진 바에 따르면 주석단 10위권 내에 국방위원은 서열 1위인 김정일을 포함해 6명이나 포진하였다. 서열 3위로 자리매김한 조명록을 포함하게 될 경우 주석단 대부분이 국방위 인사로 채워진 셈이다. 이외 상장, 대장급 주요 군부인사들 역시 각종 행사 참석명단에서 비교적 상위

---

107  중앙방송, 1999년 2월 5일.

그룹을 구성하였다.

김정일은 화려한 넥타이나 매고 미사여구를 늘어놓는 정치 신사가 아니라 혁명의 장군, 인민의 장군인 '위대하고 걸출한 장군'으로 비쳐지도록 하여 군부의 충성을 유도하였다.[108] 그리고 김일성의 3년상을 치를 때까지 김정일의 권력승계를 위한 어떠한 추대행사를 치르지 않았지만 최고사령관의 직분으로 군부대 현지지도를 포함한 군대 관련 공식행사를 중심으로 국가지도자로서의 행보를 보였다. 김정일에 대해 최고사령관에서 점차적으로 '장군님'으로 호칭하는 빈도를 높여 나갔다.

최고사령관은 군 통수권상의 최고직책을 의미하는 기능적 의미만을 담고 있으나 북한에서 '장군'이라는 호칭은 단순히 군대 계급적 의미에 더하여 김일성과 같은 혁명적 정통성을 지닌 '존경받는 지도자'의 의미를 내포한다. 김일성 생존 시에는 '장군님'이라는 호칭이 김일성 자신의 독점물이었다는 사실을 감안할 때, 김정일에 대한 '장군님' 호칭은 김일성의 군사 카리스마가 전이되는 것을 뜻한다. 이와 같이 김정일은 '장군식 정치 제일론'을 전면에 내걸고 군부의 충성을 유도하였다.

### 7차 당 대회까지 유지된 선군정치

7차 당 대회 때까지만 하더라도 김정은 정권은 '장군형 정치', 즉 선군정치를 기본으로 견지하였다. 7차 당 대회 때 개정된 당

---

108 「평양방송」 1999년 5월 13일.

규약에서는 "조선로동당은 혁명과 건설에 대한 령도에서 자주, 선군, 사회주의의 로선과 원칙을 일관하게 틀어쥐고" 나간다는 영도방식을 확인했다.

이에 더해 "조선로동당은 선군정치를 사회주의 기본 정치방식으로 확립하고 선군의 기치 밑에 혁명과 건설을 령도한다"는 정치방식을 밝혀 선군정치를 고수한다는 점을 분명히 했다. "조선인민군은 (…) 경애하는 김정은 동지께서 이끄시는 혁명적 무장력이다"고 했고, "조선인민군은 당의 위업, 주체혁명위업을 무장으로 옹호보위하는 수령의 군대"이며 "당의 선군혁명령도를 맨앞장에서 받들어 나가는 혁명의 핵심부대, 주력군"이라고 하여 북한 군대는 김정은 개인의 군대로서 '선군후로'식의 정치적 역할과 기능을 유지하도록 했다.

북한은 군대를 '인민군대' 안에 '김정은 동지를 결사옹위하는 총폭탄'으로 '튼튼히 준비'시키도록 하여 김정은 개인의 군대로 만들고자 하는 의도를 숨기지 않았다.

## 8차 당 대회 이후 선군정치 퇴조하다

그러나 8차 당 대회 당 규약에서는 '선군' 또는 '선군정치', '선군령도'라는 말을 찾아볼 수 없다. 대신 "조선로동당은 혁명과 건설에 대한 령도에서 로동계급적 원칙, 사회주의적 원칙을 일관되게 견지하며 주체성과 민족성을 고수한다"고 재규정함으로써

'노동계급'을 앞세우는 사회주의 정치를 복원하였다. 즉 "조선로동당은 인민대중제일주의 정치를 사회주의 기본 정치방식"으로 내세운 것이다. '노동계급'을 대신하여 군대를 앞세운 '선군후로' 정치방식은 더 이상 용인하지 않게 되었다.

이에 더해 군대가 김정은 또는 수령 개인의 군대가 아닌 당의 군대, 국가의 군대로서 사회주의체제 하의 군 고유의 위치로 되돌려 놓았다. "조선인민군은 국가방위의 기본력량, 혁명의 주력군으로서 사회주의 조국과 당과 혁명을 무장으로 옹호보위하고 당의 령도를 앞장에서 받들어 나가는 조선로동당의 혁명적 무장"으로 정의하고 "당 중앙의 유일적령군체계를 철저히 세우고 당의 명령 지시 하에 하나와 같이 움직이는 혁명적 군풍을 확립하며 모든 사업을 당의 군사로선과 정책에 립각하여 조직진행한다"고 규정함으로써 북한 군대는 철저하게 당에 종속적인 기능과 역할에 국한하도록 하였다.

선군정치 하에서는 북한군 총정치국이 "인민군 당위원회의 집행부서로서 당 중앙위원회 부서와 같은 권능을 가지고 사업"하도록 하여 당적 위상이 중앙당 부서에 준하는 것이었다. 그렇지만 8차 당 대회에서 개정된 당 규약은 '조선인민군 총정치국'이 더 이상 '당 중앙위원회 부서와 같은 권능'을 인정하지 않게 되었다. 조선인민군 총정치국은 "해당 당 위원회 집행부서로서 당 정치사업을 조직집행"하는 군대 내의 특수한 당 조직으로 남아 있게 하였다. 즉 북한군 총정치국은 중앙당의 외부 군대조직의 하나로 기능하게 되었다.

김정은 정권은 기존의 '선군정치를 사회주의 기본 정치방식'에서 탈피하여 인민을 앞세워 정치하는 '인민대중제일주의 정치'를 사회주의 기본 정치방식으로 선택했다. "인민의 존엄과 권익을 절대적으로 옹호하고 모든 문제를 인민대중의 무궁무진한 힘에 의거하여 풀어나가며 인민을 위하여 복무하는 정치를 실현한다"고 했다.

## 전체주의 독재 강화를 위한 '인민대중제일주의'

2016년 이후부터 '인민'이라는 용어가 많이 사용되었다. 김정은은 노동당이 인민을 위한 정당이고 인민을 위해 복무한다는 것을 강조했다. 김정은은 인민들의 열렬한 지지를 이끌어 내어 권력기반을 다지고자 했다. 군대를 중요 지지기반으로 삼았던 김정일 시대와는 다른 양상을 보였다.

김정은은 집권 초기에도 군대 중시 행보를 보이면서도 애민지도자 이미지를 구축하기 위한 사업에 열을 올렸다. 김정은은 2012년 신년사에서 "인민을 위한 좋은 일을 더 많이 하자"는 구호를 제시할 정도로 인민 중시 정책을 집권 초창기부터 펼쳤다. 김정은은 인민들과 접촉면을 넓히면서 인민 사랑을 부각할 수 있는 사업들을 집중적으로 펼쳤다. 옥류아동병원, 류경구강병원, 교육자살림집과 은하과학자살림집 건설, 미림승마구락부, 능라유원지, 문수물놀이장, 마식령스키장 건설, 연풍과학자휴양소 건설 등과 같은 인민 생활 관련 건설사업들을 추진했다.

이것들은 김정은의 민심 장악을 위한 노력의 일환이다. 간부들과 당원들이 인민 사랑과 인민들에 대한 헌신으로 민심을 장악하도록 했으며, 이에 노동당이 앞장서도록 했다. 김정은은 "모든 것을 인민을 위하여, 모든 것을 인민대중에게 의거하여"라는 당 구호를 제시하면서 전당이 인민을 사랑하고, 전당이 인민을 위해 멸사 복무하라고 요구했다.[109]

7차 당 대회 이후 김정은 정권은 '인민대중제일주의'를 제시했다. 간부들이 인민대중을 혁명과 건설의 주인으로 보고, 인민대중에 의거하고, 인민대중을 위해 멸사 복무하는 것을 '인민대중제일주의'로 정의했다. 간부들이 언제나 인민들 속에 들어가 고락을 같이 하면서 인민대중의 의사와 요구를 반영하도록 했다. 인민들이 세상에 부러움 없이 잘살게 하기 위해 당이 유일영도체계를 세우는 것이라는 논리도 전개했다. 8차 당 대회 이후 인민대중제일주의는 당의 '인민대중제일주의 정치방식'으로 규정되기에 이르렀다.

## 왜 '인민대중제일주의'인가

김정은 정권이 '인민대중제일주의' 정치방식을 선택한 것은 대중 지지에 입각하여 정권을 장악하고 공고화하기 위해서다. 이는

---

**109** "혁명적인 사상공세로 최후승리를 앞당겨 나가자. 경애하는 김정은 동지께서 조선로동당 제8차 사상일군대회에서 하신 연설," 로동신문, 2014년 2월 26일.

대중동원적 방법으로 권력통제를 강화하는 전체주의적 방식이다. 북한 인민대중을 김정은 정권의 의도에 부합할 수 있도록 자발적·비자발적 참여 열정을 강화하여 통제해 나가고자 한다.

이를 위해 대중동원술이 이용된다. 김정은 정권에 대한 충성 유도를 위해 군중집회를 열고 대규모 매스게임에 참여시킨다든가, 시위행진과 성토대회를 개최하여 인민들을 꼭두각시처럼 조작하고자 한다. 수많은 인민들을 광장에 집합시켜 김정은 정권에 대한 충성을 고취하기 위해 일사불란하게 행동하게 하고 함께 환호하게 만든다. 인민들은 자연히 흥분이 고조되고 마침내 전체는 하나라는 획일적 일체감을 갖도록 하여 김정은 정권에 대한 결속과 충성을 이끌어 내는 것이다.

선군정치체계에서는 군대를 앞세워 대중 지지를 이끌어 내는 식이다. 군대는 인민대중의 부분이지 전체가 아니다. 군대에 의한 충성 유도는 자발적이기보다 강압적이어서 한계를 지닌다. 동시에 군대의 지나친 정치적 역할 확대는 정권에 대한 위협으로 비화할 수 있는 위험성도 있다.

인민대중의 충성을 고취하기 위해서는 인민대중 전체를 움직일 필요가 있다. 인민대중이 중심이 되어 인민대중에 의하여 충성이 유도될 수 있도록 하는 것이 안정적이다.

따라서 김정은 정권은 인민대중 지지에 입각한 정권 장악을 위해 인민대중과의 유대를 가진 유일영도체계와 철두철미한 당 조직체계를 통해 권력의 안정화를 기하고자 하였다. 북한은 "부강하고 문명한 사회주의 사회 건설"과 최종적으로는 "인민의 리상이 완전히 실현된 공산주의 사회를 건설"하는 것과 주체형 인간혁명을 강조하면서 이 같은 사회를 이룩하기 위해서는 김정은 유일영도와 노동당이 중심이 되어 전체 인민들을 철통같이 하나로 통합시켜 나가고자 한다.

## 정상적 사회주의체제 확립을 위한 당 규약 개정

사회주의체제에서는 일당독재가 정당화된다. 사회주의체제의 최고권력기관이 노동당 또는 공산당이 되는 이유다. 그 이론적 근거는 프롤레타리아 독재다. 프롤레타리아 독재는 프롤레타리아 계급독재를 의미하기 때문에 집체적 독재다. 프롤레타리아 계급은 반대 계급인 부르주아 계급의 완전한 타파를 위해 계급독재를 실시한다.

북한에서도 당을 "정치조직 가운데 최고 형태의 조직이며 프롤레타리아 독재체계에서 지도적 및 향도적 력량"[110]으로 규정하고 있다. 국가도 당의 영도 밑에 모든 활동을 진행하도록 되어 있다. 그러나 북한의 노동당은 수령 유일독재를 뒷받침하는 정치조직으로 기능한다.

북한에서는 "로동계급의 당은 수령의 사상과 령도를 실현하기 위한 혁명참모부"로 만들고, "수령의 사상으로 사람들을 무장시

---

**110**  사회과학 출판사 편, 『철학사전』(평양 : 사회과학출판사, 1985), p.146

키고 수령의 의도대로 사회를 혁명적으로 개조해 나가는 사회의 심장, 공산주의 건설의 추진력으로서의 역할"을 수행해 나가도록 하고 있다.

이렇게 볼 때 북한에서 정치적 최고지휘관은 당 위에 있는 수령이 된다. 즉 북한의 노동당은 수령 독재의 '참모부'로서 수령의 아래에 존재한다. 수령은 '참모부' 노동당을 개인권력의 이익을 위해 다양한 방식으로 활용하였다. 김일성 후계자가 된 김정일은 그의 권력기반 강화를 위한 개인 정치조직으로 노동당을 활용하였다.

본래 노동당은 회의체 조직, 즉 당 대회, 당 대표자회의, 정치국회의 등을 통해 당 노선과 정책 및 전략전술에 관한 기본결정을 하게 된다. 전문부서를 두고 노동당의 일상업무를 다루는 실질적인 정책집행기관은 비서국이다. 김정일은 프롤레타리아의 집체적 결정을 의미하는 회의체 조직 기능을 사장하는 대신 비서국 정치를 중심으로 노동당 기능을 활성화해 왔다. 앞서 설명한 바와 같이 김정은 시대에 와서는 노동당 조직의 정상적인 기능과 활동을 보여 오고 있다.

김정은 시대 노동당의 기능이 7차 당 대회에 이어 8차 당 대회 노동당 규약 개정을 통해 더욱 정상화되는 조치들이 취해졌다. 먼저 노동당이 수령, 즉 개인의 당이라는 인상을 완화하기 위해 '김일성·김정일주의' 표현을 제외하고 김일성, 김정일, 김정은 이름 대신 '수령' 또는 '수반'으로 통일하였다.

예를 들면, 7차 당 대회 개정 규약에는 "조선로동당은 위대한

8차 당 대회에서 당 규약 개정을 통해 조직을 정상화하는 조치들이 취해졌다. @오마이뉴스

김일성 동지와 김정일 동지를 영원히 모시고 경애하는 김정은 동지를 중심으로 하여(…)"로 표현되었던 것을 김일성, 김정일, 김정은을 삭제하고 "조선로동당은 위대한 수령들을 영원히 모시고 수반을 중심으로 하여(…)" 식으로 바꾼 것이다.

노동당의 목표도 일반적인 사회주의·공산주의식으로 변화를 보였다. '공화국 북반부'에서는 "부강하고 문명한 사회주의 사회 건설"을 '최종 목적'으로는 "인민의 리상이 완전히 실현"된 '공산주의 사회' 건설을 내세웠다.

'선군을 사회주의 기본정치방식'으로 했던 것을 군사적 색채를 안전 제거한 "인민대중제일주의 정치를 사회주의 기본방식"으로 변경했다. '장군형 정치방식'에서 '인민대중'을 앞세운 전체주의식 정치방식을 강화한 것으로 판단된다.

5년에 한 번씩 개최로 못박아 당 대회 정례화를 확인함으로 써 노동당의 집체적 결정 기능을 활성화하고자 하는 의지도 보였 다. 노동당 대표자도 '노동당 위원장'에서 '총비서'로 바꾸어 새로 '총비서'가 된 김정은이 '비서국 정치' 회복으로 당의 '유일적령도체 계'를 강화해 나가도록 하였다. 특히 '총비서 대리인'으로 '당 중앙 위원회 제1비서' 직책을 신설하여 총비서 유고 또는 유사시를 대 비하는 의도도 노정하였다.

특히 정치국 상무위원회의 기능을 "정치·경제·군사적으로 시급히 제기되는 중대한 문제들을 토의 결정"하도록 하고, 총비 서의 위임으로 정치국 상무위원회 위원들이 "정치국 회의를 사회 할 수" 있도록 하는 규정을 신설함으로써 이제까지 수령의 결정 중심에서 정치국 상무위원회의 집체적 결정기능을 확대하였다.

군사부문에서는 당 중앙군사위원회를 당의 '최고군사지도기관' 으로 내세우고 위원장을 당 총비서가 맡도록 했다. 자연히 당 총 비서 김정은이 당 중앙군사위원회 위원장이 된다. "토의문제의 성격에 따라 회의 성립 비률에 관계없이 필요한 성원들만 참가시 키고 소집할 수" 있도록 하여 군사문제 관련 결정의 신속성과 효 율성을 제고하고자 하는 실용적 면모를 보였다.

당 중심의 지도체계를 확립하기 위해 관련 규정을 신설 또는 강화하기도 하였다. 당 조직의 인적 기본 핵심은 당원들이다. 당 중심 지도체제를 강화하기 위해서는 당원들의 질적 수준을 높일 필요가 있다. 이에 따라 8차 당 대회 당 규약 개정에서 후보당 원 생활기간을 1년에서 2년으로 늘렸다. 3년 이상 당원으로서의 의무를 이행하지 않는 당원을 당 대열에서 제외한다고 명시하였다. 또한 자기단위에서 맡은 사업을 무책임하게 하여 엄중한 후과를 초래한 당 조직과 당 기관 안의 부서들에게 경고, 엄중경고, 사업정지 책벌을 부과할 수 있도록 하여 당 조직의 책임성을 높여 나가고자 하였다.

이 같은 당 조직의 질적 제고 조치는 북한 인민들의 입당 선호도가 높아진 것을 의미한다. 입당 선호도가 낮다면 당의 질적 제고 노력은 허언에 불과한 것이기 때문이다. 고난의 행군기에는 사적 경제활동에 걸림돌이 된다 하여 당원 자격을 스스로 박탈하고자 하는 움직임도 있었던 것으로 알려졌다.

그동안 사적으로 경제적 이익을 추구하는 사회현상의 변화가 입당 선호도를 떨어뜨리는 결과를 초래했었다. 식량배급이 원활하게 이루어질 때만 해도 북한 주민들 사이에서 상행위에 대한 부정적인 인식이 널리 깔려 있었으나, 배급이 중단된 이후에 식량문제가 대두되면서 자연스럽게 북한 주민들은 시장경제에 눈을 뜨기 시작했다. 시장화를 통해 북한 사회에서 정치적 이념보다 경제적 실리가 더 중요하다는 인식이 확산하였다.[111]

이는 북한 주민들의 계층 변화를 가져왔다. 특히 김정일 및 김정은 정권에서 사회적인 계층과 특권은 이미 선대에서 만들어지고 체계화된 기초적 사회구조의 영향을 받았음에도 불구하고

---

111  김양희, 「김정일 시대 북한의 식량정치 연구」, 동국대학교대학원 박사학위논문,
2013, pp. 151~152.

시장과의 관계에 의해 결정되었다. 배급제가 제대로 운영되지 않으면서 주민들의 식량에 대한 접근성은 사회구조보다는 시장에서의 상업적 능력에 의해 좌우되었기 때문이다.[112]

1960년대 이후 북한은 유일지배체제가 지속되는 가운데 항일유격대 출신을 중심으로 지배집단이 구축되었다. 따라서 지배층의 폐쇄성이 구조화되어 계층 간 사회이동이 어려웠고 이는 결과적으로 안정적인 사회계층을 유지할 수 있게 했다. 그러나 경제난 이후에는 개인별 소득 격차가 크게 벌어지면서 정치적 기준에 의한 기존의 계층구조가 실질적으로는 경제적 기준에 의한 계층구조로 바뀌고 있다.

북한 주민의 일상생활 변화 양상을 살펴보면 시장 활동 여부와 장마당 물자 유통에 대한 접근 정도, 활용 가능한 사회적 관계망 보유 여부, 초기 자본 등에 따라 개별가구의 소득격차가 발생하여 개인의 경제적 능력을 기준으로 하는 계층의 재편이 이루어지고 있는 것이다.[113] 그러나 김정은 정권이 당의 역할을 강조하면서 제도적 안정성을 회복해 나감에 따라 주민들의 당에 대한 기대감이 높아진 것처럼 보인다. 북한 인민들의 입당 선호도도 어느 정도 높아졌을 수 있다.

---

**112** 헤이젤 스미스, "북한의 식량권 침해 여부와 반인도 범죄 규명", 『유엔 인권메커니즘과 북한 인권 증진방안』 (KINU 샤이오인권포럼 발표문, 2013년 8월 27일), p. 343.

**113** 이우영, "김정은 체제 북한 사회의 과제와 변화 전망", 『통일정책연구』 21권 1호 (통일연구원, 2012), p. 73.

## :: 김정은 시대 북한 노동당 규약 개정 내용

| 구분 | 7차 당 대회 개정 당 규약 (1916.5.9.) | 8차 당 대회 개정 당 규약 (2021. 1. 9.) |
|---|---|---|
| 김일성·김정일 주의 정의 | •조선로동당은 위대한 김일성·김정일주의를 유일한 지도사상으로 하는 주체형의 혁명적 당이다. | •김일성·김정일주의는 주체사상에 기초하여 전일적으로 체계화된 혁명과 건설의 백과전서이며 인민대중의 자주성을 실현하기 위한 실천투쟁 속에서 그 진리성과 생활력이 검증된 혁명적이며 과학적인 사상이다.<br>•조선로동당은 위대한 김일성·김정일주의를 유일한 지도사상으로 하는 주체형의 혁명적당이다.<br>•조선로동당은 온 사회의 김일성·김정일주의화를 당의 최고강령으로 한다. |
| 수반 중심 | •경애하는 김정은 동지는 조선로동당을 위대한 김일성 동지와 김정일 동지의 당으로 강화 발전시키시고 주체혁명을 최후승리에로 이끄시는 조선 로동당과 조선 인민의 위대한 령도자이시다. | (삭제) |
| | •조선로동당은 위대한 김일성 동지와 김정일 동지를 영원히 높이 모시고 경애하는 김정은 동지를 중심으로 하여 조직사상적으로 공고하게 결합된 로동계급과 근로인민대중의 핵심부대, 전위부대이다. | •조선로동당은 위대한 수령들을 영원히 높이 모시고 수반을 중심으로 하여 조직사상적으로 공고하게 결합된 로동계급과 근로인민대중의 핵심부대, 전위부대이다. |

| | | |
|---|---|---|
| 당의 목표<br>(민족해방<br>민주주의혁명<br>과업 삭제) | • 조선로동당의 당면 목적은 공화국북반부에서 사회주의 강성국가를 건설하며 전국적 범위에서 민족해방민주주의혁명의 과업을 수행하는 데 있으며 최종 목적은 온 사회를 김일성·김정일주의화하여 인민대중의 자주성을 완전히 실현하는데 있다. | • 조선로동당의 당면 목적은 공화국 북반부에서 부강하고 문명한 사회주의사회를 건설하며 전국적 범위에서 사회의 자주적이며 민주주의적인 발전을 실현하는 데 있으며 최종목적은 인민의 리상이 완전히 실현된 공산주의 사회를 건설하는 데 있다. |
| 통치방식 | • 조선로동당은 당 안에 사상과 령도의 유일성을 보장하고 당이 인민대중과 혼연일체를 이루며 당 건설에서 계승성을 보장하는 것을 당 건설의 기본원칙으로 한다.<br>• 조선로동당은 위대한 김일성 동지와 김정일 동지의 유훈을 생명선으로 틀어쥐고 끝까지 관철하며 김일성 동지와 김정일 동지의 혁명사상과 업적을 견결히 옹호고수하고 끝없이 빛내여 나간다.<br>• 조선로동당은 당의 유일적령도체계를 세우는 사업을 주선으로 틀어쥐고 당 대렬을 수령결사옹위의 전위대오로 꾸리며 경애하는 김정은 동지를 중심으로 하는 당과 군대와 인민의 일심단결을 백방으로 강화하고 그 위력을 높이 발양시켜 나간다. | • 조선로동당은 당 안에 사상과 령도의 유일성을 보장하고 인민대중과 혈연적 유대를 강화하며 당 건설에서 계승성을 보장하는 것을 당 건설의 기본원칙으로 한다.<br>• 조선로동당은 수령의 혁명사상과 령도방식을 당 건설과 당 활동 전반에 철저히 구현하며 수령이 이룩한 불멸의 혁명업적을 견결히 옹호고수하고 끝없이 빛내여 나간다.<br>• 조선로동당은 당 중앙의 유일적 령도체계 확립을 중핵으로 내세우고 전당을 김일성·김정일주의로 일색화하며 수반을 중심으로 하는 전당의 통일 단결을 백방으로 강화하고 당 중앙의 령도 밑에 조직규률에 따라 하나와 같이 움직이는 엄격한 혁명적 제도와 질서를 세운다. |

| | | |
|---|---|---|
| 비사회주의<br>·<br>반사회주의 | •조선로동당은 위대성교양, 김정일애국주의교양, 신념교양, 반제계급교양, 도덕교양을 기본으로 하여 김일성·김정일주의교양을 강화하며 자본주의사상, 봉건유교사상, 수정주의, 교조주의, 사대주의를 비롯한 온갖 반동적·기회주의적 사상조류 등을 반대배격하며 로동계급적 원칙, 맑스레닌주의의 혁명적 원칙을 견지한다. | •조선로동당은 당의 사상과 배치되는 자본주의사상, 봉건유교사상, 수정주의, 교조주의, 사대주의를 비롯한 온갖 반동적 기회주의적 사상조류들을 반대배격하며 맑스레닌주의의 혁명적 원칙을 견지한다. |
| 영도방식 | •조선로동당은 사람과의 사업을 당 사업의 기본으로 한다.<br>•조선로동당은 항일유격대식 사업방법, 주체의 사업 방법을 구현한다.<br>•조선로동당은 혁명과 건설에 대한 령도에서 자주, 선군, 사회주의의 로선과 원칙을 일관하게 틀어쥐고 나가며 주체성과 민족성을 고수한다. | •조선로동당은 사람과의 사업을 당 사업의 기본으로 하며 항일유격대식사업방법을 철저히 구현한다.<br>•조선로동당은 혁명과 건설에 대한 령도에서 로동계급적 원칙, 사회주의적원칙을 일관되게 견지하며 주체성과 민족성을 고수한다. |
| 기본정치방식<br>(선군정치→<br>인민대중<br>제일주의) | •조선로동당은 선군정치를 사회주의 기본정치방식으로 확립하고 선군의 기치 밑에 혁명과 건설을 령도한다.<br>•조선로동당은 사상을 기본으로 틀어쥐고 인민대중의 정신력을 발동하여 모든 문제를 풀어나간다. | •조선로동당은 인민대중제일주의정치를 사회주의 기본 정치방식으로 한다.<br>•조선로동당은 인민의 존엄과 권익을 절대적으로 옹호하고 모든 문제를 인민대중의 무궁무진한 힘에 의거하여 풀어나가며 인민을 위하여 복무하는 정치를 실현한다. |

| | | |
|---|---|---|
| 경제·국방<br>(병진노선→<br>자력갱생) | • 조선로동당은 혁명대오를 정치사상적으로 튼튼히 꾸리고 인민대중중심의 사회주의제도를 공고발전시키며 경제건설과 핵무력건설의 병진로선을 틀어쥐고 과학기술발전을 확고히 앞세우면서 나라의 방위력을 철벽으로 다지고 사회주의 경제강국, 문명국 건설을 다그쳐나간다. | • 조선로동당은 자력갱생의 기치 밑에 경제건설을 다그치고 사회주의의 물질기술적 토대를 튼튼히 다지며 사회주의 문화를 전면적으로 발전시키고 사회주의 완전승리를 앞당기기 위하여 투쟁한다.<br>• 조선로동당은 공화국 무력을 정치사상적으로 군사기술적으로 부단히 강화하고 자립적 국방공업을 발전시켜 나라의 방위력을 끊임없이 다져나간다. |
| 통일전선 | • 조선로동당은 전 조선의 애국적 민주력량과의 통일전선을 강화한다.<br>• 조선로동당은 남조선에서 미제의 침략무력을 몰아내고 온갖 외세의 지배와 간섭을 끝장내며 일본군국주의와 재침책동을 짓부시며 사회의 민주화와 생존의 권리를 위한 남조선 인민들의 투쟁을 적극 지지 성원하며 우리민족끼리 힘을 합쳐 자주, 평화, 통일, 민족대단결의 원칙에서 조국을 통일하고 나라와 민족의 통일적 발전을 이룩하기 위하여 투쟁한다. | • 조선로동당은 전 조선의 애국적 민주력량과의 통일전선을 강화하며 해외동포들의 민주주의적 민족 권리와 리익을 옹호보장하고 그들을 애국애족의 기치 아래 굳게 묶어 세우며 민족적 자존심과 애국적 열의를 불러일으켜 조국의 통일발전과 륭성번영을 위한 길에 적극 나서도록 한다.<br>• 조선로동당은 남조선에서 미제의 침략무력을 철거시키고 남조선에 대한 미국의 정치군사적 지배를 종국적으로 청산하며 온갖 외세의 간섭을 철저히 배격하고 강력한 국방력으로 근원적인 군사적 위협들을 제압하여 조선반도의 안전과 평화적 |

| | | |
|---|---|---|
| 통일전선 | | 환경을 수호하며 민족자주의 기치, 민족대단결의 기치를 높이 들고 조국의 평화통일을 앞당기고 민족의 공동번영을 이룩하기 위하여 투쟁한다. |
| 당원 의무 | • 당원은 위대한 김일성 동지와 김정일 동지를 영원한 주체의 태양으로 높이 모시고 경애하는 김정은 동지의 령도를 충정으로 받들어 나가야 한다.<br>• 당원은 위대한 김일성 동지와 김정일 동지의 유훈을 한치의 드틤도 없이 철저히 관철하고 성스러운 혁명생애와 업적을 길이 빛내이며 경애하는 김정은 동지를 결사옹위하고 당의 통일단결을 눈동자와 같이 지키며 당의 유일적 령도 밑에 하나와 같이 움직이는 혁명적 규률을 세워야 한다. | • 당원은 당 중앙의 령도에 끝없이 충실하여야 한다.<br>• 당원은 수령에 대한 충실성을 혁명적 신념과 의리로 간직하고 당 중앙을 견결히 옹위하며 당의 로선과 정책을 무조건 접수하고 철저히 관철하며 당 앞에 무한히 성실하고 말과 행동이 일치되어야 한다. |
| 당 대회<br>(정례화) | • 당 대회는 당 중앙위원회가 소집하며 당 대회 소집 날짜는 여섯 달 전에 발표한다. | • 당 대회는 5년에 한 번씩 당 중앙위원회가 소집하며 소집에 관한 발표는 수개월 전에 한다. |
| 당 수반<br>(위원장→<br>총비서) | • 조선로동당 위원장은 당의 최고 령도자이다.<br>• 조선로동당 위원장은 당을 대표하며 전당을 령도한다. | • 조선로동당의 수반은 조선로동당 총비서이다.<br>• 조선로동당 총비서는 당을 대표하며 전당을 조직 령도한다. |

| | | |
|---|---|---|
| 당 중앙위원회 전원회의 (제1비서 신설) | •당 중앙위원회 전원회의는 해당 시기 당 앞에 나서는 중요한 문제들을 토의결정하며 당 중앙위원회 정치국과 정치국 상무위원회를 선거하며 당 중앙위원회 부위원장들을 선거하고 정무국을 조직하며 당중앙 군사위원회를 조직하고 당 중앙위원회 검열위원회를 선거한다. | •당 중앙위원회 전원회의는 해당 시기 당 앞에 나서는 중요한 문제들을 토의결정하며 당 중앙위원회 정치국과 정치국 상무위원회를 선거하며 당 중앙위원회 제1비서, 비서들을 선거하고 비서국을 조직하며 당중앙군사위원회를 조직하고 당중앙검사위원회를 선거한다.<br>•당 중앙위원회에 부서(비상설기구 포함)를 내오며 필요한 경우 당 규약을 수정하고 집행하며 당 대회에 제기하여 승인을 받는다.<br>•당 중앙위원회 제1비서는 조선로동당 총비서의 대리인이다. |
| 당 중앙위원회 정치국 | •당 중앙위원회 정치국과 정치국 상무위원회는 전원회의와 전원회의 사이에 당 중앙위원회의 이름으로 당의 모든 사업을 조직지도한다. | •당 중앙위원회 정치국은 전원회의와 전원회의 사이에 당 중앙위원회의 이름으로 당의 모든 사업을 조직지도한다. 당 중앙위원회 전원회의를 소집한다. |
| 당 중앙위원회 정치국 상무위원회 | (신설) | •당 중앙위원회 정치국 상무위원회는 정치, 경제, 군사적으로 시급히 제기되는 중대한 문제들을 토의결정하며 당과 국가의 주요 간부들을 임면할데 대한 문제를 토의한다. |

| | | |
|---|---|---|
| 당 중앙위원회 정치국 상무위원회 | | • 조선로동당 총비서의 위임에 따라 당 중앙위원회 정치국 상무위원회 위원들은 정치국회의를 사회할 수 있다. |
| 당 중앙군사 위원회 | • 당 중앙군사위원회는 당 대회와 당 대회사이에 군사분야에서 나서는 모든 사업을 당적으로 조직지도한다.<br>• 당 중앙군사위원회는 당의 군사로선과 정책을 관철 하기 위한 대책을 토의결정하며 혁명무력을 강화하고 군수공업을 발전시키기 위한 사업을 비롯하여 국방사업 전반을 당적으로 지도한다. | • 당 중앙군사위원회는 당 대회와 당 대회사이의 당의 최고군사지도기관이다.<br>• 조선로동당 총비서는 당 중앙군사위원회 위원장으로 된다.<br>• 당 중앙군사위원회는 당의 군사로선과 정책을 관철하기 위한 대책을 토의결정하며 공화국무력을 지휘하고 군수공업을 발전시키기 위한 사업을 비롯하여 국방사업 전반을 당적으로 지도한다.<br>• 당 중앙군사위원회는 토의문제의 성격에 따라 회의 성립 비률에 관계없이 필요한 성원들만 참가시키고 소집할 수 있다. |
| 당 중앙검사 위원회 | • 당 중앙위원회 검열위원회는 당의 유일적령도체계에 어긋나는 행동을 하거나 당 규약을 위반하는 것을 비롯하여 당 규률을 어긴 당원에게 당적 책임을 추궁하며 당 규률 문제와 관련한 도 당위원회의 제의와 당원의 신소를 심의하고 처리한다.<br>• 당 중앙검사위원회는 당의 재정관리사업을 검사한다. | • 당 중앙검사위원회는 당중앙의 유일적 령도 실현에 저해를 주는 당 규률위반행위들을 감독조사하고 당 규률문제를 심의하며 신소청원을 처리하고 당의 재정관리사업을 검사한다. |

| | | |
|---|---|---|
| 도·시·군 당위원회 사업 (5대 교양 일부 변경) | 도, 시, 군당위원회는 다음과 같은 사업을 한다.<br>• 당의 유일적령도체계를 세우는 사업을 주선으로 틀어쥐고 당원들과 근로자들이 위대한 김일성동지와 김정일 동지를 영원히 높이 모시고 경애하는 김정은 동지를 결사옹위하며 당과 혁명대오의 일심단결을 강화하고 당의 로선과 정책을 결사관철하며 당의 유일적령도 밑에 하나와 같이 움직이도록 지도한다.<br>• 위대성교양, 김정일애국주의교양, 신념교양, 반제 계급교양, 도덕교양을 기본으로 틀어쥐고 사상사업을 공세적으로 벌여 당원들과 근로자들을 위대한 김일성·김정일주의로 튼튼히 무장시키고 대중의 정신력을 높이 발양시키며 제국주의자들의 사상 문화적 침투책동을 짓부시고 온갖 이색적인 사상 요소들과 비사회주의적 현상을 비롯한 부정적인 현상들을 반대하여 투쟁한다. | 도, 시, 군당위원회는 다음과 같은 사업을 한다.<br>• 당 중앙의 유일적령도체계를 세우는 사업을 중핵으로 내세우고 당원들과 근로자들이 당중앙을 견결히 옹위하며 당과 혁명대오의 일심단결을 강화하고 당의 로선과 정책을 결사관철하며 당 중앙의 령도 밑에 하나와 같이 움직이도록 지도한다.<br>• 혁명전통교양, 충실성교양, 애국주의교양, 반제계급 교양, 도덕교양을 기본으로 틀어쥐고 사상사업을 공세적으로 벌여 당원들과 근로자들을 당의 혁명사상으로 튼튼히 무장시키고 대중의 정신력을 높이 발양시키며 제국주의자들의 사상문화적침투책동을 짓부시고 온갖 이색적인 사상요소들과 비사회주의적 현상을 비롯한 부정적인 현상들을 반대하여 투쟁한다. |
| 조선인민군 | • 조선인민군은 위대한 수령 김일성 동지께서 항일혁명투쟁의 불길 속에서 몸소 창건하시고 위대한 김일성 동지와 김정일 동지께서 무적필승의 강군으로 강화발전시키시였으며 경애하는 | • 조선인민군은 국가방위의 기본력량, 혁명의 주력군으로서 사회주의 조국과 당과 혁명을 무장으로 옹호보위하고 당의 령도를 앞장에서 받들어 나가는 조선로동당의 혁명적 무장력이다. |

| | | |
|---|---|---|
| 조선인민군 | 김정은 동지께서 이끄시는 혁명적 무장력이다.<br>• 조선인민군은 당의 위업, 주체혁명위업을 무장으로 옹호보위하는 수령의 군대, 당의 군대, 인민의 군대이며 당의 선군혁명 령도를 맨앞장에서 받들어 나가는 혁명의 핵심부대, 주력군이다.<br>• 조선인민군은 모든 정치활동을 당의 령도 밑에 진행한다. | • 조선인민군은 모든 군사정치활동을 당의 령도 밑에 진행한다. |
| 군내 당조직 | • 전군의 김일성·김정일주의화를 군건설의 총적과업으로 틀어쥐고 그 실현을 위하여 투쟁한다.<br>• 당의 유일적령군체계와 혁명적 군풍을 확고히 세워 인민군 대안에 당의 사상과 령도의 유일성을 철저히 보장하며 모든 당원들과 군인들을 경애하는 김정은 동지를 결사옹위하는 총폭탄으로, 조국과 인민을 위하여 한목숨바쳐 싸우는 당의 참된 전사로 튼튼히 준비시킨다.<br>• 위대성교양, 김정일애국주의교양, 신념교양, 반제 계급교양, 도덕교양을 기본으로 틀어쥐고 당원들과 군인들에 대한 사상교양사업을 강화하여 그들을 김일성·김정일주의로 튼튼히 무장하고 백두의 혁명정신, 백두의 칼바람정신을 뼛속 깊이 새긴 사상과 신념의 강자로 키운다. | • 전군의 김일성·김정일주의화를 군건설의 총적과업으로 틀어쥐고 인민군대를 정치사상적으로 군사기술적으로 철저히 준비시키기 위하여 투쟁한다.<br>• 당중앙의 유일적령군체계를 철저히 세우고 당의 명령지시하에 하나와 같이 움직이는 혁명적 군풍을 확립하며 모든 사업을 당의 군사로선과 정책에 립각하여 조직진행한다.<br>• 정치사상교양사업을 강화하여 모든 군인들을 당의 혁명사상으로 튼튼히 무장하고 불굴의 혁명정신과 주체전법을 체질화한 사상과 신념의 강자, 일당백 용사로 키운다. |

| | | |
|---|---|---|
| 군내 정치기관 | • 조선인민군 총정치국은 인민군 당위원회의 집행부서로서 당 중앙위원회 부서와 같은 권능을 가지고 사업한다.<br>• 조선인민군 총정치국 아래 각급 정치부들은 해당 당위원회의 집행부서로서 당 정치사업을 조직집행한다. | • 조선인민군 총정치국과 그 아래 각급 정치부들은 해당 당 위원회의 집행부서로서 당정치사업을 조직집행한다. |
| 인민정권 | • 인민정권은 위대한 수령 김일성동지께서 창건하시고 위대한 김일성 동지와 김정일 동지께서 강화발전시키시였으며 경애하는 김정은 동지께서 령도하시는 인민대중 중심의 사회주의정권이다. | (삭제) |
| 근로단체 | • 근로단체들은 위대한 수령 김일성 동지께서 조직하시고 위대한 김일성 동지와 김정일 동지께서 강화발전시키시였으며 경애하는 김정은 동지께서 이끄시는 근로자들의 대중적정치조직이며 사상교양단체이다.<br>• 김일성사회주의청년동맹은 조선청년운동의 개척자이신 위대한 수령 김일성 동지께서 몸소 무어주시고 위대한 김일성 동지와 김정일 동지께서 강화발전시키시였으며 경애하는 김정은 동지께서 이끄시는 대중적인 청년조직이며 주체혁명, 선군혁명의 대를 이어나갈 당의 정치적 후비대이다. | • 근로단체들은 당의 외곽단체이고 당과 대중을 련결시키는 인전대이며 당의 믿음직한 방조자이다.<br>• 사회주의애국청년동맹은 조선로동당의 전투적 후비대이며 당의 령도 밑에 주체혁명위업의 완성을 위하여 투쟁하는 청년들의 대중적 정치조직이다. |

출처 : 연합뉴스(2021.6.1.)

# 김정은 정권 어디로

2021년, 김정은 정권은 집권 10년째를 맞이하였다. 그동안 변혁기, 공고화기를 거쳐 뿌리를 내린 김정은 중심의 새로운 '유일영도체계'는 그 유지기를 맞고 있다.

김정은 정권은 세습이 갖는 장점을 적극 이용하여 안정적 권력기반을 구축했다. 김정은은 집권 이후 '기존의 질서를 바꾸지 않으면서' 그때그때의 '사태에 적절히 대처'해 나가는 비교적 보수적 태세를 견지하며 김정일 시대 선군정치를 그대로 답습함으로써 정권의 정통성과 안전성을 높였다. 그리고 선군정치 질서에 약간의 변화를 주면서 군사 중심의 지도력을 발휘하여 사회주의 체제 정치방식의 유일영도체계로 발전시켜 나가고 있다.

먼저 김정은은 '장군형 정치' 방식으로 정권의 정통성도 유지하고 군부 장악을 필두로 한 체제변혁을 단행하여 자신의 유일영도체계를 다졌다. 그는 '장군형 정치' 방식으로 군·당·국가에 대한 지도통제력을 발휘하였다.

김정일 국방위원장 영결식이 끝나고 며칠 후 김정은은 북한군 최고사령관에 추대되었다. 이어 당·국가의 최고지도자 자리에도 올랐다. 그리고 군·당·국가 최고지도자의 지위를 정당화하는 군사적 조치에 돌입하였다. 그것은 바로 '제국주의와의 대결전', 즉 '반미 대결전'이었다. 먼저 장거리 미사일 발사(1차 실패, 2차 성공)와 핵실험을 강행했다. 이를 통해 그의 진두지휘로 이 전투를 승리로 이끈 '천출명장'의 명성을 고취해 나갔다.

그는 스스로가 "오늘의 첨예한 반미 대결전, 21세기의 핵 대결전을 승리로 이끄는 희세의 영장, 천재적 군사전략가, 백전백승의 강철의 영장"으로 칭송받도록 하여 군·당·국가 최고지도자의 정통성을 획득하고자 했다.

이 같은 김정은의 '제국주의와의 대결전' 창출은 곧 국가적 위기환경을 조성하고 내부체제 변혁 단행 조치를 취할 수 있는 명분을 확보할 수 있도록 하였다. '제국주의와의 대결전' 속에서 그의 친정체제 구축을 위한 인적 청산이 대대적으로 진행되었던 것이다. 2012년 대비 2016년 핵심집단은 64.4%가 새롭게 충원됐고, 2016년 대비 2019년 핵심집단은 36.3%가 교체됐다. 핵심 엘리트 교체비율이 매우 높다. 2012년 후견체제의 최상층 핵심 엘리트 36명 중에서 2019년까지 이름을 올린 엘리트는 6명으로 약 83% 정도가 교체된 것을 나타났다.[114]

---

**114** 오경섭 외, 「김정은 정권 핵심집단 구성과 권력 동학」, KINU 연구총서 19~15, (서울 : 통일연구원, 2019), p. 167.

다음 표는 통일부에서 매년 발간하는 「북한 주요 기관·단체 인명록」으로 북한의 '주요 엘리트 교체 추이'를 살펴볼 수 있다.

| 직책 | 성명 | 시기 | 비고 |
|---|---|---|---|
| 인민무력부장<br>→인민무력상<br>→국방상 | 김격식 | 2012. 11. 26. 임명 확인 | 인민무력부장 |
| | 장정남 | 2013. 5. 13. 임명 확인 | 인민무력부장 |
| | 현영철 | 2014. 6. 임명 확인 | 인민무력부장<br>2015. 5. 숙청 |
| | 박영식 | 2015. 7. 11. 임명 확인 | 인민무력부장→<br>인민무력상(2016년) |
| | 노광철 | 2018. 6. 임명 확인 | 인민무력상 |
| | 김정관 | 2020. 1. 22. 임명 확인 | 인민무력상→<br>국방상(2021년) |
| 인민무력성<br>제1부상 | 현철해 | 2012. 4. 임명 확인 | |
| | 전창복 | 2013. 5. 임명 확인 | 노광철 인민무력상<br>진급시까지<br>서홍찬, 노광철 2인체제 |
| | 서홍찬 | 2013. 11. 임명 확인,<br>국방성 제1부상 여부는 미상 | |
| | 노광철 | 2015. 7. 임명 확인 | |
| 외무상 | 박의춘 | 2007년 임명 확인 | |
| | 리수용 | 2014. 4. 최고인민회의<br>제13기 1차 회의 임명 | |
| | 리용호 | 2016. 5. 임명 (7차 당 대회<br>전후 추정) | |
| | 리선권 | 2021. 1. 임명 확인 | |

| | | | |
|---|---|---|---|
| 외무성<br>제1부상 | 김계관 | 2010년 임명 확인 | 2019. 9. 외무성<br>고문으로 언급 |
| | 최선희 | 2019. 4. 임명 확인<br>(최고인민회의 전후 추정) | |
| 외무성<br>북미국장 | 리 근 | 2004년 임명 확인 | |
| | 최선희 | 2016년 임명 확인<br>2018. 2. 부상 승진 확인 | |
| | 권정근 | 2019. 2. 임명 확인<br>(2018. 11. 임명 추정) | |
| | 조철수 | 2019. 10. 임명 확인 | |
| | 권정근 | 2020. 6. 재임명 확인 | |
| 조평통위원장 | 리선권 | | 2021년 외무상 임명<br>전후, 임자 미상 |
| 통일전선부장 | 김양건 | 2007년 임명 | |
| | 김영철 | 2016. 2. 임명 확인 | |
| | 장금철 | 2019. 4. 임명 확인 | |
| | 김영철 | 2021. 1. 재임명 확인 | |
| 국제부장 | 김영일 | 2010. 1. 임명 확인 | |
| | 강석주 | 2014. 4. 노동당 국제담당<br>비서 임명 | |
| | 리수용 | 2016 제7차 당 대회 때<br>임명 확인 | |
| | 김형준 | 2020. 1. 임명 확인 | |
| | 김성남 | 2021. 1. 임명 확인 | |

| | | | |
|---|---|---|---|
| 조직지도부장 | 최룡해 | 2017. 10. 임명 확인 | 전임 미상 |
| | 리만건 | 2019. 4. 임명 확인 | |
| 조직지도부장 | 김재룡 | 2020. 8. 임명 확인 | |
| 총참모장 | 현영철 | 2012. 7. 리영호 숙청 후 임명 | |
| | 리영길 | 2013. 9. 임명 확인 | |
| 참모장 | 리명수 | 2016. 2. 임명 확인 | |
| | 리영길 | 2018. 7. 재임명 확인 | |
| | 박정천 | 2019. 9. 6. 임명 확인 | |
| 총정치국장 | 최룡해 | 2012. 4. 임명 확인 | |
| | 황병서 | 2014. 5. 임명 확인 | |
| | 김정각 | 2018. 2. 임명 확인 | |
| | 김수길 | 2018. 5. 임명 확인 | |
| | 권영진 | 2021. 1. 임명 확인 | |
| 국가보위상 | 김원홍 | 2012. 4. 임명 확인 | |
| | 정경택 | 2017. 10. 임명 확인 | |
| 최고인민회의 상임위원장 | 김영남 | 1998. 임명 확인 | |
| | 최룡해 | 2019. 4. 임명 확인 | |
| 내각총리 | 최영림 | 2010. 6. 임명 확인 | |
| | 박봉주 | 2013. 4. 임명 확인 | |
| | 김재룡 | 2019. 4. 임명 확인 | |
| | 김덕훈 | 2020. 8. 임명 확인 | |

이는 김정일 시대 유지해 왔던 당 및 국가기구 조직을 두 차례(7차, 8차) 당 대회와 수차례의 최고인민회의를 통해 당 규약과 헌법 개정을 단행하여 김정은 시대의 체제를 새로이 만들어 나간 것이다.

다른 한편으로 김정은은 인민 생활 향상을 위한 경제건설도 전투적으로 수행해 나가는 국가지도자로 부각하고자 마치 전쟁을 지휘하듯 현장에 뛰어들어 경제건설 국가지도자로서의 위상을 높이고자 하였다. 특히 창전거리 공사가 지지부진하게 진행되자 현장을 직접 방문하여 공사 진척을 다그치며 부실공사에 대한 질책도 가하는 모습을 보임으로써 '건설 전투'에도 승리를 이끌어 낸 국가지도자 신화를 만들어 내었다.

그럼에도 불구하고 경제난은 크게 개선되지 않은 채 국가기능이 상당히 제한적인 수준에 머물러 있어 김정은 정권의 지도력에 위해가 되는 요소로 남아 있다.[115] 서울대 김병연 교수는 최근 북한의 경제 악화 상태를 다음과 같이 전하였다.

"북한 일부지역에서 쌀과 옥수수 가격이 두 배 올랐고, 일부 수입소비재 가격이 10배나 치솟았다는 보도도 나왔다. 반면 달러나 위안화 대비 북한 원화는 오히려 크게 절상되는 혼란이 벌어졌다. 무역과 산업에다 시장마저 흔들리는 조짐이다."[116]

---

115 2012년과 2013년 두 해에 걸쳐 일시적으로 식량이 증산되어 부족분이 50만 톤 내외에 불과한 것으로 WFP에 보고되고 있지만 아직은 안정적인 단계로 평가하기는 여려운 형편이다.

116 김병연, "이상한 나라는 있어도 특별한 경제는 없다", 중앙일보, 2021년 6월 23일

북한 당국은 8차 노동당대회에서 5개년 경제전략의 실패를 인정하고 새로운 5개년 국가경제개발계획을 채택하기에 이르렀다. 김정은은 2016년에서 2020까지 추진되어 온 5개년 전략이 "거의 모든 부문에서 엄청나게 미달되었다"고 공개적으로 인정하였다.[117]

그렇다면 김정은의 지도력은 어느 정도 공고화한 것으로 볼 수 있을까? 김정은은 서서히 지도력에 상당한 자신감을 드러내었다. 첫째, 김정은이 미국과의 양자 정상회담을 위해서 싱가포르나 베트남 하노이를 직접 항공기 또는 열차로 방문한 것은 그의 지도력에 대한 자신감의 발로라 할 수 있다. 이는 물론 '핵무력 완성'에 성공한 지도력의 발로라 할 수 있다.

둘째, 당적지도 차원에서 직접적인 통제방식에서 당 시스템을 통한 간접 통제방식을 취하고 있어서다. 김정일의 경우 당의 회의체 조직을 유명무실화하여 당적 분열을 차단하였으며, 특히 비서국의 조직지도부 및 선전선동부를 직접 통제하는 직접적인 지도 통제 방식을 유지했다. 그러나 김정은은 당의 각 조직들의 기능과 역할의 활성화를 기하고 있는 것으로 볼 때 당적 지도통제에 대해 훨씬 여유를 보였다. 그는 사회주의체제가 비교적 정상적으로 기능하면서 '만민의 아버지'로 추앙받았던 할아버지 김일성 시대 지도력을 닮아가고자 한다.

셋째, 김정은의 현지지도 활동도 점차적으로 줄이고 내각총리나 총정치국 상무위원인 최룡해 등에게 위임하고 있는 것 역시

---

117 로동신문, 2020년 1월 6일

김정은은 제8차 당 대회에서 "국가경제발전5개년전략이 엄청나게 미달"했다며 "걸림돌이
되는 결함들을 대담하게 인정하고 다시는 그런 폐단이 반복되지 않게 단호한 대책을 세워야
한다"고 주문했다. @로동신문

지도력의 자신감을 시사한다.

넷째, 체제의 독이 될 수 있는 군부에 대해서도 강력한 지도
통제력을 발휘하고 있다. 집권 이후 김정은은 군부를 마음대로 좌
지우지할 정도로 통제력을 강화했다. 김정은은 군사 최고위 간부
인 총참모장 리영호를 처형방식으로 제거함으로써 군부의 기강을
잡기 시작하였다. 이후에도 총참모부 작전부장 변인선과 인민무력
부장 현영철을 숙청하였다. 군부에 대한 처형 또는 숙청 이외에도
잦은 인사나 강등 형식을 통해서 군부 장악에 나섰던 것이다.

북한 군대의 기능과 역할을 군사 고유의 사업으로 제한하면서 군부의 당적 지위를 현격히 낮추고 군대에 대한 당적 통제를 강화하는 조치를 단행했다. 콜코비츠의 갈등모델에 따르면 문민 정치인들이 군을 그들의 지원세력으로 확보하기 위해 권력승계 시기에는 군부의 영향력이 증가하게 된다고 한다. 또한 외교안보정책 결정 과정에서 군대가 역할을 증대함으로써 외교안보정책의 보수화를 유도하게 된다는 것이다.[118] 이와는 반대로 콜튼의 참여모델은 정치지도권 승계시기에 군부의 영향력이 증대되지 않는다는 사실을 함축하고 있다. 김정은 시대의 경우는 콜튼의 모델에 가깝다.

이 같은 공고화한 지도력을 바탕으로 김정은은 사회주주의 체제를 정상화하고 강화해 나감으로써 '김일성 조선'의 영속성을 기하고자 한다. 제7차 당 대회 이전까지만 하더라도 전문가들 사이에서는 이 대회를 기점으로 북한의 개혁·개방 관련 선언이 나올지도 모른다는 예측들을 내놓았다. 오스트리아의 뤼디거 프랑크 교수가 북한전문 웹사이트 '38노스(North)'에 기고한 글이 대표적이다. 그는 제7차 노동당대회는 김정은이 현상유지를 지속하든가 아니면 개혁·개방 중에 하나를 택할 일종의 갈림길이 될 것이라고 주장하였다. 북한의 장마당이 크게 확산하면서 경제적·사회적 변화가 눈에 띄게 두드러지고 있는 상황에서 김정은 정권이 개혁·개방을 선택할 수도 있을 것이라는 예측들이 나온 것이다.

그러나 북한이 36년 만에 당 대회를 개최하는 것 자체가 과거 사회주의체제의 정상화 의지 표현의 하나다. 김정은 정권은

---

**118** Kolkowicz, The Soviet Military and the Communist Party, (1967), p. 32.

당 조직 활성화를 통해 '집단주의적 경쟁'을 강화하여 사회주의경제 정상화를 기할 뿐만 아니라 대중에 대한 사상교양으로 인민대중들의 혁명적 열성을 결집하여 전체주의적 정치방식으로 정권을 공고화하고자 한다.

노동당 창건 70주년 기념 육성연설에서 김정은은 이례적으로 인민을 97번이나 강조하여 인민대중 동원을 위한 명분을 확보하고자 하였다. 이러한 전체주의적 속성을 강화한 사회주의체제 정상화의 움직임은 8차 당 대회에서 더욱 두드러졌다. 김정은은 동 회의 사업총화보고에서 "사회주의 상업 및 서비스에 대한 국가의 주도적 역할과 조절통제력 회복"을 강조하여 시장의 국유화를 추진하는 것으로 전해졌다.

개혁개방정책의 싹이 시장 확대로 피어나는 기미를 보였으나 김정은 시대 들어와서는 그 싹이 완전 잘릴 상황에 처하게 되었다. 김정은 정권은 그의 강력한 지도권으로 체제에 위협이 될 수 있는 시장경제를 축소 또는 후퇴시키고 사회주의 중앙집권적 통제경제체제로 유일영도체계를 굳건히 해 나가고자 할 것으로 예측된다.

다소 차이는 있지만 마치 레닌의 신경제정책(New Economic Policy)체제에서 스탈린 체제로 회귀하는 듯하다.[119] 레닌은 초기의 마르크스주의적 환상에서 벗어나 전체 국민의 지지를 획득하기 위해 경제회복을 위한 철저한 중앙계획경제 탈피를 추구한 신

---

119  진덕규, 「현대정치학」, (서울 : 學問과 思想史, 1993) p. 484

경제정책을 내놓았다. 그것은 농촌에서 부분적으로 사적소유지와 자영경작지를 인정하고, 도시에서도 사유재산과 시장거래까지 다시 허가해 주는 새로운 경제정책이었다. 레닌은 이 조치로 사회주의적 통제경제를 부분적으로 유보하거나 후퇴하는 일면까지 노정하였다.

반면 레닌 사망 후 스탈린은 과격하게 농촌지역의 집단농장화를 추진했고 도시산업 영역도 완전하게 국유화하였다. 5개년 계획을 실시하여 급격한 경제성장을 이룩하고자 했다. 국가통제의 계획경제를 밀어붙이면서 무자비할 정도로 국민을 억압하고 강제하였고 산업화를 위한 총력전을 펼쳤던 스탈린이 북한에 부활하는 듯하다.

# 참고문헌

## 1 . 국내문헌

### 1) 단행본

강정인 옮김, 니콜로 마키아벨리, 『군주론』, 서울 : 까치, 1994

경남대학교 북한대학원 편, 『북한연구방법론』, 서울 : 한울아카데미, 2003

고경민, 『북한의 IT전략』, 서울 : 커뮤니케이션북스, 2004

고유환 외, 『북한언론 현황과 기능에 관한 연구』, 서울 : 한국언론진흥재단, 2012

김규식, 『김정일 평전』, 서울 : 양문각, 1992

김성철 외, 『북한 사회주의체제의 위기수준 평가 및 내구력 전망』, 서울 : 통일연구원, 1996

박형중 외, 『통일대비를 위한 북한변화 전략』, 서울 : 통일연구원, 2011

박형중·정영태 외, 『2014년 북한 신년사 분석』, 서울 : 통일연구원, 2014

백종천 외, 『한국의 군대와 사회』, 서울 : 나남출판사, 1994

법무부, 『북한법의 체계적 고찰(Ⅱ)』, 서울 : 법무부, 1993

북한연구학회, 『북한의 사회』, 서울 : 경인문화사, 2006

북한연구학회, 『북한의 정치 1』, 서울 : 경인문화사, 2006

북한연구학회, 『북한의 정치 2』서울 : 경인문화사, 2006

서재진, 『주체사상의 이반』, 서울 : 박영사 2006

_____, 『북한의 경제난과 체제 내구력』, 서울 : 통일연구원, 2007

_____, 『북한의 개인숭배 및 정치사회화의 효과에 대한 평가 연구』, 서울 : 통일연구원, 2004

_____, 『북한주민들의 가치의식변화 : 소련 및 동구와의 비교연구』, 서울 : 민족통일연구원, 1997

이교덕, 『김정일 현지지도의 특성』, 서울 : 통일연구원, 2002

이극찬, 『정치학』, 서울 : 법문사, 1999

이민룡, 『김정일체제의 북한군대 해부』, 서울 : 황금알, 2004

이우영, 『전환기의 북한 사회통제 체제』, 서울 : 통일연구원. 1999

전우택, 『사람의 통일. 땅의 통일 : 통일에 대한 사회 정신의학적 고찰』, 서울 : 연세대학교 출판부, 2007

전현준, 『金正日 리더십 硏究』, 서울 : 民族統一硏究院, 1994

정영태 외, 『북한의 부문별 조직실태 및 조직문화 비교연구 : 당· 정· 군 및 경제, 사회부 문 기간조직 내의 당기관 실태를 중심으로』, 서울 : 통일연구원, 2011

_____, 『북한의 국방위원장 체제의 특성과 정책 전망』, 서울 : 통일연구원. 2000

_____, 『북한의 당· 군· 민 관계와 체제 안정성 평가』, 서울 : 통일연구원, 2006

통일부 정보분석국 자료, 2012

통일부 정보분석국, 『2000 북한개요』, 서울 : 통일부, 2000

통일연구원, 『김정일 현지지도 동향 1994~2011 』, 서울 : 통일연구원, 2011 통일연구원.

_____, 『통일환경 및 남북한관계 전망 : 2009 ~ 2010』, 서울 : 통일연구원, 2010

통일원, 『김정일 우상화 사례집』, 서울 : 통일원. 1992

행정학용어표준화연구회, 『이해하기 쉽게 쓴 행정학용어사전』, 서울 : 새정보미디어, 2010

현성일, 『북한의 국가전략과 파워 엘리트』, 서울 : 선인, 2007

황장엽, 『나는 역사의 진리를 보았다』, 서울 : 한울, 1999


## 2) 논문

고유환, "김정은 후계구축과 북한 리더십 변화 : 군에서 당으로 권력 이동", 『한국정치학 회보』, 제45집 제5호, 2011

_____, "북한 핵문제의 전개과정과 해결방안", 『통일논총 제2집』, 2003

_____, "북한식 사회주의체제의 지속과 변화 : 김일성 사후 3년 평가와 전망", 『통일문제 연구』, 제28호 제1호, 1997

_____, "북한식 사회주의체제의 지속과 변화", 『통일문제연구』, 제28호, 1997

김동엽, "김정은 정권의 생존전략과 체제변화", 『현대북한연구』, 제15권 3호, 2012

김보근, "북한의 '차등적 식량분배 모형'과 2008년 식량위기", 『통일정책연구』, 제17권 1호, 2008

김병연, "북한 경제의 시장화 : 비공식화 가설 평가를 중심으로", 『7· 1경제관리개선조치 이후 북한 경제와 사회 : 계획에서 시장으로』, 서울 : 한울, 2009

김병로, "탈북자 면접조사를 통해 본 북한사회의 변화", 『현대북한연구』 15권 1호, 북한대

학원대학교 북한미사사연구소, 2012

김상훈, "북한의 곡물수확 및 식량공급에 대한 FAO/WFP의 평가 : Special Report", 『나라경제』, 제12권 제11· 12호, 2010

김양희, "체제유지를 위한 북한의 식량정치(food politics)", 『통일문제연구』, 제24권 제1호, 2012

_____, "김정일 시대 북한의 식량정치 연구", 동국대학교대학원 박사학위논문, 2013

김영훈, "2013년 상반기 북한의 식량 및 농업", 『KDI 북한경제리뷰』, 7월호, 2013

김용현 외, "북한 권력 내부의 당· 정· 군 관계 : 지도 인맥을 중심으로", 『동향과 전망』, 제31호, 1996

_____, "북한 군사국가화의 기원에 관한 연구", 『한국정치학회보』, 37집 1호

_____, "북한 내부정치와 남북 관계 : 7· 4남북기본합의서, 6· 15 비교", 『통일문제연구』, 제42호, 2004

_____, "선군정치와 김정일 국방위원장 체제의 정치변화", 『현대북한연구』, 8권 3호, 2005

김창희, "김정은 체제의 권력구조와 정치행태 분석", 『통일전략』, 제13권 제1호, 2013

_____, "김정은 후계구축과 리더십 변화 : 군에서 당으로 권력 이동", 『한국정치학회보』, 제 45집 제5호, 2011

박동훈, "김정은 시대 북한 체제 개혁의 과제 : 포스트 마오시기(1976~1978) 중국과의 비교를 중심으로", 『통일정책연구』, 제22권 1호. 2013

박영자, "북핵과 김정은 체제의 권력구조", 『진보평론』, 제55호, 2013

박형중· 정영태 외, 『2014년 북한 신년사 분석』, 서울 : 통일연구원, 2014

송정호, 『김정일 권력승계의 공식화 과정 연구 : 1964~1986을 중심으로』, 한양대학교 대학원 정치외교학과 박사학위논문, 2004

양운철, "김정은 정권의 경제정책 평가", 『김정은 정권의 대내전략과 대외관계』, 세종연구소, 2014

오경섭, "북한의 신경제관리체제 평가와 전망", 『정세와 정책』, 2012년 9월호, 세종연구소, 2012

윤진형, "김정은 시대 당 중앙군사위원회와 국방위원회 비교 연구 : 위상 권한 엘리트 변화를 중심으로", 『국제정치논총』, 제53집 제2호, 2013

이기동, "김정은 체제의 권력구조와 향후 변화전망", 『KDI 북한경제리뷰』, 10월호, 2013

이석기, "김정은 체제 이후 북한 경제정책과 변화 가능성", 『KDI 북한경제리뷰』, 10월호, 2013

이수석, "김정은 시대의 권력개편과 체제변화", 『KDI 북한경제리뷰』, 10월호, 2013

이승열, "김정은 체제의 변화와 전망 : 엘리트 정책 선택을 중심으로", 『KDI 북한경제리뷰』, 12월호, 2012

이태섭, "1970년대 김정일 후계체제의 확립과 수령체제", 『북한의 정치 1』, 서울 : 경인문화사, 2006

전우택, "탈북자들을 통하여 본 북한주민 의식조사", 『사람의 통일 · 땅의 통일』, 연세대학교출판부, 2007

정영태, "김정일 체제 출범 이후 북한의 미래 전망", 『INSS학술회의자료집』, 2012년 4월 23일, 서울 : 국가안보전략연구소, 2012

차정미, "김정은 체제 평가와 전망 : 중국의 역할과 주요국 리더십 교체 요인을 중심으로", 『KDI 북한경제리뷰』, 10월호, 2012

최진욱, "북한 체제의 안정성 평가 : 시나리오 워크숍" 『Online Series』, 통일연구원, 2009

최완규, "북한의 후계자론 : 3대 권력세습을 정당화할 수 있을 것인가?" 『한반도 포커스』, 제9호, 2010

## 2. 북한문헌

### 1) 단행본

고초봉, 『선군시대 혁명의 주체』, 평양 : 평양출판사, 2005

김민 · 한봉서, 『위대한 주체사상 총서 9 : 령도체계』, 평양 : 사회과학출판사, 1985

김봉호, 『위대한 선군시대』, 평양 : 평양출판사, 2004

김인옥, 『김정일 장군 선군정치리론』, 평양 : 평양출판사, 2003

김일성, 『김일성 저작집 제8권』, 평양 : 조선로동당출판사, 1980

김일성, 『김일성 저작집 제10권』, 평양 : 조선로동당출판사, 1980

김일성, 『김일성 저작집 제27권』, 평양 : 조선로동당출판사, 1984

김일성, 『김일성 저작집 제43권』, 평양 : 조선로동당출판사, 1996

김일성, 『김일성 저작집 제44권』, 평양 : 조선로동당출판사, 1996

김정일, 『친애하는 지도자 김정일 동지의 문헌집』, 평양 : 조선로동당출판사, 1992

김정일, 『주체혁명위업의 완성을 위하여(3)』, 평양 : 조선로동당출판사, 1988

김희일, 『민족대단합의 길에 빛나는 거룩한 자욱』, 평양 : 평양출판사, 2007

사회과학원 주체경제학연구소, 『경제사전 1권』, 평양 : 사회과학원 주체경제연구소, 1985

사회과학원 철학연구소, 『철학사전』, 평양 : 사회과학출판사, 1985

사회과학출판사, 『조선말 대사전(1)』, 평양 : 사회과학출판사, 1992

사회과학출판사, 『주체사상 총서 4 : 반제반봉건민주주의혁명과 사회주의혁명이론』, 서울
    : 백산서당, 1989

사회과학출판사, 『조선말 대사전(2)』, 평양 : 사회과학출판사, 1992

조선로동당출판사, 『우리당의 선군정치』, 평양 : 조선로동당출판사, 2006

조선로동당출판사, 『조선로동당 력사』, 평양 : 조선로동당출판사, 1991

조선중앙통신사, 『조선중앙년감 1987』, 평양 : 조선중앙통신사, 1987

『강연제강 : 근로청년용』, 평양 : 금성출판사, 2002

『직맹학생제강4』, 평양 : 근로단체출판사, 2003

『학습제강 : 간부용』, 평양 : 조선로동당출판사, 2002

『학습제강 : 군관, 장령용』, 평양 : 조선인민군출판사, 2004

## 2) 논문

김일성 연설, 인도네시아사회과학원, 1965년 4월 14일

김일성 연설, 제6차 로동당대회, 1980년 10월

김정은 위대성 교양자료(북한 문건), 2009년 9월

김정일 연설, 당정연합회의, 1982년 4월

북한 고위급 공무원 출신 탈북자 면담, 2012년 9월 5일

조선민주주의인민공화국 국방위원회 성명, 2013년 1월 24일

중앙인민위원회 정령, 1982년 2월 16일

## 3. 기타

데일리NK   로동신문   로동청년   산케이신문   연합뉴스   월간조선
조선신보   조선중앙방송   조선중앙통신   중앙일보   Los Angeles Times
New York Review of Books   The Economist

# 김정은 세습정권 10년

| | |
|---|---|
| **펴낸날** | 초판 1쇄 2021년 8월 15일 |

| | |
|---|---|
| **엮은이** | 이영권 |
| **펴낸이** | 서용순 |
| **펴낸곳** | 이지출판 |

| | |
|---|---|
| **출판등록** | 1997년 9월 10일 제300-2005-156호 |
| **주소** | 03131 서울시 종로구 율곡로6길 36 월드오피스텔 903호 |
| **대표전화** | 02-743-7661 **팩스** 02-743-7621 |
| **이메일** | easy7661@naver.com |
| **디자인** | 김민정 |
| **인쇄** | (주)지오피앤피 |

ⓒ 2021 이영권

값 17,000원

ISBN 979-11-5555-162-2   03340